U0129340

# 詮釋與創新

## 當代儒佛研究論衡

吳有能 著

文史哲學集成
文史哲出版社印行

國家圖書館出版品預行編目資料

詮釋與創新：當代儒佛研究論衡 / 吳有能著
-- 初版. -- 臺北市：文史哲出版社，
民 110.12
頁； 公分（文史哲學集成；740）
ISBN 978-986-314-582-0（平裝）


1.新儒學 2.佛教 3.文集

128.07                    1100214857

# 文史哲學集成   740

# 詮 釋 與 創 新
## 當 代 儒 佛 研 究 論 衡

著　　者：吳　　　　有　　　　能
出　版　者：文　史　哲　出　版　社
　　　　　http://www.lapen.com.tw
　　　　　e-mail：lapen@ms74.hinet.net
登記證字號：行政院新聞局版臺業字五三三七號
發　行　人：彭　　　正　　　雄
發　行　所：文　史　哲　出　版　社
印　刷　者：文　史　哲　出　版　社
　　　　　臺北市羅斯福路一段七十二巷四號
　　　　　郵政劃撥帳號：一六一八〇一七五
　　　　　電話886-2-23511028 · 傳真886-2-23965656

定價新臺幣五〇〇元

二〇二一年（民一一〇）十一月初版

ISBN 978-986-314-582-0        01740

# 自 序

　　本書的內文大部分是筆者發表過的會議論文或期刊論文，多年來從未結集出版，倒並非涯岸自高，「欲傳春信息，不怕雪埋藏」；也並非勘破戲論，明白「但有言說，都無實意。」主因是自己並沒有良好的保存習慣；舊電腦仙逝，部分文稿已消失無蹤；隨身碟卻又彷如碟仙，「來時春夢幾多時，去似朝雲無覓處」；於是年去年來，稿生稿滅！我雖注意，但卻並不特別在意，就因任自然，得過且過。

　　今年得學生與朋友之助，協尋我的舊作；中央民族大學劉成有教授，特別將我的會議稿拍成照片，發回筆者；其他同學則去圖書館找出論文集或雜誌影印；影印之後又得蓮樑法師掃描為文字檔，這樣就不用每篇重新打字，卻省不少功夫；而電腦辨識錯誤不少，於是又請學生協助校稿；一月有餘；確定其中五篇，已經永別了。搶救回來的，有一半稿件成功還原為電腦文字檔；滑鼠一飆，電腦畫面翻轉如飛，實有挾文山而超字海之勢；計算之下積稿三十萬言，遂決定分兩書出版。

　　筆者將這書取名為《詮釋與創新—當代儒佛論衡》，書名誌實；這是因為我的研究以經典文本詮釋為主；但論精神意向，則未嘗自陷於故紙堆，而多注意創新傳統，以回應當代

議題。當代新儒家論學揭「返本開新」之義，具體的影響我的讀書方向，也表達我個人治學的志趣。

# 詮釋與創新

　　筆者研究中國思想，始終聚焦近世到當代；碩論研究明代理學，博論寫當代新儒家；至於研究內容，則從儒學起，而漸漸及於佛道；這部分是因為明清起中國思想多呈現三教融和的趨勢，所以個人研究也不能局限於儒學，而必須兼及二氏之學；是以本書也收錄其中論當代佛學的論文。但無論所論是儒是佛，筆者始終關心的議題是彰顯傳統思想資源，在近現代社會的轉變與新生！所以經典的新詮，並非僅為歷史往蹟的研究，而同時是為了面對當代世變，以論述古代資源的現代應用。

　　法國大哲呂格爾（Paul Ricoeur, 1913-2005）說詮釋與實踐，點出經典詮釋與具體實踐的關係，我深表同意，畢竟不為無用之學；當求有益於己，也謀有用於世；所以我一直期待詮釋古典，能夠有所創新，其一，盡量提出新見，推陳出新；其二，創造的發揮，以謀應用於新時代。書名是詮釋與創新，基本就是表達這個理想；雖然，或者仍未能完全做到，但心嚮往之。

　　各篇原來是不同時間發表的文章，今日整理出版；特別將各文安排在三個子題之下，它們分別是「人文與宗教」、「傳統儒佛的轉型：入世與民主」及「全球化與多元世界的探索」，以下分別簡述，以便讀者。

# 人文與宗教

　　百年以來，儒者或華人學者，在這方面的努力不少；我覺得應該好好繼承他們的論學精粹，那麼儒學之本又是甚麼呢？所以我借研究唐君毅先生「人學」，並利用實存現象學的相應概念，寫下第一章〈從實存現象學談儒家人學精神〉，在唐君毅詮釋的啟發下，展現儒家之學以成人的核心精神。文末整理儒學五大精神向度，以求綱舉目張，彰顯儒學成德之學的全貌。所謂「儒學五大精神向度」指的是「心靈的深度」、「世界的廣度」、「超越的高度」、「歷史的厚度」與「未來的長度」。從內向言，反省自覺往內透顯深層的價值意識，把握內在仁心；從外向言，則講求擴大心量，從親友起，涵容他者，以至於世界，展現為家國天下的關懷，修齊治平的實踐。從上向的維度言，則謀展現心靈的昇進，上達天道，完成天人合一的理想。而從時間的縱向言，反求諸己之人學，一方面繼承傳統，一方面開拓未來。所以人學的立人極理想，充分體現儒家為往聖繼絕學，為萬世開太平的精神特色。

　　人學充滿人文主義色彩，人文主義是立足於人，而非仰仗於天，那麼人文主義的儒家又如何看待天命呢？第二章〈當代新儒家對先秦命觀的詮釋：兩種人文主義的觀點〉一文，比論唐君毅、徐復觀與牟宗三先生對古代命這一概念的詮釋，我提出三人都肯定超越界的天命，是人性的源頭。他們都同意古代的天，就是善的泉源（source of good）。雖然

論述型態不一，但是他們同樣指出儒家將古代的天，放進人文論述之中，而在態度上，都肯定孔子或儒學在這一人文化過程中的貢獻，特別是孔子對天命傳統的轉化引發出深富人文精神色彩的轉變；就此而言，我們可以說港臺新儒學對古典儒學天命論的詮釋中隱含一個除魅論述，也可以說是運用人文主義的立場，重新彰顯他們眼中古典儒學的理論特色。

　　其次，新儒家多接受啟蒙以降的現代西方思潮影響，重視人文主義；而人文主義特色之一，就是強調人的價值、尊嚴，更重視人的力量；但三位先生都在詮釋儒學相關議題時，都重視人在面對天命與命限之時，應該自強不息，努力創生價值。所以既不認為古典儒家的天命是神秘主義，也反對命定論或宿命論解釋。雖然徐復觀、唐君毅與牟宗三都接受人文主義，但是徐先生一方面從思想進化的角度，肯定歷史上先秦出現過宗教到人文的變化，另一方面，又不認為理論上，儒學人文精神需要安立於天命。我們看到徐先生對儒家天命論的詮釋，正好反映出他自己提倡的「價值內在論」立場，其中所顯示的正是俗世人文主義基本論點；相對的，唐君毅與牟宗三都展示了儒學宗教性向度，重點是牟先生講既超越又內在，除了肯定內在人性的價值外，更不放棄超越的基礎；所以唐與牟在強調內在的人性動力之時，同時重視超越的根源。在此意義下，徐先生屬於世俗人文主義，而唐牟則持守開放人文主義。

　　同時，他們三位都重視道德人文精神，所以雖然對天命有不同詮釋，然而，無一不重視實踐功夫。基本上，他們都將命限視為德性主體之成德的挑戰，也就是認為命實際是工

夫的歷練，無論順逆，不管成敗，都應堅守立場，成就德性。
所以他們對命的解釋，關聯到造次必於是，顛沛必於是的道
德使命。徐先生將天命內化的結果，實質上就是人間道德實
踐的無限歷程；但對唐先生來說，雖然重視人間的道德實
踐，但天命的一義，就是天德流行；而相近似的，對牟先生
來說，天命也展現於穆不已的道體，所以唐牟固然重視人的
止於至善的修德的實踐歷程，但也同時重視天道生生不息的
創生的價值歷程。所以同樣是道德人文主義，唐牟顯示了在
世俗道德倫理之上的深刻精神向度（spiritual dimension）。

　　至於第三章〈唐君毅先生論超越界的介述及反思——以
歸向一神境為中心〉主要在批判的介紹唐君毅先生在《生命
存在與心靈境界》一書關於超主客的最後三境，並特別檢討
唐先生歸向一神境的完全存在者的論證。本文可說是用嚴格
的哲學論證系統地檢討唐先生論證的論文，本文指出唐君毅
先生論證的缺陷；不過，我仍認為唐君毅先生的努力，彰顯
其不株守於世俗人文主義，而呈現開放的人文主義特色。

　　既然是唐學表現出開放的人文主義，那就自然不封閉於
人文，而能開展超人文的宗教向度。傳統儒家的理性主義面
向，往往不積極回應死後的議題。但世人多期待有關死後世
界的解答，而人們對已死親友，雖理性的知其已故的事實，
但情感上不容易放下。第四章〈道德人文主義下的死亡觀：
一個新儒家的詮釋〉申論唐先生本儒學之教，通幽冥之隔；
並正面開導出死亡的積極意義。通過詮釋唐先生的著作，展
現新儒學開創新局，其立足人文精神，而暢達死亡學新義，
實值得推廣。

# 傳統儒佛的轉型：入世與民主的探索

　　從清末以來，從中華傳統文化遭遇到前所未有的衝擊與破壞。在急劇西化之下，固有文化失根，傳統社會失序，一方面，中華文化在華人社會中日趨淡薄；另一方面，人們也越來越少運用傳統文化資源應付當前問題。我自己也嘗試從文本挖掘，試圖展開儒佛的當代相干性。

　　第五章〈人間佛教的兩種淨土觀點〉比論印順導師與李炳南居士的淨土觀；本文先運用印順法師對淨土的詮釋為論文切入點，展示法師對淨土的反省；同時以李炳南居士為例，申述淨土宗的不同立場，並進而反省爭議所涉及的意義。人間佛教實際上象徵中國佛教的現代化努力，他們致力淡化或脫離傳統的出世模式，轉而大力展開入世的新模式，急速介入現實社會，致力提振教界的佛學知識，努力提升佛教的現代化，總之，人間佛教代表著當代佛教的典範式轉移。而對於淨土的新詮釋，正反映人間佛教在典範轉移下的教義調整；於是淨土關心的不再止於死後極樂世界的西天淨土，而是當前的人間淨土。本文探討的正是在兩位佛門龍象論戰下，展現淨土的不同面貌，從而推出不同於傳統極樂淨土不同的人間淨土的特點，並說明一方面維持重視個人信心與願力的傳統「信願佛學」，而在現代化的歷程下，人間佛教也展現「知識化佛學」的新趨。

　　另一方面，眾所周知，當代港台新儒家基本上肯定民主與自由，譬如牟宗三提倡所謂「新外王」，主張開出民主與科

學；但筆者認為當代新儒家並非盲目的接受西方民主自由。

　　本書第六章〈唐君毅先生對自由主義民主觀的反省——兼論其社群主義色彩〉一文，目標在呈現唐君毅先生對西方自由主義民主觀的反省與批判，並指出其立論頗有社群主義色彩。析而言之，本文要點有三，其一，以唐君毅先生觀點為主，說明他對民主自由觀的批判；其次，分析其所以然的深層立論基礎，並提出唐君毅映現的儒學五維關係性自我觀（Confucian five dimensions of a relational self）；其三，嘗試說明唐先生的民主論述在一定程度反映了社群主義的色彩。當然本文無意論證儒家思想就是社群主義，也並非主張新儒家就只有社群主義色彩，本文只是要說明新儒家在包含其他思想特色之同時，也呈現強烈的社群主義的色彩。

　　此外，第七章〈先秦儒學與艾資安尼新社群主義初探〉一文，筆者繼續發展社群主義的論述，筆者認為自由主義與社群主義的論爭，提供省思儒家政治思想形態的機會。而在比較儒學與自由主義方面，學者做了不少研究，但迄今學界仍少注意儒家與新社群主義或「回應式社群主義」的比較。本文集中討論新社群主義代表艾資安尼的思想，並取之比論先秦儒家政治思想。我主張先秦儒家與新社群主義的中道主張，既強調核心價值所形成的厚實社會秩序，又堅決捍衛個體的自主性，力圖平衡兩者是很有見地的。新社群主義與儒家的思想取向，一方面重視主體的挺立，另一方面也重視主體在社政領域的實踐，尋求既保障個體基本權利與自由之餘，又支持集體共善的平衡中道。

# 全球化與多元世界的探索

　　面對全球化的多元世界，當代儒佛兩者又如何回應呢？第八章〈從多元文化的視點論新儒學的當代相干性——以唐君毅先生的判教觀為中心〉一文是在九〇年代發表於上海大學會議的稿件，當時只有尚未寫成稿，就只好交會議初稿，以跟大家請益後修改，不意主辦方竟在會後就直接付印；這次趁出版之便，就盡量徹底增刪。這篇論文的提法，是創新的。

　　同時，雖然寫新儒家判教的文章也有，但是多數寫牟宗三先生，而鮮少寫唐君毅先生的；其次，就算寫到唐君毅，也多數侷限於其天臺與華嚴的討論，而少有就唐君毅自身的判教立說，本文可說是一篇重要補充。

　　其實，所謂判教，是佛教所謂教相判釋的簡稱；它原來是佛教對其不同教義的判定，所判對象是佛教內部不同教義或教派；不過，本文在多元世界文化配境下將判教再脈絡化（Re-contextualization），於是本文的教判就不再侷限在佛教內部的比較，而重點反而放在跨宗教的比較；唐先生《生命存在與心靈境界》論及基督宗教、佛教及儒家等三大宗教，本文就以之為唐氏判教的對象，而這操作就讓判教從佛教教內的論述（intra-discourse），轉為跨宗教（inter-religious discourse）下的論述。

　　某些排他論者，會把宗教一元論與絕對真理連結起來，於是一元與絕對就組成一對概念，並攻擊多元論者陷入相對

主義。為甚麼會這樣做呢？部分學者，特別是主張獨特論的，會將一元關聯到一神論（monothetism），而多元就是多神論（polythetism）；又由於他們相信只有一個真神，而此真神擁有絕對真理，所以就將「一元、一神與絕對主義」連結起來。相應的，多神、多元就陷入相對主義了。本文不同意這種想法，我提出應該在概念上澄清，一元與多元，相對與絕對這是分屬兩組概念；同時，「一元與絕對」以及「多元與相對」並不構成必然的組隊連結；我從兩點分析；第一，就宗教對象與宗教信徒而言，筆者舉唐君毅判教為例；從宗教信仰的對象來說，唐君毅採取一元論立場，所以主張各教相信的是同一超越實在；但從宗教信徒的層面來說，人們對此一元的理解及表達，各宗教就極不相同，唐君毅都加以肯定，所以他是採取多元主義的立場。

第二，多元主義者儘可以主張某一個宗教掌握最後的絕對真理，但是他卻不一定主張這個宗教能掌握全部真理。最後的真理與全部的真理是不同的概念。對於一儒教信徒來說，也許他會說四書是最終極的真理，但是他不必說人類所能認識、掌握到的真理都在四書之中。譬如幾何學與邏輯學的真理，顯然不能在四書中找到。因此這位儒者盡可堅持儒家握有最終的真理，而這是絕對的；但他仍可以接納不同的真理，而不必陷入相對主義；因為這些真理跟最後真理屬於不同層次。

總而言之，筆者認為一元和多元、絕對與相對才分別是相應的對比項，不應隨便連結，混為一談。唐先生傾向於多元主義的看法，因為他一方面，認為不同宗教指向共同的真

實（Reality），或稱為超主客境。但他認為心靈回應此共同的最後真實，卻應把握與理解不同，而相應展現不同境界，於是不同民族就形成歸向一神，我法二空或天德流行的境界。這是他判教的基本認識。

筆者指出唐先生的判教，展現的是世界宗教文明的胸襟，他所構築的哲學藍圖，是多元文化世界的哲學藍圖，因此能夠重視、肯定不同宗教的長處，建立無量的法門，來利渡眾生。此外，唐先生在肯定超越界的普遍性之同時，也接納在回應超越界方面，不同民族文化呈現差異化的形式；這種多元文化主義色彩，筆者認為類近約翰‧希克的觀點。

最後，唐先生的判教並不將儒家判定為高於他教的宗教，他跳脫出獨尊儒術的危險，而邁向於重視平等對話的多元文化立場，他也使得良性的溝通、對話取代了惡性的競爭與排斥，就此而言，唐先生的儒學詮釋非常符合眼下的二十一世紀的全球化形勢。在這樣一個世界中，沒有一個國家可自外於其他國家，更沒有一個文化可以自絕於世界文化之外。面對這樣一個形勢，今天我們在走向二十一世紀的過程中，就必須有國際的視野，全球的關懷，而多元文化觀最足以開展我們的視野，拓深我們的了解；因為多元文化觀，讓對話替代獨白，以溝通打破宰制，通過這樣的歷程，不但文化的異同得以彰顯，更重要的是大家都可以擴充視域，豐富所見。這樣一來，我們不但可了解對方，更可以進一步在對比中深化自我的了解。知己知彼，一定大有助於我們在下一世紀中走出人類的康莊坦途。

第九章〈當代台灣人間佛教全球化論述的一個側面〉

目的在於本佛教的精神資源，以響應當前全球化論述的一些基本觀點。而由於佛教傳統中以當代人間佛教，特別是大師們如聖嚴法師、星雲大師等諸山長老的理論資源與實際經驗，最為寶貴，它們不但對全球化議題多所著墨，也有實際之努力經營，所以本文論述範圍以當代台灣人間佛教為主，一方面整理佛教教理資源，如緣起法與互聯性等，以彰顯佛教教理的相干性；另一方面，也呈現台灣人間佛教之思想與實踐；並進而論述佛教全球化的特殊價值。本文認為佛教教理在有關全球化事實的認定上，以及如何面對有關事實的價值判斷上，均提供了其本有而獨特的精神資源。「世界是互相依存」屬於事實的認定，但如何去面對互相依存的世界，便要發揮愛心、破除自我中心主義等等，則是一些價值的判斷。然而，佛教除了有緣起法外，尚有慈悲心，所以更應特別強調「同體共生」的概念。

　　書稿初成特別感謝崔家琪與王佳柔，她們幫忙對校最多文稿；而遠在英國倫敦的崔家琪一力承擔本書全部初校。從前台港舊生丁吉茂、蘇倉永、楊廣澤同時協助校稿，現今的學生張柏琛、張澤鎧、阮栢杰也幫忙最早期的影印和對勘。特別由衷致謝，以誌不忘！

吳有能　謹誌於香江
2021 年 12 月 6 日

# 詮 釋 與 創 新

## 當 代 儒 佛 研 究 論 衡

# 目 次

# 第一章　從實存現象學談儒家人學精神

## ——以唐君毅先生為中心

## 一、導　言

　　世界哲學大會（WCP），每次參加者多達幾千人，實為當今哲學界規模最大的學術會議。自 1900 年起，該會每五年舉辦一次，中間除因二戰停辦外其餘時間，一直相沿不替，誠為世界哲壇盛事。2018 年北京接辦世哲，這是華人世界第一次舉辦世界哲學會；當時，大會特別將會議主題設為「學以為人」，足見人學的重要性；這不但表達主辦方認為學以成人足以代表中華哲學精神，更認為人學的議題有普遍性，呼籲世界哲學共同探索人學相關議題。

　　中國文化儒釋道三教中，尤以儒學最重成德，而道德的追求必講求具體的實踐，並不能自限於學問思辨的講究；換言之，講究成德不停留在哲學觀念的釐清，或思想系統的建立，它必須講究踐履工夫。儒家有人禽之辨，正邪之分，就

是要求人不下墮為禽獸，而成為頂天立地的丈夫，胸懷宇宙的大人。所以孔孟儒學除了道德主體的深切把握，更加留意工夫問題的探究，以成聖成賢為目標的人學更構成了理學的重要特色。其實中國哲學側重人的探討，是非常明顯的。在這樣的發展大勢中，儒學的「學」，固然不忽視客觀知識的學習，但是更重視德性的學習，亦即學習作一個好人，[1]梁啟超先生說：「中國先哲雖不看輕知識，但不求以知識為出發點，亦不求知識為歸宿點。……中國哲學以研究人類為出發點，最主要的是人之所以為人之道。」[2]我們可以說中國哲學傳統很早就發展出對人的重視，這與西方哲學走向很不相同，可說是中國哲學，特別是儒學的重要特色，儒家理想在兩千多年的發展中，曾經出現過政治化、工具化的發展，但儒家人學的內在精神特色始終相承勿替，[3]即便到二十世紀的當代新儒家，仍然保持對靈性的追求，[4]提倡為人之學。而儒學這一面向，不但源遠流長，現在也成為國際研究的新取向，以及

---

1 See Tu Wei-ming, "A Confucian Perspective on Learning to be Human," in his *Confucian Thought: Selfhood as Creative Transformation.* pp.51 -65. Tu states "It is vitally important to know, from the outset, that learning to become a good person in the Confucian context is not only the primary concern but also the ultimate and comprehensive concern." Quotation in p. 52.

2 梁啟超著，葛懋春，蔣俊編選：《梁啟超哲學思想論文集》，頁 488。

3 For a brief but well-balanced introduction, see Mary Evelyn Tucker, "Introduction," in Tu Wei-ming and Mary Tucker ed., *Confucian Spirituality,* vol. 1, pp. 1-35.

4 See Lin Tongqi, "Mou Zongsan's Spiritual Vision" and Christian Jochim. "Interpreting Confucian Spirituality in Postwar Taiwan." For a brief understanding of contemporary Neo-Confucianism, consult Liu Shu-hsien, *Essentials of Contemporary Neo-Confucian Philosophy* Westport, Connn: Praeger, 2003.

宗教交談的新重點，[5]很值得進一步探索。

　　本文以當代新儒家唐君毅先生的人學為中心，希望透過展現當代新儒學大師唐君毅先生人學的義理綱維，顯示其信仰基礎，並反省儒學的精神意義。

# 二、何謂人學

　　人學簡單的說就「是完成人格的學問。」[6] 當代新儒家追躡先儒遺志，以成聖自期，雖然取徑並不全同，但未嘗有不強調人格工夫的；身為新儒家的領袖人物的唐君毅自然也不例外。而且，唐先生不但自身深造自得，且又能系統地講明其中所涉及的種種問題，實為新儒學中功夫實踐與功夫理論兼重的儒學宗師，所以當代儒學大師牟宗三先生就曾明白的推重唐先生說：「現在自覺地有表現工夫意味的，要算唐君毅先生。」[7]

　　唐先生重視功夫，與他自幼立志有關。唐先生幼承庭訓，早歲即立志成聖，年十五就曾寫下這首自明其志的詩：「孔子十五志於學，吾今忽忽年相若；孔子十七道中庸，吾又何能自菲薄？……孔子雖生知，我今良知又何缺？聖賢可

---

5　Representative scholars of Chinese religions and philosophies like Vitaly Rubins. Julia Ching, Tu Wei-ming, John Berthrong and Robert Cummings Neville, to name just a few, have explicitly advocated or demonstrated the study of Confucian spirituality in the light of interreligious dialogue in their works.

6　〈人學〉，收入唐君毅：《人生隨筆》，頁 37。

7　牟宗三主講，蔡仁厚輯錄：《人文講習錄》，頁 96。

學在人為，何論天賦優還劣？」既然立志追蹤聖人，自然非常重視具體的道德踐履，當然唐先生自覺工夫還有不足，唐曾坦承「我自己是生活在塵俗世間，而自己生活上德性上，自知有無數缺點的人。」[8] 甚至在晚年也曾說：「念自己之學問，實無工夫，實庸人之不若，如何可至於聖賢之途？」[9] 可見唐君毅先生終其晚年，念茲在茲，還是在德行功夫之踐履。固然，唐先生自謙功夫不足，但他仍然以聖賢為理想則是再清楚不過的。其實，唯有真正擁有深厚的真切造道工夫，才能如唐先生般自誠明而無自欺，甚至直說自己庸人不如。無怪乎，先生身後得到「仁者無敵」的美譽，今天檢視先生的日記、書信還看到先生對家庭的關心、對朋友的情義，對學生的愛護，對民族文化的關懷，對人類未來的奮鬥，其實都能反映先生工夫造道之深，非唯邁越時流而已， 更足以樹立儒家人學的典範。同時，先生又能以哲學的高度反省工夫問題，提出極為深刻而且又系統化的工夫論，相較於其他古代儒者隨機點撥，唐先生的論著真能夠得上是工夫「論」，這就使得他特別值得我們注意。這一種特殊的學問，即通過踐履工夫而成就德性的學問，唐先生名之曰：人學。[10]

　　我們現在順唐君毅先生的論述，從五方面，彰顯其人學的特質：

---

8 〈我與宗教徒〉，收入唐君毅：《青年與學問》，頁 127-132。引文見頁 128。

9 唐君毅　九七六年八月十三日的日記，氏著：《日記》，下冊，頁 412。

10 唐先生說：「這種學問……是人性的學問。從此學下去，就是古人所說的成聖成賢的學問。」〈人學〉，收入唐君毅：《人生隨筆》，頁 38。

## （一）人學不是對象化的知識之學，而是個體存在本身之學

　　唐先生曾區分人學與一般的學問。「學」在今天多受西方科學觀影響，指的是「有系統有條理的知識。」[11] 但若將這種想法應用在人的研究上，「將人生化為外在的東西，使人的生命抽空了。」所以唐先生說：「我們不能陷在知識裡，使精神也外在化，而造成自我分裂。一個人自我分裂之後，精神感覺敏銳的人，必將感到無邊的空虛徬徨，必須在科學知識以外，另外有一套學問而後可。」[12] 可知人學是關於人的學問，但是它不同一般知識，因為它不將人對象化、知識化。

　　正為如此，唐先生又指出人學不同於哲學與心理學，因為哲學與心理學雖然是研討人的學問，但是還是對象性的知識，而人學則不是普通的對象性知識，它是人性的學問，是心性之學，[13] 也就是說人學是價值生命的學問，從實踐道德行為者的立場言，價值生命的探索，是「個體存在本身之學問」。[14] 所以唐先生也說「人學乃是人之自己存在之學。」[15]

　　這就點出人學是扣緊個別主體立說的特色，[16] 是攸關個別主體的學問。總之，人學並非對象知識，也不從普遍的人

---

11　〈人學〉，收入唐君毅：《人生隨筆》，頁 36。

12　〈人學〉，收入唐君毅：《人生隨筆》，頁 37。

13　〈人學〉，收入唐君毅：《人生隨筆》，頁 38。

14　〈人學〉，收入唐君毅：《人生隨筆》，頁 37。

15　〈人學講會札記〉，收入唐君毅：《人生隨筆》，頁 50。

16　所以唐先生說：「……『人學』，是人的學問。是要把外在客觀化的東西重新收回到自己來。這也就是牟先生所常說的收回到『主體』。這『人學』不能說它是人類學或心理學。因為人類學與心理學還是把人作對象看。」參〈人學〉，收入唐君毅：《人生隨筆》，頁 37。

類立言，而扣緊個別的主體立說。

## （二）人學是價值主體的實現之學

但個別主體所涉範圍至廣，唐先生顯然是扣緊價值主體立論。他說「人學自人起，白人中之我起，自我之當下起。」[17] 直從自我之當下講起，其實是為了點明必須從道德主體的發用講，亦即從當下起念，立志成人講起，才能充量的展現人性，讓成德之學充量的實現。成德當然要自身努力，所以「學這套學問完全是人自己的事，任何人幫不了忙。」[18] 因為個人德性價值的實踐，必須依靠自身努力，從具體實踐中完成。

## （三）人學是真實性情的自然流露

唐先生說「這種學問的語言不是指示式的，也不是宣傳式的，而是啟發式的。指示式的語言只要指一對象即可，宣傳式的語言也可用來說服或暗示，而啟發式的語言則必須清楚，必須找出一個東西以供印證心所以它隨各人之具體生活而有不同，並且最後還要將此語言收歸到自己才能了解。」[19] 換言之，理解人學即使有幸得到明師講明學問，還得進一步將這一從外攝取的知識，拿來與自身的內在心性對比，此即所謂印證。這個意義下的理解其實是自我理解。[20] 而更重要

---

17 〈人學講會札記〉，收入唐君毅：《人生隨筆》 頁 48。
18 〈人學〉，收入唐君毅，《人生隨筆》，頁 37。
19 〈人學〉，收入唐君毅，《人生隨筆》，頁 38。
20 狄爾泰區分理解與說明的差異，並且提出通過理解他人而理解自己。Dilthey thinks that "the inner experience through which I obtain reflexive awareness of my own condition can never by itself bring me to a consciousness of my own individuality. I experience the latter only through a comparison of myself with others." In his *Hermeneutics and*

的是它說明成德之學內在本有的依據，所以成德之學不能僅靠模倣他人或天才，因為「此種學問之出發點在人之真性情。人有真性情，人便會企慕一人格之再生，再依內心之覺悟以求自安其身，自立其命，希聖希賢，成佛成祖。」[21] 人從積極面講，見到正面的價值，自然興發見賢思齊的奮進意識，從消極面講，遇到負面的事情，人有不安、不忍人之心，自然產生改過遷善的懺悔意識。奮進是善性的直接地發揮，懺悔是迂迴地作用，二者都指向價值意識的內在自我完善化的情志力量。[22] 所以作為人格完成的學問，人學其實就是內在真情實感的自然呈露，並展現為追求自我完善（self-perfection）的實踐動力。

## （四）人學的目標：追求成就人格，豐富人生

從目標上說，人學，對自己是成就人格；進而求知人，是要使倫理關係各盡其分；再向外通出去，便是建國。」[23] 唐先生又曾區分四類不同的學問，[24] 最後一種學問就是如何作人，如何安身立命之學，「此種學問之最高者，為如何完全自

---

*the Study of History*, 1996, p. 236. This volume is in Rudolf A. Makkreel and Frithjof Rodi (eds.), *Wilhelm Dilthey, Selected Works*, Princeton, NJ: Princeton University Press, 1985–2010.

21 〈學問之內容〉、收入唐君毅，《青年與學問》，頁 67-76。引文頁 69。

22 儒家的道德感情觀並不等同於道德狂熱者，其實，也與康德的處理手法不同，亦即並不將道德情感完全歸於感性，反之，儒學從本體論的覺情，展現更完善的自律倫理學立場。所以儒家的道德情感不僅從實踐理性出發，而能包含判斷原則與踐理原則。參李明輝：《儒家與康德》，頁 105-145。

23 〈人學〉，收入唐君毅：《人生隨筆》，頁 41。

24 〈學問之內容〉，收入唐君毅：《青年與學問》，頁 67-76。特別是頁 67-69。

己人格以安身立命之聖賢學問。聖賢學問可通于天，通于神，而達一超越凡俗之境界。此種學問，既須對宇宙人生之真實之覺悟，亦須真正的身體力行，而是知行合一者。」[25] 可見人學的實踐系統，其運行方向，既包含成就個體的人格，也要求豐富群體的人生，其運思方向，從內索價值的深心，外求整頓家國天下，到上契超越向度，可說是合內外，而一天人。

### （五）人學的條件：反求諸己的反省自覺

真實人生可說是從自我覺醒到自我實現的歷程。人生的實化，當然涉及許多客觀條件，但是從主體性條件看，我們可以說反求諸己的自我覺醒是真實人生的可能性條件。唐先生說：「人心之特質在能自覺。」[26] 工夫的基礎就是心靈的覺醒，而心靈的覺醒指的不只是對培養理想人格重要性的認知，同時，也產生自我完善（self-perfection）的內在驅力。這一種內在驅力通常表現為內在的自我反省及外在的行為軌約，也就是說心靈覺醒包含內在思想的轉化，及外在行為的自我主控（self-control）、自我導向（self-direct）。從自反到自主，呈現為自我心靈生命的成熟化與豐富化。簡言之，自省其實是一種通過自我教育而祈求自主的過程。儒學教人成熟地自主人生，所以反求諸己的自省是儒學的最關緊要的工夫。孔子的門人曾子就曾說過：「吾日而三省吾身。」自我省察就是心靈醒覺的作用。心靈醒覺表現為自我體驗、自我反

---

25 〈學問之內容〉，收入唐君毅：《青年與學問》、頁 67-76。特別是頁 68。
26 唐君毅：《心物與人生》，頁 172-174。

省、自我評價、自我調控等的覺悟及控制，但是真能自我省思就必有反求諸己的自我批判。[27] 反省是自我解剖，但也是它不僅是自我澄清的活動，它更形成道德動能，促使道德主體顯發，並求作用於自我與世界，轉化自我，而期於成聖成賢；轉化世界，以求止於至善。換言之，反求諸己的自省不但追求自我完善，更追求人生之上升，他者的成全，世界的昇進，這是立人道的大人之學。唐先生說：「中國傳統思想重人之觀念，並不是由對治一甚麼偏敝而起的，而是由於中國人之自覺的反省自己之為人而起的。當人之心靈清明在躬時，便能有自覺和反省，而自知其為人，而求自立於天地間，即立人道。」[28] 所以人學的內在實現基礎就在人的反省自覺，並進而追求通過修養，擴大心量與德量，以進於高明。

　　總之，唐先生認為人學並不是對象性的知識，而是攸關主體價值實踐的學問，它立基於道德理性的反省自覺，而本質則為真情實感的自然呈現，這種統合理性與感性的內在意識結構，發而為追求自我生命的滿全，這自然不能封閉於一己之中，而必須關注他人，懷抱天下。換言之，滿全的個體的生命存在必然蘊藏著他者，所以存在就是共在。人學以完成人格，豐富人生為奮進目的，於是從道德自我的挺立，到

---

27 所以唐先生曾說：「自我批判是入智慧唯一的途徑。但是莫有一個理想的自我在前呼召他的庸俗的人，他是不敢於批判他自己的。因為他恐怕發現他那庸俗的自我是無價值時，他的生活將失去憑據，所以，庸俗的人將必然不肯研究他所認為奇怪的思想行徑，永遠跳不出他習慣的牆的。」參考唐君毅著：〈柏溪隨筆之一〉，見《人生隨筆》，頁19。

28 唐君毅：〈世界人文主義與中國人文主義〉，見氏著：《中華人文與當今世界》，下冊，頁53。

人文世界的重建，可說是人學的重大綱領。

# 三、人學的信仰基礎

　　唐君毅的人學的目的在成就整全人格意義之生命，而人學的依據則在於良知善性的信仰。唐君毅先生並沒有清楚的、系統的將人學的信仰基礎呈現出來，而當前學界對於唐先生人學的研究，也缺乏信仰層次的展現，筆者希望透過初步的探索，把唐君毅人學的基礎加以呈現。一般說，信仰涉及兩個不同的意思，其一是指一種充滿信心，願意信賴的態度，其二是指一種認知的行為或狀態。[29]

　　筆者認為其中關聯到最重要信仰層次有三：第一，對於自我人性的信仰，第二，對於他人人性的信仰，第三，對於世界的信仰。整個來說，就是對人的信仰。

## （一）對自我人性的信仰

　　對人性的信仰，顯然是根據孔孟儒學的傳統良知論來立

---

29 前者是 fiducia，後者是 fides。筆者採用的是約翰.希克教授的意見。
John Hick believes that "we speak, on the one hand, of faith (fides) that there is a God and that such and such propositions about him are true. Here "faith" is used cognitively, referring to a state, act, or procedure which may be compared with standard instances of knowing and believing. On the other hand, we speak of faith (fiducia) as a trust, maintained sometimes despite contrary indications, that the divine purpose toward us is wholly good and loving. This is a religious trust which may be compared with trust or confidence in another human person." See John Hick, *Faith and Knowledge*, (Hamshire and London: The MacMillan Press, 1988), pp. 3-4.

說的。用唐先生的話就是「人之有良知良能必有大信」，大信是肯定的願力，是基於良知善性是必然有的信仰的意願，而不是基於經驗科學的論證。用傳統的話，它可以經過工夫體驗或實存的人生體驗，來反思點撥出人類終極的善源，在這一點上，這一大信是建基於一種理性反省的信仰，可以說是理性信仰，這自然跟一般的盲從不同。

## （二）對他人之人性的信仰

對於他人之人性的信仰，其實就是相信我有良知之外，同時也不忍心不相信別人沒有良知，這一種肯定是運用將心比心、以理類推方式來認取的。當然從個我實存的經驗的反省，最多只能點出個我的人性是善的，但是從個我的性善到相信普遍的人性是性善，則自然需要一定程度的信仰跨越。人學的人性論信仰是從個我實存的經驗反省：推及到普遍人性的肯定，這一種想法本身就是對人性的一種普遍的信仰。這一點唐君毅是非常重視，他特別認為這一點性善論構成儒家比佛教、基督宗教來得優勝的地方。因為佛教從業來解釋苦的來源，而基督宗教則從罪來解釋一個人的有限性，這就使得覺悟者、救贖者與其覺悟、救贖對象的關係往往處在一個不平衡的狀態，覺悟者以先覺覺後覺，即已渡的人接引未渡的無明眾生；或由已蒙主恩、得赦免的人去救贖還在罪惡淵藪中的人，不管是用那一方式去說明，對唐君毅來說，這種施與受的關係都是不對等的。[30] 而儒家人學講的是道義為

---

30 唐君毅先生這個判斷，未必能部為佛教以及基督宗教所印可，佛教有自力、他力與自他合一的不同側重，而基督宗教也有不同的靈修傳統，

師，師友是相互提攜，相互砥礪的平等協進。所以比佛教及基督宗教來得優勝。何況，不管是佛教的講苦業，還是基督宗教的講罪惡，都是從負面出發；但是只有儒家不是這樣想，儒家從正面講我有良知，只要透過自我的努力，我可以自救，我也相信通過我的努力可以弘道救世，我更相信他人也有良知，他人可以通過自身的努力，可以救他自己，以及弘道救世，所以道本身的呈現不繫於我一人，而繫於人類全體，尤其是人類之善性本身之上。[31]

　　唐先生從天倫與人倫講起，發揮孝之大義，將祖先父母、兄弟夫婦及朋友，以通達人倫世界的三度空間。這是因為「故人之情義必先在一定之個人與個人之倫理關係中，互相反映，以成恩義，然後此情義得其養。既得其養，而至於深摯篤厚，然後可言普施博愛。」[32] 唐先生從父子夫婦的親親，講到普施博愛，就已經超越血緣關係，而將愛推及到天下之中。這裡有親愛到博愛的跨越，以完成推愛人間的普施濟眾。但是應該注意的是，「此聖賢之德之所以為聖賢之德，在其能感受其他人格之德為其所對，而愛之敬之，以自成其德。此自成之德，即對其所感受之其他人格之德之回應報恩，而以德報德，使古今四海之人之德，以相報而相結，以貞定此德性世界、人格世界之存在，而使之萬古常存者也。」[33] 可見這有賴於超越於任何單一主體的人格精神世界的存在，也

---

不可一概而論。

31 唐君毅在著作中經常流露除對人的善性或良知的信心，從早年的《道德自我的建立》到晚午的《生命存在與心靈境界》都可以看到。

32 唐君毅，《生命存在與心靈境界》，下冊。頁 139。

33 唐君毅，《生命存在與心靈境界》，下冊，頁 140。

就是說，儒家型態的普遍的愛，並非由單一主體完成的，而是有賴於人皆可以為堯舜這一人性論的理想的逐步落實；以合理的推想，當更多人能踐仁成德，則儒家的天德流行境界就更能夠實現。所以這並非依賴一個全能神的信仰，也並不會淪為單一主體的良知的狂妄與獨斷。其實君子之學，重在溫良恭儉讓，也印證儒家對他者的尊重。我認為這並非行為上禮貌的表現，更重要的在於對他人也有良知的肯定，所以成人並非氣魄任事的道德英雄，而是相信他者的良知的共在；人對良知的肯定，並非對個己的內在道德自信，而是對人的良知善性的信心；所以成人的努力，固然是任重道遠的己任，但卻並非靠一道德英雄去救世，而是對他者共同奮發努力的期待。畢竟移風易俗，豈能是一人所能。

　　正惟如此，孔子困阨，但仍然敢說：「天之未喪斯文，匡人其如予何？」[34]孔子何以有此大信呢？他並不是不相信匡人實際上能夠加害他的形體生命，但人類既然能創建人文，利導他人，斯文不喪，即人心尚有可為。孔子對文化有信心，就是對人性有信任，他相信即便我個人身死，但這個世界上還是有足夠的天德良知，讓人文世界理想不致於淹沒無存，所以孔子並不擔心，因為匡人盡可以殺死孔子，但匡人絕對殺不死人之性善，所以就必有人繼續孔子的人文理想，而這就是一種對他人的信仰。

　　相對來說，儒家這種對我跟對他人的共信，就產生平等慧。一方面構成對自我的信心，同時另一方面，也不輕視他

---

34　《論語‧子罕》，楊伯峻譯注：《論語譯注》，中華書局，1994，頁88。

人，儒家這一點精神，能夠讓自信得到謙抑的保護，從而避免良知的傲慢。反之，不對等的救贖關係，從正面來看，固然使整個世界的苦罪都由一人來肩負，但從另一方面來看，這就排拒了他人救贖世界均等的地位，就此而言，這樣就形成「作之君，作之師」的上下、主從的觀念。但孔子卻說「若聖與仁，則吾豈敢？」[35]儒家一方面對良知抱持大信，並非自戀式的個人自我膨脹，而是對自我有信心，也對他人有信心；另一方面也對於自己的有限性，隨時保持一個戒慎恐懼的警覺，故而能自信而不自大，構成一種不卑不亢的工夫基點。毫無疑問，對唐先生來說，儒家是比較健康、中庸，而不走向負面的苦業與罪惡。

### （三） 對世界的肯定的信仰

唐君毅先生肯定世界存在，不若佛教之視為夢幻泡影，也不認為世界是偶存的。對於世界的信心，是對人文世界的重視，它先肯定世界的存在，不把世界視為空，或罪，或是把世界視為最終必須要毀滅，然後接受審判的。反之，唐先生「肯定其當下之生命存在，與其所在之世界之正面的價值意義。」[36]

唐先生認為對於人文世界的肯定是整個人學思維的條件，同時對人的世界的肯定本身就構成人學實踐裏面的空間領域，因有世界，所以人學種種的努力與願力，終能有所寄

---

35 《論語‧述而》，楊伯峻譯注：《論語譯注》，中華書局，1994，頁 76。
36 唐君毅，《生命存在與心靈境界》，下冊，收入《唐君毅全集》，九州出版社本，卷 26，頁 120。

託，而不致淪於空虛之中。於是世界的存在就保有人們奮發向上，勇猛精進的場所。吾人本良知善性而對世界的種種實踐，方才不至淪喪歸空，而為真實的生命存在所寄。

對於人性的實存光輝的信仰，對於他者良知光輝的信仰，及對世界存在的信仰就構成整個人學裏自我／他者／世界三者三足鼎立的信仰體系，而同時構成人學裏實踐的基礎以及場域，展現唐學體系的人文精神的特色。

同時，從唐先生所展現的儒學體系，信仰並不是盲目的，而是人的存在的基本條件，也是認識的前提，因為信仰而展開價值的實踐，因為價值的實踐，又深化對人性的體會，轉而強化人性信仰，並產生更大的內在精神動能。

## 四、人學的理論特徵

### （一）超越向度的認定

從價值根源言，人學不但指出實踐的內在動能，同時也指出超越根源，所以人學不但是純粹的倫理論述，其中也透現其宗教性（religiosity）。[37]這一點呼應著中國儒學傳統中的

---

[37] 儘管儒學是否宗教的論題，今天學界還是爭議不休；論者對宗教定義或了解可說南轅北轍，差異極大，所以儒學是否宗教的討論幾乎不太可能得到大家首肯的共識；但是若從中庸或易傳等文獻觀察儒家的宗教性特徵，是比較容易得到比較多得認同的。Tu Wei-ming. *Centrality and Commonality: An Essay on Confucian Religiousness* (N.Y.: SUNY, 1989). Tu states that "We can define the Confucian way of being religious as ultimate self-transformation as a communal act and as a faithful dialogical response to the transcendent." P. 94.但這又引起儒學核心文獻的認定問題，有的學者只願意承認，孔孟之學，而不承認中

宗教性特色，但超越向度，是自我超越的終極基礎，自我超越是超越向度的具體實現，所以人不能沒有超越向度，但又不能只留駐於超越向度，而不從事自我超越。自我超越必然涉及價值生命的成長。[38]所以人學所認定的超越向度，既指向人性的終極基礎（ultimate ground），也指向人性的實踐任務（practical task）。[39]

## （二）歷程性存有的彰顯

人學既然是個人實存性學問，就必然涉及自我理解，以驅動主體的昇進歷程，因此，人學必然有其歷程性，人的存在就在歷程中展開。這種觀點跟一般形上學的進路不同，因為從歷程看，人性不是形上學的不變實體，恆定的在場（constant presence），而是在歷程中成長的時間性存在，或者用海德格的話語，它並非現成的形上學（metaphysics of

---

庸與易傳，更有的學者只承認論語，連孟子也不承認。另一問題是這些文獻的時代考證問題，有人堅決主張中庸是秦漢作品，而不承認它們可以代表原始儒學：所以這些問題涉及的不只是文意訓解的義理問題，更關乎文獻認定與時代考證等，儒學是否宗教的討論，是以難以有共識。

38 See William yau-nang Ng. "Tang Junyi's Spirituality: Reflections on Its Foundation and Possible Contemporary Relevance." in *Confucian Spirituality*. vol. 2. pp. 377-398.

39 Hans Küng points out that "the humanum（*jen*）is both what is given and what it is given to do: it is both the essence and the task of humanity." See Hans Küng and Julia Ching. Christianity and Chinese Religions, p.114. While the word "essence", which suggests a sense of the existence of a constant presence of human nature, may not be appropriate, Küng's overall assertion is certainly in line with the general trend of Confucianism.

presence），[40]而是歷程的存在。這個歷程性呈現為實踐的歷程性，與體會的歷程性兩大面向。

從實踐的歷程性講，人學是成就人的學問，人從小人到君子，由凡人到聖人，必然涉及自我境界的改變，而展現為時間歷程上的變遷。

其次，從體會的歷程性講，人學必然涉及對自我體會的深刻化過程，在這個過程中，可說人心並無所對，因為人心在循環往復中返本自明，而在這循環往復中的歷程所遭逢的，並不是與我無關的對象，而是實存經驗的共在，正所謂大本無對，因為只有呼吸相關的共在，而無對立無關的對象，所以唐先生說：「大率西哲之言心性者，皆重心有對性一面。觀念與心對，心之衝動、慾望、機能與外物對，心之意志理想精神與環境對，與實現理想之場所對，與反乎精神之自然對。知識之範疇，初亦由能知與所知之對象相對，而後能顯出。而中國人之言心性，則重心之無對性。」[41]唐先生所講的無對，顯然並不是指在理解過程中沒有被理解的對象，而是試圖在知識論主客對立的方式之外，重新理解吾人與對象的關係。在這一自我理解的層次，吾人可以對自身有一先於理論性反省的解悟，所以這種理解是先於主客的區分的。[42]海德格在《存有與時間》稱這種自我解悟的循環為詮釋的循環（Hermeneutic Circle）。在這個循環中，進行理解的我與被理

---

40 參考 Otto Pöggeler. Trans. Daniel Maqurshak and Sigmund Barber. *Martin Heidegger's Path of Thinking*, Ann Thompson. Humanities Press International, 1987, p.118。

41 唐君毅著，《中國文化之精神價值》，頁 125。

42 參陳榮灼著，《現代與後現代之間》，頁 117-119。

解的我實共屬於同一循環中，而不再是主客分立的兩元；換言之，進行理解的我與被理解的我根本是二而一、一而二的，於是就沒有胡塞爾無限分裂的問題。在這樣的解悟中，人們不再自限於主客對立的對象性反省的進路。反之，人們將對象性的反省性進路，轉變為主體性的循環理解；如是，則靜態對待性的主客兩元，轉成動態循環中的兩截；亦即自我的體會性理解從主客分裂的兩元，變為循環往復，相互關連的兩截，這一自我關聯的過程，就是自我理解（Self-understanding）。就此而言，也可說人學看到從認識論到存在論的轉向。

總之，無論是從實踐與體會兩個面向，我們都可以看到人學的歷程性格。前者指的是成德的過程，後者涉及理解體會的實況。

### （三）心靈的虛靈與感通

唐先生說：「中國先哲，重心之虛靈與心之性情，皆所以顯心與自然之不相為礙，與心之通內外，而能使主賓相照，物我兼成，以見心之無對性。」論者多從認識論方向理解，我認為是不充分的。

從認識論方面看，心是大本，本來無對，這有兩義；從不執著於一物，而能感通萬物言，可說無一特定對象的無對，而心靈這種在認知上的開放無礙的特性，確實可用「虛靈」兩字表示；但唐先生特別的地方是從心的性情講，這一面向就不能僅從認識論理解了。

唐先生強調的是感通，亦即從以真情實感面對人間，而

能通達無礙。這裡感通的並不是對象的世界，而是相逢的共在。馬丁·布伯（Martin Buber, 1878-1965）的觀點有助於澄清唐先生有關感通的觀點。[43]人們習慣將世界萬物視為認識及征服的對象，也將他人視為可以利用的工具；如此則不能建立真正深刻的關係。布伯區分「役使的世界」（the world to be used）與「相逢的世界」（the world to be met）。假如只將人看成工具，其間種種營謀，層層計算，就讓我與他人之間的關係，被工具性考慮，手段性操作所間隔，始終不能通達無礙，更不能成為知己良朋了。反之，人與人的相知，必然建立在精神深處的坦誠相見，正所謂推心置腹，才能莫逆於心，這其中沒有利害的考量，自然能拋開手段，卸下面具，而坦誠互見；能如此相逢天地間，才容易做到相知相惜。何以能夠如此？因為人與人之間並無工具性考量介乎其間，讓性情能夠通暢無礙，交往能夠通達於心，於是心靈之間的感通就可能了，這才真能相知於心。[44]我們與世界的關係也很相似，從主客的認知，很容易滑轉為主奴的支配。人要理解世界，為的是要掌握世界，以便可以征服自然。於是作為認知客體的世界，一轉手就淪為被役使的世界。反之，若將世界視為跟我們相逢的共在，則世界不再僅是足以利用的手段，對象不再只為滿足自我的工具，如此才能恰當地與自然相處。從這種觀點出發，人與他人，人與自然應該處於相逢的世界，

---

43 有關感通的分析，可以參考黃冠閔著，〈唐君毅的境界感通論〉，收入黃冠閔著：《感通與迴盪：唐君毅哲學論探》，新北：聯經出版事業股份有限公司，2018。頁 119-170，特別是頁 174-178.

44 唐君毅著，《中國文化之精神價值》，頁 125-126。

所謂「一切真實的生活都是相逢」。[45]

　　而推唐先生之意，實不專求心靈通過對立面而形成所謂客觀的了解，他更重視本心通過感通而得以發明與成長。而與他者之互動中，也只有在真心相待，坦然相對的心靈中，人們才能去除手段中介的障礙。此時，人與人能以原初的感通無礙的關係，相逢天地間，相知莫逆中。

　　在這個過程中，人從種種虛妄的自我認知中解除，而能浮現真我；同時，人又在種種不忍、不安之中醒悟，而能自然流露覺情。總之，人因不安而生覺悟，因去蔽而能歸真，兩者都是自覺，而同時指向他者與世界。此時，他者與世界都在仁覺中出現，而不是在主客對待的認知性結構中呈現。換言之，它們都在價值主體的意識中呈現，而可說是以價值意識的意向性共現，體現在分全不二的虛靈無礙境界中。從源頭看，自覺到與物合一無礙的體會，就是源於心的無對性；而從開展看，這種合一無礙的通感之情，又形成唐先生重視的「分全不二」的理想；從通感之情，轉生對他者的無私大愛，從感通的仁，又進而表現為對世界的道義使命，於是存有論的天人合一，又轉出價值論的天人合德，具體呈現為民胞物與的道義承擔，與先天下之憂而憂，後天下之樂而樂的人格理想。

## （四）在世存有的共屬性

　　同時，正如海德格所言，此在本質上是「在世存有」

---

45　Martin Buber, "All real living is meeting." See Martin Buber. *I and Thou*, p11.

（Dasein is essentially Being-in-the-world），唐先生的人學反映了儒家的義理綱維，人學就在人間中求發展，修道成德的人不能離開在世界中的實踐。這不但充分顯現儒家的人間性，[46]更反映出人學的根本實踐性格（primordial practical character），從個已到他者，從社會到文化，從結構到歷史，都一再肯認、肯定人與世界的共存。所以世界與個人存在著密切的共屬性關係，我們可以說世界正是人學實踐中進德修業的開展場域，也是具體實踐的存在條件。

上文提到人學既關連到個人價值生命的成長，於是就呈現人學的歷程性。就此而言，人學講的是動態的成人之學，成人實際上就是發展成為一個人的意思。所以人學中的人，不是靜態的存在（being），而是動態的發展（becoming）。 此一思維，與傳統西方形上思維，展現極不相同的性格。我們可以說唐先生的人學不是黑格爾的精神發展，也不是封存於意識之內的意識哲學，反之，個人生命的成長發展，必然在與他者同在的世界中成長，也就是人學的具體發展必然從單一主體的價值覺醒，到主體之間的互動昇進。自我並非離群索居可以成長的，他必然與屬於廣義的異己者，所以存在也是隸屬（belonging），唐先生的仁學從人心的覺醒，講到家

---

46 參島森哲男，〈孟子の人間觀における內なるものと外なるもの〉，見金谷治編，《中國における人間性の探究》，（東京：創文社，）1983，頁 23-46。島森教授對比孔子的實踐論與孟子的擴充說，並關聯到大學修齊治平的論點，點出儒家合內外的修養論特點。Also see Tu Wei-ming, "Embodying the Universe: A Note on Confucian Self-realization," In Tu Wei-ming, *Confucian Thought: Selfhood as Creative Transformation*, pp.171-181.

國天下的承擔，以及中國文化的傳承，其實就立基於共同隸屬的認識，人不單屬於群體，也屬於歷史文化。所以人學中的人不但是 being，更是 becoming 與 belonging。[47]這與西方存在主義的提法，相似而不相同，因為雖然存在主義也注意到人與他人的共在，但是此一共在只是一沉淪，所以必須有待煩憂意識、死亡之感，才能突破沉淪，恢復本真狀態。[48]但人學不只沒有迴避人性的幽暗面，更能充分把握人性的積極向上意識，於是通過對人性以及世界的大信，落實人學的理想。人學超越向度的實現，必然關涉成長與隸屬，也就展示出實踐的歷程性（process character），與社群性（communal character）。歷程是人學的實踐基礎，而共屬則是人學的實踐場域。

## 五、結　語：儒家的五大精神向度

從上文所述，可以清楚的看到唐君毅先生的人學的內在基礎，就在於內省自覺、反求諸己的功夫，從而拓深人類生活的精神向度。這種內省自覺的反求諸己之學，絕非一往不復的內向深化，反之，就個人反省所得，唐先生的人學反映了傳統儒學，特別是宋明理學的精神取向；於此，筆者提出儒家精神取向展現為五大精神向度─心靈的深度、世界的廣

---

47 參考 Norman William Pittenger, *Becoming and Belonging: The Meaning of Human Existence and Community,* Wilton CT: Morehouse Pub., 1989.

48 參希伯來大學哲學系教授 Jacob Golomb, *In Search of Authenticity: From Kierkegaard to Camus*, London; N.Y.: Routledge, 1995.

度、超越的高度、歷史的厚度與未來的長度。

從內向言，反省自覺往內透顯深層的價值意識，把握真我性情，良知大愛；從外向言，則講求擴大心量，涵容他者以及世界，展現為家國天下的關懷，修齊治平的實踐。從上向的維度言，則能展現心靈的昇進，上達天道，形成天人合一的理想。而從時間的縱向言，反求諸己之人學，一方面往前繼承傳統，一方面開拓未來。所以人學的立人極理想，充分體現儒家為往聖繼絕學，為萬世開太平的精神特色。

總而言之，筆者主張人學其實是儒家內聖之學的表現，人學那內省自覺取向的精神探索，並不讓自我封閉在單一主體之內，反之，從空間維度看，人學的逆覺心體，顯示生命的深度；心憂天下，又顯示合內外的生命廣度；天人合一則展示通天人的生命高度。從時間維度看，人學又呈現為批判地傳承民族文化的精神考古學，與承擔人類前途的未來學，述往事，為的是知來者，人學在繼往開來中，就充分顯示其歷史厚度，與未來長度。總合的說，人學展現心性之學的五大向度─心靈的深度、世界的廣度、超越的高度、歷史的厚度與未來的長度，筆者認為這五大向度，不但掌握唐君毅先生的人學精神，也應能展現儒學的精神向度。

# 第二章　先秦儒學與艾資安尼新社群主義初探

## 一、導　言

從前不少人將中國文化視為封建獨裁，而儒學也是封建專制的思想；但二十世紀以還，也有一些論者注意到儒家的自由傳統。當代儒者錢穆先生，面對世人批判中國之封建獨裁的局面，終生傾力證明中國歷史並非如此，並提倡中國文化展現民主與自由的特色。[1]後來北美理學研究泰斗狄百瑞先生，在新亞書院的錢穆講座中，特別以中國自由傳統為題[2]，以申述這一論學取向。

雖然自由主義與社群主義並非對立不能並存的思潮，但它們在某些重要觀念上確實對壘，甚至有人主張兩者是對立的陣營；如遂此評，則我們是否可以推斷，若儒家思想展現出自由主義的特色，則它等同反對社群主義的立場？近年論者已經注意到儒家政治思想，頗有兼顧社群與自由的取向，

---

1　錢穆：《政學私言》（臺北：蘭臺出版社，2011）。錢穆說：「中國傳統政治，既非貴族政治，又非君主專制，則必為一種民主政體矣。」頁 5。
2　狄百瑞著，李弘祺譯：《中國的自由傳統》（貴州：貴州人民出版社，2009）。

而不願意將儒學輕易歸入社群主義（Communitarianism）或自由主義的任何一方。當然也有學者比較強調儒家的社群主義，譬如貝爾、陳祖為等。且不論各學者之理論取向，筆者同意何信全教授的主張，新自由主義與社群主義的論爭，事實上提供省思儒學精神的機會資源。可惜學界仍鮮少注意儒家與新社群主義，特別是「回應式社群主義」（Responsive Communitarian）的關係。本文集中討論新社群主義代表艾資安尼（Amitai Etzioni，下稱艾氏)的思想，比論儒家與其之異同，以及反省其在後自由主義時代的意義。

## 二、社群主義與新社群主義

社群主義一詞，是英國巴盎碧（John Goodwyn Barmby）在一八四一年所創，但當時巴盎碧用來指烏托邦的社會主義者，以及其他實驗過社群生活的人；這跟西方政治理論中的社群主義並非同一回事。

其實，社群（Community）一詞在西方政治理論傳統中，可說是源遠流長。從柏拉圖與亞里士多德，一直到現代的黑格爾和桑德爾（Michael Sandel）等等，社群一直是政治思想家注意的核心概念之一。而社群與個體（Individual）往往被理解為對立的兩項，重視社群者往往跟保守主義與重視倫理等立場接近，而強調個體者則容易跟個人主義和自由主義靠攏。所以如何理解並處理個人與社會、個體自主與社會秩序之間種種複雜關係，確是社會政治哲學非常關鍵的問題，也是自由主義與社群主義爭論的核心；而自由主義與社群主義

的爭論始終是 80 年代以下的政治哲學論爭的關鍵之一。[3]當代社群主義強烈批判自由主義兩大傳統，其一是當代自由主義（Liberalism），其次是自由至上主義（Libertarianism）[4] 那麼甚麼是社群主義呢？論者認為社群主義大致分享一些特色；[5]然而二十世紀社群主義，確實經歷相當演變，前後頗不一致。[6]是以需要注意社群主義也有不同類型，才能比較延的

---

3 譬如 70 年代羅爾斯（John Rawls）的《正義論》（*A Theory of Justice*）、諾齊克（Robert Nozick）的《無政府、國家與烏托邦》（*Anarchy, State, and Utopia*）和德沃金（Ronald Dworkin）的《認真地看待權利》（*Taking Rights Seriously*），都是新自由主義政治學的經典之作。80 年代則有桑德爾（Michael J. Sandel）的《自由主義與正義的限制》（*Liberalism and the Limits of Justice*）、麥金泰爾（Alasdair MacIntyre）的《追尋美德》（*After Virtue*）、泰勒（Charles Taylor）的範圍:對多元主義和平等的辯護》（Spheres of Justice: A Defense of Pluralism and Equality），這些名著都是社群主義的經典。到了 90 年代，雙方仍多交鋒，譬如羅爾斯的《政治自由主義》（Political Liberalism）、金力卡（Will Kymlicka）的《自由主義、社群與文化》（Liberalism, Community and Culture），或米勒（David Miller）的《市場、國家與社群》（Market State and Community）。

4 當代自由主義強調保障及促進個體的自主與個體的權利，而自由至上主義則非常在意通過嚴格限制政府權力，以保障個體的權利，特別是自由及財產的權利。而當代社群主義雖然不是反對它們兩者的所有思想，但毫無疑問，當代社群主義是上述思潮的主要論敵。

5 譬如牛津大學伊利沙伯‧菲莎（Elizabeth Frazer）教授認為社群主義哲學有三大關鍵論點 "The world is more than just a collection of individuals. Argue for the existence and significance of collectives, institutions, human relations. Ethical values not located in the individual but rather are to be found in the social individual or even in the community or society of which the individual is a member. To interpret and refine values that already existed in the ways of life of really living groups." 這三點可說很大程度反映社群主義的特色。See Elizabeth Frazer, "Communitarianism", in Adam Lent, New Political Thought, p. 114.

6 中國社會科學院俞可平教授曾提出很好的總結，他說古特曼（Amy

Gutmann）曾以 60 年代帶有社群觀點的自由主義的批評者與 80 年代的社群主義者為例，來說明兩者區別之一斑。首先，兩者的理論來源不同。前者前一次批判受到馬克思的啟發，而現下的批判則受到亞里士多德和黑格爾的激勵。亞里士多德主義關於正義的觀念植根於「一個社群，其基本紐帶是對人類的善和社群的善的共同認知」的思想，既體現下麥金太對羅爾斯和諾齊克的批評中，也體現下泰勒攻擊原子主義的自由主義者（atomistic）「試圖捍衛個人及個人權利對社會的優先性」之中。黑格爾關於人由歷史條件決定的理念使昂格（Roberto Unger）和桑德爾拒絕自由主義關於人是自由的和理性的觀點。其次，80 年代的社群主義，在政治上具有更大的保守性。60 年代的批評者認為財產集體所有制和平等政治權力是良好社會的基本表徵，而新的批評者則把良好社會看作是有悠久的道統和根深蒂固的認同。對老的批評者來說，婦女在家庭中的作用是其社會與經濟受壓迫的表徵；而對於桑德爾來說，家庭是社群的典型和善高於正義的明證。對於老的批評者而言，愛國主義是一種非理性的情感；而對於麥金太來說，特殊主義者對愛國主義的要求與普遍主義者對正義的要求一樣是理性的。老的批評者傾向於在非壓制的名義下捍衛對多數派道德的偏離；而新的批評者則傾向於捍衛地方的多數派在保存其社群的生活模式和價值的名義下禁止冒犯性的行為。最後，兩種批判的主題也不同。60 年代的批評者更多的關注自由主義的結論而不是其哲學基礎，80 年代的社群主義者則涉及到了更深刻的和更形而上學的理論前提。在面臨社群主義者的攻擊之後，個人主義者很快便作出了回應，譬如羅爾斯和德沃金這些新自由主義者分別從方法論和價值觀兩方面回應。但新自由主義者在指出社群主義理論的某些弱點，捍衛自己立場的同時，也不得不修正了自己的若干論點，從而進一步推進了自由主義政治哲學的發展。例如，德沃金在接受社群主義者對個人主義的某些批評方面就邁出了很大的一步。雖然他仍反對一般地把社群當作是一種必需的組織體，但他承認從下述意義上說它是一種被需要的對象：「人們需要社群，以便自我認同和確認其自己的生命只是整個社群生活價值的一種回應，並且來源於後者」。又如，羅爾斯在 1993 年出版了一本新著《政治自由主義》，此書基本上是對其過去 10 年中發表的 8 篇主要論文修訂後的彙編。在該書的序言中，他回答了這樣一個問題：該書與 1971 年出版的《正義論》有甚麼區別？他自己答道，儘管兩書的理論框架大體一致，但新著對前著有一個重大的修正：在《正義論》中，他沒有將「政治性的正義觀」（political conception of justice）與「綜合性的理念」（comprehensive doctrine)作出區分，而認為「秩序良好的社會」（well-ordered society）的一個基本特徵是，所有公民都基於綜合性的理念「才同意接受」公平即「正義」的原則。當時他把「公平即正義」與功利主義都當作「綜合性的理念」。羅爾斯指出，正確的觀點應當是，功利主義才是「綜合性的理念」，「公平即正義」不是「綜合性的理念」，而是一種政治的理念。俞可平：《社群主義》（北京：中國社會科學出版社，1998），頁 31-33。

掌握當代社群主義的風貌。依照艾資安尼的區分，第一類是桑德爾與泰勒（Charles Taylor）等英語世界的政治理論及哲學家為代表的，他們多數攻擊自由主義，而少數則嘗試正面建立社群主義的理論體系；第二類是東亞諸國的威強式社群主義（Authoritarian Communitarianism），第三類則為回應式的社群主義。[7]

第一類社群主義，針對英美新自由主義的困難而起。自由主義是現代人對十七世紀起的現代社會回應。既然傳統社會已經消失，則需要新的方式去理解並規劃政府權力。而建構個體至上的道德觀，以及社會中生活形式的多樣性，可以說就是現代世界最顯著的成就。[8]自由主義方方面面的特色，漸漸成為北美社會上不少人接受的思想。

但是，隨著思想的普及，自由主義的弱點，也逐漸暴露出來。社群主義在八十年代起，就特別注意到現代個人主義的危機[9]；而相應的，人們對公共福祉的關心，轉而日益淡薄；這對不少社群主義者而言，實在引起嚴重後果。他們認為現代社會之所以陷入社會失序、罪案頻生、親情疏離、道德敗壞等嚴重困境，自由主義難辭其咎；特別是自由主義那種「去

---

7 See A. Etzioni, "Communitarianism," Karen Christensen and David Levinson, eds. *Encyclopedia of Community: From the Village to the Virtual World* (Sage Publications，2003), Vol. 1, pp. 224-228.

8 譬如在重視個體的基礎上，自由主義發展出許多非常重要的原則，譬如個人權利、多元寬容、立憲政府、國家中立、私有財產與市場經濟。參考江宜樺，頁 286-288。

9 譬如人際關係日益惡化，個人陷於獨處，「男女都把自己封閉在自己私人的小天地裡，害怕與人來往，最終喪失了交往的習慣。」阿倫‧布洛克著 (Bullock, Alan)，董樂山譯：《西方人文主義傳統》（臺北：究竟出版社，2000），頁 320-321。

社會的個人主義」（asocial individualism）的態度，就是關鍵原因。[10] 而反省及攻擊自由主義的種種流弊，可說是這些社群主義者的共同特色。[11]這一批致力檢討自由主義的學者，當中包含不少社群主義的理論健將，譬如英國及北美學者桑德爾（Michael Sandel）、麥金泰爾（Alasdair MacIntyre）、泰勒、埃文訥尼（Shlomo Avineri）、戈斯頓（William Galston）、色爾尼克（Philip Selznick）及華爾采（Michael Walzer）等等。

第二類社群主義主要產生於中國、新加坡及馬來西亞等威權統治的國家。他們強調社會責任、共善，而不那麼注意個人自主與權利。這些理論家有美國的霍斯（Russell A. Fox）及新加坡外交家寇斯刊（Bilahari Kausikan）。

第三類就是新社群主義，又稱為「回應式社群主義」。相應於上述兩種社群主義，新社群主義由戈斯頓及艾氏等於一九九○年正式開始，它強調個體與社群之間的平衡，並努力說明其價值基礎。新社群主義比傳統社群主義更為重視良好社會的價值基礎；而且相對於東亞社群主義，新社群主義更重視個人權利與自主。[12]

既然艾氏的社群主義，稱為回應式社群主義，那麼何謂

---

10 Adams Lent 編著：《當代新政治思想》（臺北：揚智出版社，2000），頁 133。

11 李強也觀察到這反自由主義的思潮，他指出「自八十年代以來，自由主義受到社群主義的強烈挑戰；自由主義的一些基本原則，如個人主義、消極自由、多元主義民主等愈來愈失去自己的特徵。」李強：《自由主義》（北京：中國社會科學出版社，1998），頁 256。

12 See Amitai Etzioni, "*Communitarianism*" in *Encyclopedia Britannica*. 參考網址：https://www.britannica.com/topic/communitarianism 檢索日期：2014/9/9

回應式呢？新社群主義又有何創新之處？首先，回應式社群
主義，是相應於之前已經存有的兩種社群主義而言。相應於
老式歐美社群主義，筆者認為艾氏強調的是平衡個體自主與
集體秩序的中道立場；艾氏認為舊的社群主義雖然傾向強調
社會力量、社群與社會鏈結的重要性，但忽略了個人自主義
的元素；他提倡的「新」社群主義，就在於回應個體（responsive
to individual）。[13]因此，回應的社群主義的「新」其實就在強
調社會力量與個人之平衡，社群與自主性的平衡，及以及個
人權利與社會責任的平衡。[14]而相應於東亞的社群主義，筆
者 主 張 是 艾 氏 的 社 群 主 義 是 有 別 於 專 制 社 群 主 義
（Authoritarian Communitarianism） 的 民 主 社 群 主 義
（Democratic Communitarianism）。[15]所以筆者主張艾氏的社
群主義，可以稱為平衡的民主社群主義 (balanced democratic
communitarianism)。也就是說，新社群主義雖然試圖挽救個

---

13 艾氏曾解釋回應的意思：A. Etzioni, "When in 1990 a new communitarian
　group was formed, many of those convened were concerned that they will be
　confused with previous conservative or collectivistic communitarians-hence the
　term responsive communitarians [responsive to individuals, that is] was
　created." See Amitai Etzioni, "*Communitarianism*" in Encyclopedia Britannia.

14 A. Etzioni ed. *The Essential Communitarian Reader*, （Lanham, Md.:
　Rowman & Littlefield , 1998）, p.x.

15 Etzioni has explained one of the reasons to start the journal entitled *The
　Responsive Community* is because, "Deeming themselves responsive
　communitarians in order to distinguish the movement from East Asian,
　authoritarian communitarians, Etzioni formed the Communitarian Network..."
　See A. Etzioni， "Communitarianism," Karen Christensen and David Levinson,
　eds. *Encyclopedia of Community: From the Village to the Virtual World*, pp.
　224-228.

體主義的毛病，但卻並沒有為集體的共善，而徹底犧牲個體
的自由。當然，這一平衡的中道，就是要有承擔精神，積極
的溝通並回應社會的需要，以圖建立理想的良善社會。本文
要處理的正是以艾氏為代表的這種回應式社群主義。而在進
一步討論之前，理宜先介紹艾資安尼其人及其新社群主義。

# 三、艾資安尼的新社群主義

## （一）艾資安尼氏的生平及學術簡介

提到社群主義，很自然就會想起桑德爾、泰勒等；但若
論其社群主義對美國實際政治的影響，恐怕不能忽視艾資安
尼教授。

艾氏是華盛頓大學社群主義政策研究所所長；一九五八
年艾氏在加州大學柏克萊分校取得社會學博士後，在哥倫比
亞大學教學凡二十年，並經常是媒體的評論專家，對美國內
政外交多所針砭，是當代美國最有影響力的公共知識份子之
一。

由於聲望卓著，學而優則仕，美國卡特總統在一九七九
及八〇年禮聘艾氏為資深顧問。艾氏學術著作很多，比較有
名的有 The Spirit of Community. Rights, Responsibilities and
the Communitarian Agenda (1993), The New Golden Rule.
Community and Morality in a Democratic Society (1996) 及
Security First. For a Muscular, Moral Foreign Policy (2007).
《社群諸權利的精神》一書非常暢銷，因為其對象是社會大

眾，所以可說是普及通俗介紹；而《新金律》一書則為系統式說明，該書出版以後，深獲肯定。本文討論艾氏學說，仍以新金律一書為主要依歸。

## （二）艾氏的《黃金律》

新金律是艾氏的力作，是書在一九九六年出版；研究過程得到華盛頓大學社群政策中心的贊助，也得到其他社群主義名家，譬如丹尼爾徑‧貝爾（Daniel Bell）、威廉‧格斯頓（William A. Galston）及阿倫‧伍非（Alan Wolfe）的協助；而在本書中，作者除了討論社群主義的原則外，更提出社會政策、制度改革及立法建議。

在《新金律》一書，艾書主要討論良善社會（good society）的要素是甚麼？艾氏認為當前的政治思潮的兩大陣營，分別提出兩個截然不同的答案。個體主義者（individualist）包括自由主義（liberalism)、自由至上自由主義、放任保守主義（laissez-faire conservatives）、新保守主義（eoconservatives)、公民自由主義（civil libertarians），他們強調個體的自主性（autonomy），以個體的自由為首要在政治上主張，小政府大市場的原則，讓個人充分發揮其自由與天賦。[16]而社會保守主義（social conservatives）（以及其他形的集體主義，如：威權主義、極權主義等等），主張以社會體現「集體價值」為目的，以集體凌駕於個體。[17]艾氏引用泰勒的對兩大政治思潮的觀察：「一端強調個體的權利與自由，而

---

16 See A. Etzioni, *The New Golden Rule*, p. 7.
17 See A. Etzioni, *The New Golden Rule*, p. 9.

另一端則強調社群生活以及集體的諸多優點。」[18]但強調建立秩序，容易變成強制，而有損個人自主與自由；而專講個人自主與權利，也容易導致分裂，有損社會團結，所自願的秩序與有限的自主兩邊。艾氏不認為自由與道德是此消彼長的對反，而是可以通過社群（community）的功能與角色去消解兩者之間可能存在的張力。

## 1. 甚麼是社群？

艾氏認為社群一種社會實體（social entity）。[19]它是「一個社會關係的網絡，它包含共同理解的意義；而更重要的是，它包含共同價值。」[20]所以艾氏認為社群具有兩個定義性的特性：其一，社群是一組個體組成的情感關係網，成員間關係交錯，互相強化；換言之，社群並非一對一，或如鎖鏈般的單一連繫關係，反而是交錯相關，彼此勾連的多層次關係網絡。二，一組委身於個別文化的措施——一組共用的價值、規範、意義及一個共同的歷史及身份認同。[21]所以社群一詞，

---

18 "at one end give primacy to individual rights and freedom and, at the other, give highest priority to community life and the good of collectives." See A. Etzioni, *The New Golden Rule*, p.4.

19 See A. Etzioni, *The New Golden Rule*, p.6.

20 See A. Etzioni, "Introduction: A Matter of Balance, Rights and Responsibilities", in A. Etzioni ed. A *Communitarian Reader*, p. xiii.

21 A. Etzioni states that "Community is defined by two characteristics: first, a web of affect-laden relationships among a group of individuals, relationships that often crisscross and reinforce one another（rather than merely one-on-one or chainlike individual relationships）, and second, a measure of commitment to a set of shared values, norms, and meanings, and a shared history and identity——in short, to a particular culture." 艾氏認為社群中的人不只委身於某種共享的價值，規範與意義，社群就是對共享之特定文化之委身措施。See A. Etzioni, *The New Golden Rule*,

包括家庭、教會、學校、國家、社區等等社會組織。[22]故此，
艾氏提倡的自主性，亦包括個體的自主性(autonomy of
individual)，也包括次群體的自主性(autonomy of subgroup)。
從艾氏的思路，可見他放棄觀念論抽象性社群的設想，而從
具體的社會實體進行研究。

2. 平衡的中道

　　艾氏提倡的「新」社群主義，強調平衡個體與社會，而
不偏主任何一方。所以追求社會力量與個人、社群與自主性、
以及個人權利與社會責任等方面的平衡。[23]這一種平衡兼及
的思想，就是新金律。

3. 新金律

　　追求平衡的想法，其實是要求在良善社會中建立自我與
他人（社會）的共生、共存與共榮的相生關係。世界大宗教
傳統中，在自他關係的道德性安頓方面，都提出相關規定。
其中，好些更被稱為金律（golden rule）。不同宗教對金律的
理解並不一致，但大體而言，金律是被視為一種道德規範。
根據世界宗教會議的全球倫理宣言（A Global Ethic: The
Declaration of the Parliament of the World's Religions），金律
雖然在各別不同的宗教或倫理傳統有不同表現，但歸根究

---

p. 127. 此外，美國社會學家理查德・桑內特（Richard Sennett）認為
艾氏的社群論述片面，忽略了社群的負面效果及衝突的正面作用。參
Richard Sennett, "Drowning in Syrup," *Times Literary Supplement*,
February 7, 1997, p.3.

22 See A. Etzioni, *The Essential Communitarian Reader*, p.xiii.

23 See A. Etzioni, *The Essential Communitarian Reader*, p.x.

底，它們都體現出相同精神：「人必須被當人來對待」。[24]在基督宗教中，金律表現為「無論何事，你們願意人怎樣待你們，你們也要怎樣待人」。[25]而在儒家傳統中，金律則表達為「己欲立而立人，己欲達而達人」[26]但是跟上述觀點不同，艾氏並不純在倫理規範的角度思考金律的價值，而在自我與社會規範之間的可能張力考量其重要性。他認為金律乃從個人層面考量減低一己欲求與合當行為間的張力，但其作用只在個人之間。所以他提出新金律：尊重與高舉社會的道德秩序，猶如你希望社會尊重及高舉你的自主性。[27]藉以在社會層面，縮減個人之偏好與德行的差距。[28]

　　新金律強調自主性與社會秩序的關聯，猶如一種內導的共生關係（inverting symbiotic relationship）。艾氏認為社群的建立可使自主性與社會秩序互相加強，但當超越一定程度後，任何一方面更進一步，便會使兩者產生矛盾的情況。他認為通過社會鏈結（social bond）與文化的建立可增強成員之間的熟悉感與對社群的依附（communal attachment），而兩者亦有助保障自主性，使個人自願性關心責任，及建立更強的自我。但當社會秩序變成外加責任，不單容易危害自主性，

---

24 Hans Küng and Karl-Josef Kuschel, eds., *A Global Ethic*, New York: Continuum, 1993. p.23-24.

25 馬太福音 7 Bible Gateway. HarperCollins Christian Publishing, n.d. Web. 8 Sep. 2014.

26 劉述先著：《全球倫理與宗教對話》，臺北：立緒文化，2001，頁 67。

27 See A. Etzioni, *The New Golden Rule*, p.viii.

28 A. Etzioni, "Respect and uphold society's moral order as you would have society respect and uphold your autonomy" Quotation in A. Etzioni, *The New Golden Rule*, p.xviii.

更破壞了社會關係，甚至產生反對社群者；相反，自主性的
過度亦使集體目標無法達成。

### 4. 新舊社群的分別

艾氏亦強調新社群與舊社群的分別。[29]傳統社會的個
體，往往侷限在居住的社區之中，安土重遷，所以鄉土概念
也重；而聚族而居，同鄉、語言，甚至鄉音都是身分的重要
構成要素；由之而形成社群對個體的控制力強大，幾乎就是
無所逃於天地之間；但現代社會中，人們更容易突破地理環
境之限制，並具有多重社群的成員身份；除了所處的社區外，
往往亦同時隸屬於其他社群，如：公司、種族、教會等等。

面對社群要求與個體自主性之間的張力，現代社會中多
重社群身份提供成員更大的平衡空間；使得舊社會的單一社
群所形成的壓迫、封閉與專權，就不容易得逞。由於現代社
群的身分不如傳統的堅固，假如某群體對個體要求過份，人
們可以選擇把情感與資源擱置，另行投注於其他群體之中；
總之，現代社會中對群體的控制力漸次減弱，反而個體的自
主性愈來愈高。

### 5. 功能論下的良善社會

艾氏作為社會學家，其觀點主要立論於實證研究及社會
學觀念之上，當中以功能主義進路最為重要。傳統的功能主
義主張一種有機社會觀，他們認為社會的延存，有賴於社會
各發揮功能滿足社會需要。社會若未能滿足這些需求，社會
便會面臨種種困難，甚至有分崩離析的危機。艾氏基本上依

---

29 See A. Etzioni, *The New Golden Rule*, p128.

循上述的傳統進路，而其用法有三個特點：[30] 一、艾氏的功能進路不是尋求事物的因果律則，而是探求社會整體及各部之間的關係；二、功能探討是非歷史性的（ahistorical）。換句話說，其關注不在於社會實踐因何理由或事件出現，而是尋找超越殊性的社會共同需要（societal need）；三、功能論是實用主義的。換句話說，他運用功能論的進路，主要為了達到現實需要，而不只於理論之探討。[31]傳統的功能主義作為一種社會學的研究進路，遵循價值中立（value free）的原則。與之不同，艾氏的功能主義具有明確的價值取向。《新金律》的核心問題是良善社會的社會共同需要是甚麼，並如何滿足這些需要。

## 6. 良善社會需要厚實的社會秩序

艾氏認為良善社會應擁有厚實的社會秩序（thick social order）。[32]為了維持社會的存在，社會需有一定秩序，以避免內部陷暴力衝突，至內戰之中。而社會秩序的延續，則要有合法性；但這不像一種契約論者，在推想的原始階段，人們因為要建立秩序而一次性地授權給統治者；反之，艾氏認為政權需要持續的支援，而這其中，社群成員必須能夠分享核心價值。這樣除了避免分崩離析的危機外，社群成員也有一定的集體目標而強化其穩定性。同時，社會需要動員力量，使其成員為共同方向，自願奉獻自己的資源、時間與能力。所以良善社會需要厚實的社會秩序，以避免暴力衝突，並動

---

30 See A. Etzioni, *The New Golden Rule*, p.7.

31 See A. Etzioni, *The New Golden Rule*, p.xx.

32 See A. Etzioni, *The New Golden Rule*, p10.

員群眾為集體貢獻。社會秩序要行之有效，必要持續地取得合法性，而「良善社會需要一種以道德委身構成的社會秩序。」[33]簡而言之，艾氏主張以道德秩序為社會秩序。新金律要求擴濶個人的責任領域（realm of duty），以減低個人喜好與社會責任之間的張力。以道德秩序為社會秩序，不是建基於威迫利誘，而是建立在各社群文化的遼闊土壤之上。[34]道德秩序並不是對成員外加一套價值秩序，而是擴展個人現有的責任領域以厚實社會的秩序。[35]

## 7. 良善社會需要對話來穩建核心價值

社會層面推行的道德秩序建立在社會大多人共用的一系列核心價值[36]，而核心價值植根於各個社群世代相傳的價值與文化。[37]但由於社群的理念各異，所以社群之間需要進行不同層面價值對話（value talk），以達至一定程度的共識。艾

---

33 "A good society requires an order that is aligned with the moral commitment of the members" See A. Etzioni, *The New Golden Rule*, p.12

34 Etzioni believes that "Moral order-as distinct from all other forms of social order—rests on a core of values that are shared by a society's members and embodied in societal formations ranging from the rituals of marriage to incorporation characters, from the celebration of holidays to the swearing in of elected officials. Shared values are values to which most members of the society are committed (albeit not necessarily to the same extent)" Quotation in A. Etzioni, *The New Golden Rule*，　p.86.

35 See A. Etzioni, *The New Golden Rule*, p. 13. 因為規範手段推動社會秩序比較手段更行之有效。規範手段包括教育、道德領導、同儕壓力、道德樣板及說服等等。壓迫只會令人想逃避社會責任，當然嚴格監控下，可以暫時令人就範，但此手段成本極高，人們亦設法躲避、逃走。人們經過功利計算，可能會遵從社會要求，但由於其實踐是功利計算，所以往往滿足了基本要求，便會草草了事。

36 See A. Etzioni, *The New Golden Rule*, p.14, p.86.

37 See A. Etzioni, *The New Golden Rule*, p.93.

氏提倡社群的道德對話（Moral Dialogues）[38]，這不是指個體之間的對話，它可以是涉及整個社會的超級對話（megalogues）[39]。而對於社群之間的矛盾，超級對話不只不可避免，也並非一次可以完成的。當然，其間真誠的態度是必須的，因為社會共識的取得，應該通過信念性對話（dialogues of conviction），而不只是程式性的對話（dialogue of procedure）。[40] 徒具形式的對話，只是施朱敷粉的偽裝，根本不是對話，更難以產生真正的共識。

其實，眾社群可以共屬於一個更大的社群，所以艾氏提倡諸社群的社群（community of communities）。面對不同社群，諸社群的社群提供跨社群的價值，溝通與彼此的依附。艾氏處理的是美國問題，所以從美國憲法及權利憲章進行討論。但是他提出的分層次的忠誠 (layered loyalty)，以及面對差異的心態，譬如艾氏提倡尊重差異，而非容忍差異，更非保持中立的態度，是很有參考價值的。[41]

艾氏所提倡的真誠對話，其實是為了厚植核心價值。艾氏肯定公民自由（liberty）與民主等價值，但從五十年代的黃金歲月後的數十年發展，美國社會中公民共用的核心價值

---

38 See A. Etzioni, *The New Golden Rule*, p.102.

39 See A. Etzioni, *The New Golden Rule*, p.106.

40 See A. Etzioni, *The New Golden Rule*, p.105。其實，再獨裁的執政者也可運用舉辦說明會、公聽會的方式，假裝與民眾對話，聆聽民眾的聲音；他們只是為了表面上符合程序上的需要，而並非真心聆聽，更無意對話。於是假民主政權也會認真地上演諮詢戲劇，首長們粉墨登場，到地方進行所謂公眾諮詢。這些都只是滿足行政程序，而無法真正溝通不同方面的信念。

41 See A. Etzioni, *The New Golden Rule*, pp. 198-210.

雖非明日黃花，實已不斷弱化與流失；艾氏認為過份強調自由帶來了價值真空（ethical vacuum）、社會責任萎縮、異化增加、投票人士銳減等等現象。[42]所以艾氏強調必須要有道德的聲音，在對話之時，重新發現、建立、強化良好的核心價值。

## 8. 人性論及道德聲音

過份強調公民自由與選擇的價值中立，部分原因可以歸究於數個在美國盛行的意識形態。[43]它們往往偏離了人們的真情實境，把人們視為脫離社會處境的獨立個體。然而，艾氏認為若要充分發揮人們的自主性，我們的思想必要建立如實的人性觀上。是故，他反對啟蒙運動的人性樂觀論，也就是反對樂觀地相信人是理性的動物，而人的行為是可以完美的想法。但是，他同樣反對主張人性是有罪及純感性的說法。艾氏認為人生而為動物，但可以接受教育而獲得理性。通過家庭、學校及社區，人們通過社化，內化了道德聲音，從而發展出比較高尚的自我。[44]人們所信奉的價值理想，亦來自他們所處的社會文化之中，而非憑空思想。[45]艾氏並不肯定性善或性惡，但強調人性的可塑性。整合艾氏發展德性的手段，大約有三；內化、社會形塑（social formation）以及道德硬體建設（Moral infrastructure），譬如家庭、學校、社區及包含不同社群的社群（Community of communities）。[46]

---

42　See A. Etzioni, *The New Golden Rule*, pp. xiv-xv, pp. 64-66

43　See A. Etzioni, *The New Golden Rule*, pp. 131-138.

44　See A. Etzioni, *The New Golden Rule*, pp. 166-168.

45　See A. Etzioni, *The New Golden Rule*, pp. 96-97.

46　See A. Etzioni, *The New Golden Rule*, pp. 176-177.

故此，艾氏的社群主義提倡由社會建構的自主性（socially constructed autonomy）。個人乃社群之成員。自主性不單包括個人德目，例如：個體的自由及成就個體自由的行為；更包括社會德目（social virtue）—表現在那些為個體及次群體的價值、需要及選擇，提供結構性機會及合法性的社會屬性的行為。[47]

在自由主義的宣傳下，個體所擁有的自主性（autonomy）多從負面自由（negative freedom）的角度出發，仿佛自主性就只與個體能在多大程度上不受他者限制有關。從社群的角度理解自主性，不單更符合人們的真實情況，更讓人看見到其提升體現自主性的價值。首先，社群共用一套文化價值，價值文化為成員的道德思考提供了價值座標。其次，社群的文化亦提供了道德聲音，以培育個體的德行，遠離偏離價值的行徑。道德聲音促使大家在做出個人決斷之時，思考其對社會的影響；個人需要明白應該做甚麼，比需要做甚麼來得更有優先性。道德聲音有兩種，內在的道德聲音與群體的道德聲音。[48]內化了的社會價值，在人們身上產生道德聲音（inner moral voice）為其行為提供指引，使其遠離罪惡。[49]社群作為一個面對面互動的人際關係網，成員之間具有情感依

---

47 See A. Etzioni, *The New Golden Rule*, p.23.

48 A. Etzioni, "The moral voice has two main sources, which are mutually reinforcing: inner (what the person believes the shared values ought to be, based on education, experience, and internal development) and external (others' encouragement to adhere to shared values." See A. Etzioni, The New Golden Rule, p. 120.

49 See A. Etzioni, *The New Golden Rule*, p. 121.

附（affective attachment）。由於成員委身於同一套文化價值，所以社群亦產生了強大的道德聲音（moral voice）[50]第三、社群亦有一套獎懲制度亦提供外在的社會控制措施，規限偏離規範的人。[51]筆者認為這種社群性的道德聲音在個體作出行動的考慮時，能使我們脫離個人的視角及慾望限制，使我們能夠突破僅以單一個體的身分去考慮問題，而更能從一個生活在世界的人類之身份去權衡輕重。所以艾氏所主張的社群主義視角正是負面自由的支持者所不能提供的，它在承認個體能自由地選擇被自利的慾望控制時，更提醒我們也能自由地選擇社群的共善。

綜合而言，筆者認為艾氏提供了一幅龐大的建設良善社會的社群主義政策藍圖；他主張良善社會應通過發揮社群的作用與角色，以取得自主性（autonomy）與社會秩序（social order）的均衡狀態（equilibrium）。[52]

而艾氏社群主義的典範就是要將新黃金律，應用到個人與社會層次，穩建核心價值，在共生兼濟的規劃下，謀求充量發展個體自主性，以及穩立社會秩序性；艾氏認為良善社會要小心平衡秩序與自主，避免任何一端極大化的發展。

## 四、自我與社會

孔孟儒家思想跟艾氏新社群主義之間，確有不少地方，

---

50　See A. Etzioni, *The New Golden Rule,* p. 125-126.

51　See A. Etzioni, *The New Golden Rule*, p. 123-124.

52　See A. Etzioni, *The New Golden Rule*, pp. 45-47.

可以相互發明。本節先從自我與社會兩面申述，而第五節則
進而分析核心價值的建構與發展。

## （一）目　標

　　艾氏希望成立理想的良善社會，而且不從抽象的哲學論
述入手，反而注重具體的可以落實的政策方向。孔孟要建立
理想的政治，無論是周公的禮樂社會，還是孟子稱許的王道
世界，都是先秦儒家基本的核心關懷；同時，孔子並不從事
哲學性的抽象論辯，反而重視具體的實踐，所以孔子周遊天
下，希望得到實踐理想的機會。至於孟子則表明予豈好辯哉？
予不得已也。所以孟子雖與人論辯，但也不尚空談，而希望
有機會實踐政治抱負！

　　就算不能見用於當世，也表現為客觀的組織與禮文之傳
統。牟宗三先生指出：「中國以往二千餘年之歷史，以儒家思
想為其文化之骨幹。儒家思想不同於耶，不同於佛。其所以
不同者，即在其高深之思想與形上之原則，不徒為一思想，
不徒為一原則，則可表現為政治社會之組織。六藝之教，亦
即組織社會之法典也。是以儒者之學，自孔孟始，即以歷史
文化為其立言之根據。故其所思所言，亦必反而皆有歷史文
化之義用。本末一貫內聖外王，胥由此而見其切實之意義。
以儒者之學，可表現為政治社會之組織，故某時某代，學人
思想，衷心企嚮，雖不以儒學為歸宿，而政治社會之組織，
固一仍舊貫，未有能橫起而變之者。此謂禮俗（廣義的）之
傳統。」[53]所以儒家既有深刻的關乎天道仁心的精神基礎，

---

53 牟宗三：〈儒家學術之發展及其使命〉，收入牟宗三：《道德的理想主義》頁

也有具體的客觀實踐，其目的就在建立良善的社會，為萬世開太平。

## （二）中道取向

個體與群體的平衡艾氏的新金律反對過度的個人自由，也注意到要防範社群秩序的過度強制；他追求平衡權利與秩序，個體與集體，所以聲稱回應的社群主義，是有別於自由主義與社會保守主義之外的中道立場。

這種力求平衡的中道主張，跟儒家的想法頗為接近。儒家給人的印象是重視社會宏觀層面上的秩序，但其實兼顧個體傾向與社會秩序方面的平衡。這種中道取向自然可有不同的表現方式，而其中之一就是公私之辨。譬如孔子一方面認識到追求富貴是個人很自然就有的欲望，所謂說「富與貴，人之所欲也」，但另一方面則主張「不義而富且貴，於我若浮雲焉。」仁義是儒家道德倫理秩序的價值根源，而不義則破壞社會倫理秩序；孔子的意思是不應為了追求個人私欲，而導致破壞公共的社會倫理秩序。孔子的理想，是要平衡個人取向與社會秩序。

這種平衡的思想傾向，也表現在孟子在社會取態的意見上。孟子距楊墨，就是一種中道的主張。在孟子眼中，楊朱過度強調個人利益，以致就算拔一毛而利天下，也不願意犧牲。孟子不同意僅關注私利，或反對停留在個人層面的考慮。而墨子雖然也反對楊朱的個人主義，但孟子也反對墨子的兼

---

1-12。（臺北：臺灣學生書局，1992 年 9 月修訂版七刷。）

愛。這是因為墨子過度重視集體的利益，而忽視愛有等差才符合現實的人性。愛人是大原則，但愛敬自身家長，與愛敬鄉里之長自然有不同，這就反映出社群的自然關愛順序，有其等差之別。所以孟子既重視個人，也重視群體，但不偏重任何一邊，而追求合理的平衡。

　　孟子兼顧個人取向與社會秩序的考慮，也部分反映在其君主獨樂不如與眾同樂的思想上。儒家講道德，但並非提倡禁慾主義；孟子肯定個人追求自身的快樂，但孟子要從個體推廣出去，更兼而追求與眾同樂。孟子既重視道德層面的愛民之德，也說明與民同樂所帶來的社會效應，特別提到社群的道德聲音，也就是表現在民眾對君主獨樂的負面評價以及排斥之上。

## （三）對人的實存社會狀況的理解

　　既然中道的取向是兼顧個人與社會，我們理應分別就兩方面進行分析。艾氏從社群去理解人，他肯定人是社會動物，[54]自然應該從個人作為社會存在的方式去掌握個體；並主張以價值連接個人與群體，所以他非常重視共用價值或核心價值，因為這是社群賴以存在的基礎。[55]儒家在其社會及政治論述方面，強調從關係掌握人，譬如五倫不是從個體說明，

---

54　See A. Etzioni, *The New Golden Rule*, p. 6.

55　"For a social order to be able to rely heavily on normative means requires that most members of the society, most of the time, share a commitment to a set of cores values, and the most members, most of the time, will abide by the behavioral implications of these vales because they believe in them, rather than being forced to comply with them. " See A. Etzioni, *The New Golden Rule,* p. 13.

而是從關係去把握人，所以儒家論述中的人，其實就是「處境中的自我」(situated self) ，而非「原子式自我」(atomic self)。其實，個體無論在自我理解與身分認同等方面，都無法完全脫離社群基礎去理解。而個體理解世界的基本框架，甚至更根本的語言概念，本身就來自社群，所以個體若離開社群，根本無從理解自我，也無法理解世界。當然社群提供理解的基礎，並不否定個體可以修改，甚至突破這些框架。儒家重視傳統，但不是墨守成規的傳統主義者，這是因為一方面傳統提供個體理解自我與世界的原初視野。但另一方面，人們也可以通過反省，而突破傳統的限制。於是傳統就是立足當下，走向未來的活水泉源，而並非是畫地自限，故步自封的層層枷鎖！

## （四）理想的社會應有秩序性

艾氏的講法反映著社會學特色。他認為社會秩序回應著人們的社會需要，而社會存在的最大價值即在於滿足需要的功能。[56]社會秩序的主要功能之一在於避免社會分崩離析；而社會必須要有一定的道德價值支撐，才能維持社群，免於解體，所以艾氏所說的道德性正從社會功能、社會需要的層面來說明。

### 1. 禮是平衡個體與集體需求的機制

這種說法可以從荀子找到相近的看法。荀子主張禮為治國之本，是「人道之極」。「天下從之者治，不從者亂；從之

---

56　See A. Etzioni, *The New Golden Rule*, p. 10.

者安，不從者危；從之者存，不從者亡。」「人無禮不生，事
無禮不成，國家無禮不寧。」禮的功能如此重要，因為荀子
認為禮提供社會規範，讓群眾的個別需求與社會秩序得到平
衡的安頓。

《荀子‧禮論篇》：「禮起於何？曰：人生而有欲，欲而
不得，則不能無求，求而無度量分界，則不能不爭。爭則亂，
亂則窮。先王惡其亂也，故制禮義以分之，以養人之欲，給
人之求。使欲必不窮乎物，物必不屈於欲，兩者相持而長，
是禮之所起也。」[57]在荀子之意，人生而有欲求，如果沒有
禮文制度加以協調，社會就不免動亂。

禮是因應社群成員的種種需要（欲），為減輕彼此衝突與
矛盾而創制的，重點在發揮「養人之欲，給人之求」；所以禮
並不能視為禁制而已，儒家的禮其實發揮著協調社群成員需

---

[57] 李滌生：《荀子集釋》（臺北：臺灣學生書局，1979），頁 417。從某一角
度看，不少儒者認為禮文滿足人類生存需要的功能，譬如荀子就特別重
視制禮作樂的聖人。而後儒也多從禮的功能去肯定禮的重要性；譬如韓
愈〈原道〉云：「古之時，人之害多矣。有聖人者立，然後教之以相生
相養之道。為之君，為之師，驅其蟲蛇禽獸而處之中土。寒然後為之衣，
饑然後為之食。木處而顛，土處而病也，然後為之宮室。為之工以贍其
器用，為之賈以通其有無，為之醫藥以濟其夭死，為之葬埋祭祀以長其
恩愛，為之禮以次其先後，為之樂以宣其湮鬱，為之政以率其怠倦，為
之刑以鋤其強梗。相欺也，為之符璽、鬥斛、權衡以信之。相奪也，為
之城郭甲兵以守之。害至而為之備，患生而為之防。」依照韓愈的觀點，
聖人實際上解決了人類社群生存發展的困境，所以韓愈才說「如古之無
聖人，人之類滅久矣。何也？無羽毛鱗介以居寒熱也，無爪牙以爭食也。」
這是因為人所擁有的物理條件不如動物般有競爭性。所以需要通過社
會，文化制度等得到更大的競爭能力。讓人類的社群，在跟動物社群的
競爭中，得以脫穎而出，在荀子和韓愈的論述裏，文化次序乃因應社會
生存需求而來。

要的規範性功能。因為社群成員各有其自主性，而自主性表現為種種不同追求與需要，於是造成爭鬥矛盾；而禮的重要性就在於協調成員之間不同需要；換言之，禮一方面限制社群成員彼此慾望與需求，以免過度膨脹而讓其他成員主體的正當權利受損，另一方面，則在協調之中，間接促使成員主體需要的充量實現。從這一角度看禮，禮既然能維護社群成員的自主性，也為社會共同體創造了穩定秩序的功能。所以禮並非扼殺個體自主性的規範，而是平衡社群中個體自主與集體秩序的重要機制。

## 2. 社會秩序有其道德價值基礎

孔孟儒學雖也重視秩序性，但並非只停留在需求的思路，而更有其深層次的道德價值基礎。勞思光先生指出：「周之文制以秩序性為基本觀念。孔子立說，亦以秩序性觀念為始點。但孔子對政治秩序的解釋有一個特性，那就是：他講秩序時，返溯到自覺心上來解釋秩序的根源與意義。」[58] 孔孟自然明白實際的社會需要性，但更將社群的創建與發展奠立在道德主體性上。

道德主體性可謂社群的基礎。人的道德本性之實現仍需通過社群這一平臺，才得以適足的實踐。孟子曰：「君子之於

---

58 勞思光著，梁美儀編：《中國文化要義新編》（香港：香港中文大學出版社，1998），頁 111。牟宗三先生更指出內在的主體性，或道德主體性在中國思想的關鍵性地位：「中國思想的三大主流，即儒釋道三教，都重主體性，然而只有儒思想這主流中的主流，把主體性復加以特殊的規定，而成為內在道德性，即成為道德的主體性。」見牟宗三：《中國哲學的特質》，再版，（臺北：臺灣學生書局），1998，頁 5-6。

物也，愛之而弗仁；於民也，仁之而弗親。親親而仁民，民而愛物」；由親親、仁民到愛物，表示從親緣、社群到國家層級，連結而成通貫的道德秩序。而〈大學〉篇想法，就是從自我的德性完善，經家庭的親緣關係，到天下秩序的構築，期許人們用道德理性加以實化。這反映出道德主體性要求充量發展，並進而建構、連貫道德秩序。而此種種道德秩序，就顯現為不同社群之中。值得注意到是，這社群並非僅僅為普通的社會結構，而是滲透著道德價值的連結。社會因血緣關係與地緣關係而自然連結起來，但孔子期許的並非自然的連結，而是用自覺的道德點染自然的秩序，所以社群應該用道德理想充實，這才是理想的社群。

因此儒家也不講離群索居的修練，反而強調入世實現道德的理想；同時，「德不孤，必有鄰。」追求道德的人，必然吸引其他見賢思齊的同好，於是形成有道德理想的社群。其實，儒家最重視道德社群，他們以道義相砥礪，以德性相扶持，這就是運用道德的理想形成社群連結。古代的書院就不以考科舉為宗旨，而以成聖賢為目標。[59]就在這種人格理想的光照下，才有太學議政的承擔精神，以及東林書院的抗爭風骨。因此儒家在社會秩序的建構裏，立足於超越的道德主體性，而不只重視滿足社會的需求。當然，道德主體性連結的社會秩序之過程中，並不是排拒社群所發揮的社會功能，兩者不同之處，在於儒學在滿足社會需求之外，更講求道德之完滿。

---

59 錢穆先生說：「中國傳統教育理想，乃為人性之發育成全而有教。」參考錢穆：《政學私言》（臺北：蘭臺出版社，2011），頁185。

　　無論如何，艾氏與儒家都認為社會要有一定秩序，這在儒家常用和諧來表達，孔子本身也不喜春秋之亂世，而要恢復文質彬彬的周制。夫子所謂吾從周，是表達對周代文制的規矩與秩序的肯定。當然，孔子並不是盲目的復古主義者，而重視歷史動態的因革損益，仁與義之外，孔子儒學也重視禮。禮原本專指儀節而言，但在孔子學說中，則可以理解為「生活秩序」，或者說，禮就是文明生活秩序。大至國家典章制度，小至個人生活的節序，都應該謀求正當性與合理性，於是轉而謀求建立生活秩序；所以生活秩序就是正當性與合理性的具體實現，而合理的生活秩序，就是禮。[60]因此孔子講禮，並非固執於恢復周代的文制，而在於追求合理的生活秩序的安排，所以禮義並舉，其實就是肯定生活秩序，而並非對過時的制度的盲目堅執。所以孔子言禮並不昧於禮制的變遷性，而能講因革損益，在孔子之意，他並非從保守禮制談，而追求建立禮制，更重要是恢復禮制背後的道德精神。

## 3. 秩序與社會公義

　　追求秩序並非儒家為政的最終目的，其實肯定社會需要秩序，是為了通過社會秩序的建構，而實踐仁義。《衛靈公・十五》子曰：「君子義以為質，禮以行之，孫以出之，信以成之。君子哉！」對孔子而言，禮並非無理的強制，而是仁義等內在德性的覺醒以及其外在的落實；所以禮制是仁義德性的外在實化，而仁義德性為禮制的內在基礎。是以真正的禮教其實並不吃人，反而是自覺的抉擇，以及自願的順成，以

---

60　勞思光：《新編中國哲學史》，（臺北：三民書局，1984），第一冊，頁113-118。

建構大群社會的公共秩序。

　　進一步說，儒家也有從社會關係脈絡去進行理解及論述自我的思路，並特別強調主體間性（inter-subjectivity），以及主體與其他眾多不同的主體之間的權責，譬如父子有親，君臣有義，朋友有信等等，這方方面面就是標舉出關係主體互相之間應有的責任與義務。所以儒家不將關係秩序，視為限制個人的網羅；反之，關係是實踐道德自我的場域。就此而言，個人道德性發展，就可與社會關係秩序連接起來。因為自願性的道德實踐並非限制自由，反而可以是個人自由的實踐，而社會秩序的合理規範，就是自主道德的落實場域，並形成良好的社會秩序，從這一觀點看，個人自主性與社會秩序的規範性就統一起來。

　　艾氏講的社會秩序，試圖帶來良善的結果，譬如合理性與正義性等社群德性。換言之，社群應該建構一定的秩序，秩序會帶來相對的穩定，但穩定並非唯一重要的考慮。盲目維穩，而犧牲良善社會的其他社群德性，譬如正義與合理，則這種穩定的價值也不足取。因為社會正義本身就是良善社會的社群德性，更重要的是社會秩序並非來自高壓的強制，而是來自理性的自願委身；換言之，秩序是主體自主性的延伸，既然秩序與自主不應視為強制與自由之間的矛盾，反而可以成為相互補充的、互相需要的兩端，賢者當執兩用中，充分發揮道德主體的靈活性。禮制的秩序與自主的人心，可如鳥之雙翼，車之兩輪，合之雙美，離則兩傷。而更應注意的秩序背後道德性的追求，這樣才能防止濫用秩序之名，美化專制獨裁的高壓統治之實。

　　相對的，依照儒家的通義，道德性包含正義性與合理性，而社會的秩序應該立足於價值，並能維護，乃至促進價值，是以道德的秩序是儒家禮制追求的精神價值。反過來說，禮制的精神價值，就在於仁義，所以儒家的秩序其實就是一種合乎仁義的道德秩序。從自愛到愛人，重點就是用仁愛去建立秩序，用德性令社會秩序得到提昇。所以，在不同社會關係中，儒家都加上道德的期許，譬如父子有親，君臣有義，夫婦有別，長幼有序，朋友有信等等。

## 4.社會秩序中的個體維護

　　社群主義談秩序，其實就是要落實良善社會，而其中必不可少的就是道德性。但社群秩序，必然會帶來某些限制；所以合理的社群秩序不應侵害個體基本權利。對個體基本權利的尊重，可說是艾氏民主社群主義跟東方專制社群主義最大的不同。儒家的身分倫理，包含相互性。譬如父慈子孝、兄友弟恭、夫唱婦隨等等，除了表明關係之外，更突顯關係之中相互義務，譬如孔子就並不認同盲目的愚忠，而講究君臣之間相互的道義，夫子曰：「君使臣以禮，臣事君以忠」，在君臣倫理之中，孔子顯然展現君臣雙向性的道德期待，而非絕對性的服從而已。因此當君主不能善盡其責，臣民就有推翻君主的合理性，正唯如此，孟子才會在回應商紂被殺的提問時，不從臣弒君的犯上作亂的脈絡談，而徑自說「聞誅一獨夫」；這不只肯定民貴君輕的思想，而更加凸顯君臣、父子、夫婦及朋友關係中，必須以道德性實化，而不突然寄託在僵化的身份關係中。君主殘民自肥，率獸食人就自絕於萬民，所以稱為獨夫；沒有民眾支持的獨夫，人們就可以推翻，

而不能再顧念君臣上下分位之別。艾氏曾批評東亞的社群思想傳統，[61]以為是威權主義，是有其片面的合理性的，但考慮孟子學的革命立場，則艾氏所論也未夠周延。民主時代的社群主義，雖無君臣的關係，但重視關係中彼此都應有權利以及道德義務則跟儒家的取向，頗為一致。所以民眾有責任維護社群的共善，而社群也有責任維護個體的基本權利，這樣才能形成良善的社會。

## 五、核心價值及其建構與發展

艾氏很重視所謂通過對話而形成共用核心價值的做法，其實，筆者認為可以借用索緒爾共時性與歷程性的架構，分別闡述如下。

從共時性來說，艾氏的想法從道德聲音（moral voice）出發，主張通過內在良知的覺醒，與外在道德的評鑑共同形成內在於我們的道德驅力，以使人可在當下的人心之內為善去惡，使社會趨向善的發展。[62]除此之外，他更相信社群內在的道德對話，與社群間的大型對話，乃至超級對話，可以促成共用的核心價值，因為價值才能形成社群的團結性，否則，社群便難免分崩離析。[63]相應地，儒家亦非常重視良知，也重視社會上道德的聲音；而從孔子的教學看來，儒家就非

---

61　See Amitai Etzioni, *"Communitarianism"* in Encyclopedia Britannica.
62　See A. Etzioni, *The New Golden Rule*, pp. 120-121.
63　See A. Etzioni, *The New Golden Rule*, pp. 102-106.

常重視對話,《論語》的「論」就是討論,《論語》就是對話討論的結果。《論語》侍座章,弟子各言其志,就具體的顯示孔門對話討論的特色。可惜,儒家思想受到專制文化的影響,儒家對話性教育的特徵,反而隱而不彰。但是,儒者在家庭之內,可以「事父母幾諫,見志不從,又敬不違,勞而不怨。」這,必然涉及反覆對話;而處世以道義相期,而不委屈害道,所以孟子豈好辯哉,不得已而已;當然,對話並非為了堅持己見,而是共求真理,所以夫子三人行,必有我師;至於孔門大儒『子路,人告之以有過,則喜。禹聞善言,則拜。』君子愛人以德,甚至大義相責,實踐義方之教,所以真正的儒者,不應迴避指責,反而在個體的自省之外,更願意開誠佈公,在實踐與對話中,廣泛的參考他人意見,有則改過,無則加勉,以謀共見高明。總而言之,儒家也重視社群中的道德聲音,以協進道義群體之進步。

　　不過,除了共時性的討論之外,無論儒家或新社群主義都重視傳統,所以也有歷時性的一面,通過古今對話,讓社群的價值,不會成為無源之水,更捲入當世的對話,引入活水泉源,以開久遠之大道。

　　其實,儒家教育就兼重共時性的社會廣度,以及歷時性的久遠深長,進而透顯參贊天地化育的精神高度,所以錢穆先生說:「惟中國教育理想之所重則乃在發育成全人之群性而有教,群不僅為平面之展擴,而尤貴於有時久之綿延、教人類之群性者,此孔門之所謂仁、教人類群性之達於綿延而不絕者,此孔門之所謂孝。其為教之次第節目,則既曰修身、齊家、治國、平天下,又曰盡己之性以盡人性,盡物之性,

而讚天地之化育。尊德性道問學，一以貫之。致廣大以宇宙
為全量，盡精微則以小己為核仁，極高明則以仁義為準則，
道中庸則以孝弟為發軔。」[64]這一「群性」的藍圖，其實反
映返本開新的歷時性一面。

返本開新有不同層次的意思，返道統之大本，開文化之
新局，所以重視師道之教，發大道之根本。返人心之大本，
而創造道德秩序；返天地之大本，以開創所謂宇宙的未來的
意思，此講法就有明顯的宇宙論與形上學的色彩，宋代張載
的哲學比較重視天地之大本。[65]但無論那一種型態，都重視
回歸本源，並從詮釋、理解、對話與創造中以繼承、發展為
代代相傳的共享的基本核心價值，當然核心價值正是社群重
要的區分指標。

儒家的社會劃分的方式並不僅以血緣為基礎，而同時重
視文化的認同。所以孔子稱讚管仲，子曰：「管仲相桓公，霸
諸侯，一匡天下，民至於今受其賜。微管仲，吾其被髮左衽
矣。」而韓愈所講的夷狄與中國人的差別，重點並非在於血
緣上的差別，而是文化認同，所以才能說「夷狄入中國則中

---

64 錢穆：《政學私言》，（上海：商務印書館，1946），頁 186-187。
65 張載〈西銘〉篇講：乾稱父，坤稱母，予茲藐焉，乃混然中處。天
   地好比父母，天地父母之下，一切的創造都是相關的，因而形成一種
   宇宙性的大次序。此宇宙的大次序與儒家的價值意識相關一起的。因
   此我們可以講普天之下，無一不在我們關愛之列，仁愛的推及過程固
   然有等差性，但亦有完整的涵蓋性。差別性是從親疏之別講，但仁愛
   的涵蓋性卻是完全的，也就是無所不包的整全性 (comprehensiveness)。
   儒家的廣包性 (inclusiveness) 的想法，實際上更充量地發揮了艾氏所
   講的社群的社群，而可以包含普天之下整個動物、環境乃至生態的關
   心。所以，就儒家的體系而言，包括更大的 inclusiveness 。

國之」；古人通過文化的認同而共構出諸夏文化的跨氏族、跨血緣的巨型文化社群。中國就是通過這樣的文化中國的想像共同體，來協調多民族與多文化的差異。當然，對話可以消融差異，但也不必然取消差異；其實文化間的差異必然存在，但對話消極的可以減少誤判，積極的可以促進理解，甚至取得認同，形成共識。這樣就可以減少因文化差異而形成對立，甚至因分享彼此的差異，讓差異成為豐富自我的泉源。這就是面對他者，儒家的開放及開新的態度，子曰：「攻乎異端，斯害也已！」[66] 泱泱大道，本來就能包容差異，甚至將差異化為彼此豐富的可能性！

　　值得注意的是就共用價值而言。從上述分析可見，儒家思想的生命型態，表現為動態的歷時性面向，與靜態性的共時性面向，這一點對面對多元文化世界有深刻的意義。

　　多元文化是對世界事實的認知，但通過不斷對話的道德實踐。我們更希望可以達到更大型的文化社群的理想，這部分就是艾氏所講諸社群的社群。

　　就德性秩序的充量發展而言，這顯然並不是一種已然形成，並且靜態不變的價值秩序，而是一種通過不斷對話而形成的動態發展歷程，若借用高達美（H. Gadamer）的話，則儒家講古今之變，其實就是一種視域融合（Fusion of Horizon）。[67]從縱向講，無論是尚友古人，還是追比聖賢，都

---

66 本章歷來就有不同解釋，宋孫奕于《履齋示兒編》：「攻，如攻人惡之攻；已，止也。謂攻其異端，使吾道明，則異端之害人者自止。」意即:攻擊那些不同的言論，就可以終止它們所帶來的危害。朱熹集注：「專治而欲精之，為害甚矣。」意即僅鑽研義理一端，是有害的行為。
67 高達美：「當前的視域被認為處於不斷的形成之中在對傳統的研究中，

是對傳統的詮釋，也就是古今視界的融合。

推而廣之，儒家也有橫向的向度，它講求真誠的主體際對話，從而促進理解，化解衝突，妥適地安頓異見，甚至形成共許的核心價值。所謂「與朋友交，言而有信」；又云「民無信不立」。當前世界往往因價值體系的差異，而形成文明之間的衝突，讓世界紛亂不息；是以哈伯瑪斯的溝通論就更顯得重要。依照哈氏之見，溝通的可能性是理想的對話情況，而理想的情況，其實包含真誠性。因為艾氏講的對話，正是講有信念的對話（Dialogue of convictions）。此講法才能形成真正的視域融合。沒有真誠的對話，我們的看法就不會提出來。不能帶來視域，對話便不能理解。沒有理解怎能有共識，沒有共識又怎能有我們共同的價值？所以就此而言，儒家所謂「修辭立其誠」，「不誠則無物」，就是主張對話裏必要有真誠的基礎。而真誠的基礎正正是善化及加強我們的溝通不可或缺的要素，更可以以此促成社群的內在團結，及社群之間溝通的可能性。就此而言，艾氏的超級對話（megalogue）似乎傾向處理共時性的諸社群對話，而沒有適足地注意到歷時性傳統與現代的對話，以及對話可能開展的視域融合等面向。實際上，在建立一種「新」的共用價值之過程中，歷時性的視域融合絕對是必不可少，只有立足於過去的歷史，我們才能有基礎地建構未來的社群。總之，儒家重視道德的本源，重視道德的主體性，而不僅講求社會的需求性；而從道

---

這種融合不斷出現。因此新的視域和舊的視域不斷地在活生生的價值中匯合在一起。」參考高達美 (Hans-Georg Gadamer) 著，洪漢鼎、夏鎮平譯：《真理與方法》(臺北：時報文化公司，1995 年)，頁 289。

德的形成講，儒家重視對話；從整個道德價值的充量發展，講儒家重視廣涵性及歷程性，而這應是艾氏所主張的道德所會同意的方向。

# 六、反省性結語

無論新社群主義與古典儒學都追求建立良善的社會，他們的取向，都有別於自由主義的某些立場；而面對後自由主義時代[68]，筆者認為新社群主義及儒學兩者，都可以提供非常重要的參考。

首先，當代自由主義強調中立，[69]而新社群主義及儒家都強調平衡中道。自由主義基本上主張面對不同價值取向，應避免厚此薄彼，所以要正義先行，良善其次，甚至主張，國家應該避免將某種良善社會的概念，強加於民眾。這種思

---

68 有關後自由主義時代社群主義與自由主義的論爭，請參考 Ronald S. Beiner, "Introduction: The Quest for a Post Liberal Public Philosophy," in Anita L. Allen and Milton C. Regan ed., *Debating Democracy's Discontent: Essays on American Politics, Law, and Public Philosophy*, (Oxford, OUP,1998), pp. 1-17.

69 Kymlicka states that "A distinctive feature of contemporary liberal theory is its emphasis on neutrality – the view that the state should not reward or penalize particular conceptions of the good life but, rather, should provide a neutral framework within which different and potentially conflicting conceptions of the good can be pursued." 金力卡指出當代自由主義理論的特點之一，就是對中立性 (neutralism) 的強調。這中立性是要對政策的理由 (neutrality of justification) 保持中立，而非對政策的後果 (neutrality of consequence) 保持中立。Will Kymlicka, "liberal Individualism and Liberal Neutrality" in *Ethics*, Vol. 99, No. 4, July, 1989, pp. 883-905.

路的立論基礎主要在平等精神及尊重個體，要平等對待不同
價值，也要尊重個體的選擇自由。自由主義這種態度，是非
常可貴的；平等與尊重，確實是現代文明社會必備的價值。

但是當弄清楚中立的意義，如果中立是指不支持任何價
值或立場，那麼貫徹絕對中立論似乎很難；起碼持守中立論
本身也就是一種價值取向；後設的想，中立論本身在理論上
或不能解釋自己，因為當人們宣稱自己不支持某特定立場，
本身就預設一種名為中立的立場。事實上，自由主義者基本
上都認定保障個體權利與自由，所以對於侵犯個體基本權利
與自由都持反對的立場；所以當自由主義主張中立觀之時，
事實上並不放棄保障個體權利與自由的基本價值取向。其
實，社會政策必然有價值取向，也必然有立場。所以問題不
在社群是否需要共用核心價值，反而在於核心價值是甚麼，
核心價值如何認定及如何推動核心價值等問題。

進而言之，有人將自由主義理解為價值中立的思路，他
們往往強調不設定特定價值取向，所以也就保持價值中立；
而與此同時，他們注意的是創制一個自由的決策框架；期待
社群成員在這框架中操作，運用民主方式去選擇政策與政
府；讓程序正義，保障決議的符合民意。其基本理念是民意
才是最重要，所以施政要遵守民意，而政府的干涉則愈少愈
好。然而只求中立的形式，對於建設良善社會的理想而言，
其實並不充分。缺乏民主自由素質的社群成員，盡可以選擇
出反對自由主義的政策與政府。先不說有民意代表性的選擇
結果，並不一定良善；光就制度安排而言，只求中立程式的
社政文化其實相當脆弱的。合乎中立的程式，盡可以容許推

翻堅持中立論的做法。換言之,自由優先,良善其次的想法,如果缺乏保障個體基本權利的先在肯認,就有機會推出反正義的惡果,二戰納粹黨靠選舉上臺,就是一例。所以必須重視社群的美德,形成核心價值,至少要確立保障個體基本權力與自由為核心價值。

那麼放棄價值中立,而通過國家去教育民眾核心價值,又是否可行?雖然很多人都會同意社會需要良善的核心價值;但自由主義要警惕及避免極權主義的意識形態;也就是說,社群主義若要通過國家手段,推動一定特定價值,其實是非常危險。這當然是非常緊要的忠告,殷鑑不遠,二戰時日本的軍國主義教育,以及德國的國家社會黨的納粹教育,都造成兵連禍結就不消多說了。就連中國自身,不也先受害於黨國教育,以及文革時期的盲目群眾運動,凡此都造成災難性後果。

筆者認為自由主義保護個體權利的理想是值得尊重,但是若過分強調平等觀念,以致在制定國家大政及社會政策都要絕對中立的理想,其實是弱化了正義的追求;同時,也容易消解社群,甚至促使社群崩潰。現在講民主的方式,不能停留在程式上的公正與公平;而民主政府機制所謂公意,譬如議會政治,很多時候只是各方妥協的結果,並不完全合乎正義;至於僅求多數決定的民主,也往往合乎程式的正義,卻不免犧牲內容的正義。民主的機制,如果缺乏相應的社群意識,則難以提升參與度;另一方面,當群眾參與而缺乏道德意識,則容易淪為徇私爭鬥,甚至妄顧大群的共善。因此平等與尊重不應被絕對化,成為不能挑戰的基礎,否則就造

成社會的危機。

　　所以真正的關鍵，不能僅有中立的程序正義，反而應在爭取程序正義之同時，進一步講求合理的內容正義。簡言之，施政不但求程式合法性，也應有內容及手段的合理性。就此而言，新社群主義雙管齊下的新金律就很有意義，它既堅持善的核心價值，所以反對將自由主義視為徹底的中立論；反而，跟自由主義一般，堅持重視對個體人權的尊重；所以新社群主義既反對老社群主義陷入專制統治的危機，同時，也避免將自由主義視為價值中立。如果不能堅守對個體幾本權利與自由的保障，則難以避免導致太阿倒持，甚至自掘墳墓，讓議會多數決，廢止民主制度，一如過去納粹之議會奪權行動。

　　就此而言，儒家與新社群主義之重視道德基礎，講究社群的核心價值，確實有補於當前之不足。當然新社群主義設定的語境是民主社會，所以可稱為民主的社群主義；而在民主社會中則自然預設保障人權的基本觀念及法制安排。民主社會許可自由，但自由有一定底線，起碼不能反對民主自由。

　　古典儒家的語境還在封建時代，今日看來，難免有其不足之處，譬如儒家對個體的價值尊嚴，有深刻的發揮。儒家重視社群，但同時也尊重「士」，「士」尚志。三軍可以奪帥，但匹夫不可奪志。儒家重視的是能夠挺立價值的個體，不因群體而壓倒個體；此所以布衣可以傲王侯，近代大儒梁漱溟先生，也敢當面批評毛澤東。良好的社會就是要避免過度高舉社群性，而壓制個體性，甚至消滅差異性。然而，歷史上

儒家對個體人權的政治保障，則有所不棣。[70]所以面對專制政權，儒家的價值系統，還需要更多的開發，才能保證儒家的社群主義，得以支撐後民主時代的建設。

　　綜上所述，儒家與新社群主義的中道主張，其實兼顧共用核心價值所形成的厚實社會秩序，又堅決捍衛個體的自主性，力圖平衡兩者是很有見地的。新社群主義與儒家的思想取向，既重視主體的挺立，也重視主體在社政領域的實踐，尋求既保障個體，又支持群體的發展，這種平衡的中道，足為後自由主義時代的重要參考。

---

70 牟宗三先生對這方面，有深刻的反省。參考牟宗三：《政道與治道》（臺北：臺灣學生書局，1990 增訂三版），頁 46-47；74-82。反省牟先生的論點有吳有能：〈牟宗三先生論新外王〉，收入氏著：《對比的視野──當代港臺哲學論衡》（臺北:文史哲出版社，2009），頁 157-182。

# 第三章　當代新儒家對先秦命觀的詮釋

## ——兩種人文主義的觀點

## 一、導　言

　　子曰：「不知命，無以為君子。」命確實是人生必須解決
的根本問題，而古典儒學對命的解釋影響既深且廣，譬如楊
慶望先生就曾指出天命觀對中國政治的影響廣大，值得特別
注意[1]。所以古往今來，對古典儒學的詮釋即非常的多，當代
港臺新儒家自然也不例外；但是不少有關新儒學的論著，多
未能注意他們雖然同屬新儒學陣營，同樣流露深切的人文主
義的關懷，但彼此也意見不一，各有特色。本文特別針對當

---

[1] Yang states: "it is a familiar fact that many of the religious influences in
Chinese political life stemmed from the basic concept of Heaven and its
subordinate system of deities as a supernatural force that predetermined
the course of all events in the universe, including political events."
Quotation in C. K. Yang: *Religion in Chinese Society: A Study of
Contemporary Social Functions of Religion and Some of Their Historical
Factor* (Taipei: SMC, 1991), p. 127.

代港臺新儒家進行研究，以彰顯他們詮釋此一議題的同異，並顯示其各別各自的特色所在。

誰是新儒家？這方面的討論，已經相當多，各人意見也不盡相同，本文不打算重複。而研究新儒學，有人從明清學術的轉變談起[2]，有人認為當從二十世紀談起，更有人認為新儒學成為具備自我身分認同的獨立哲學運動，要遲到 1980 年代才出現[3]；筆者認為這涉及個別論述的需要，似乎無須統一。而本文將以港臺新儒家為對象，原因之一，是大陸新儒學與港臺新儒家的發展同源而異趨，分開研究，未嘗不可[4]。其次，本研究將以徐復觀（1904-1982)、唐君毅（1909- 1978）與牟宗三（1909-1995）為主[5]，因為筆者基本上同意新儒家

---

2 Liu Shu-hsien: *Essentials of Contemporary Neo-Confucian Philosophy* （Westport, Connecticut/London: Praeger, 2003），pp. 1-19.

3 John Makeham, "The Retrospective Creation of New Confucianism," in John Makeham （ed.），*New Confucianism: A Critical Examination* （N. Y.: Paigrave MacMillan, 2003），pp. 25-53.

4 筆者認為將大陸與港臺區分，也有其學術原因，參吳有能：《對比的視野——當代港臺哲學論街》（臺北：駱駝出版社，2001 年），頁 iii-vi。大陸與港臺在 1949 年後，確實有幾乎斷絕往來的時間，兩方分頭香展，各有特色。譬如，港臺學人都沒有文革經驗，而這對大陸新儒家卻是生命很不能磨滅的深刻印記；更重要的是大陸學人經歷共產主義洗禮，部分學人如馮友蘭、湯一介都呈現馬克思的影響。這跟港臺新儒家，傾向批判馬列主義的立場絕對不同。所以儘管兩岸新儒學都熱愛中國文化，也都對儒學持正面肯定的立場，但其同不掩其異，實有一定程度的可切割性。

5 楊祖漢教授〈當代儒學對孔子天論的詮釋〉一文（收入劉述先主編：《當代儒學論集：傳統與創新》（臺北：中央研究院中國文哲研究所籌備處，1995 年，頁 231-252）跟本研究最為相關，而其論文也討論錢穆與勞思光，這是因為他要通觀當代學人對天命的看法，其選擇也有一定合理性。錢穆先生（1895-1990）固然是儒家，所以楊文的選譯是有理據的；但錢穆是否應該歸入新儒學陣營，尚有不同意見；況且，錢穆先

劉述先先生（1934- ）的意見，將唐君毅、徐復觀與牟宗三視為新儒學第二期的主要代表[6]，或者，換一個角度看，若將他們從大陸新儒學的傳承中區分開來，他們本來也可以視為港臺新儒家的開宗大師，自可構成獨立的研究範疇，是以本文將以三位先生為探索對象。

雅斯培（Karl Jaspers, 1883-1969）在《歷史的起源與目標》一書曾提出人類文明的演進跟軸心時代（Axial Age）非常相關，他認為古代文明大約在公元前 800 年到公元後 200 年之間，都出現「超越的突破」[7]。然而，歷經超越突破後的中國儒家思想中，到底又如何理解人與天的關係呢？這不但涉及個人對命運的看法，而又特別與天命觀有關，可以總稱之為命觀或命論。港臺新儒家發揚人文主義，對古代中國有關超越突破的變化，都多所著墨。而相對來說，唐先生重視

---

生的年齡較長，屬於新儒家的第一代人物，本文既然從港臺新儒學為對象，自以不討論為宜；而勞思光先生曾表示他不是新儒家，本文尊重其意順，也應分開處理。有關錢穆是不是新儒家的討論，本由余英時先生引發（請參看余英時：〈錢穆與新儒家〉，收入氏著：《猶記風吹水上鱗》（臺北：三民書局，1991 年，頁 31-98），不意引起學界高度興趣，後來參與討論者竟涵蓋海峽兩岸三地。但筆者認為在眾多論述中，最透徹持平的討論應推劉述先：〈對於當代新儒家的超越內省〉，見氏著二《當代中國哲學論：問題篇》（新澤西：八方出版社，1996 年），頁 1-67。場祖漢教授論文見於劉述先主編：《當代儒學論集：傳統與創新》（臺北：中央研究院中國文哲研究所籌備處，1995 年），頁 231-252。

6 Liu states: "Without any questions, the mainstay of Contemporary Neo-Confucianism is represented by the second generation of scholars: T'ang Chun-I, Mou Tsung-san, and Hsu Fu-kuan, " in Liu Shu-hsien, *Essentials of Contemporary Neo-Confucian Philosophy*, p. 25.

7 Karl Jaspers, "The Age of Transcendence," in *The Origin and Goal of History* (New Haven: Yale University Press, 1953). Daedalus 104 (1975).

中國人文精神的發展，徐復觀強調憂患意識與人文精神的躍動，牟先生也接續此一討論，並在晚年提出圓善論。在古代中國的宗教傳統邁向人文化的過程中，其中一個重要關鍵就是天人關係的重構；如果人文主義重視的是人，則儒學人文主義對命觀的理解就構成非常重要的議題，到底天命是甚麼？儒學重人力，還是相信天命？義與命有何關係？歷史世運的無道與個人境遇的橫逆是天命嗎？總之，人應該如何理解、面對命，實為古典儒學的重要議題，也是港臺新儒家詮釋古典儒學的重點之一，同時，也是新儒學理論的關鍵核心，值得討論。

　　在本文第二、三、四節將分別整理、呈現徐復觀、牟宗三與唐君毅對古典儒家命觀的詮釋，並繼而在第五節中，比較其同異，並試圖指出其所反映的意義。

## 二、徐復觀先生的設釋

　　徐復觀先生說：「中國之學術思想，起源於人生之憂患。」[8]憂患意識實是徐復觀論學的重點，它不但是徐先生對人文精神起源的重要解釋，更是他詮釋中國學術思想的重要基石，自然也跟他對古典儒學天命論的詮釋有著極緊要的關聯。不過，有關先生憂患意識的探討，時賢論之已詳[9]。學術

---

8　參考佐藤貢悅：《古代中國思想の展開─先秦儒家思想と易的論理》（東京：株式会社学文社，1996），頁 23-45。

9　徐先生對古代憂患意識的鋪述極為繁富，本文只能述其大略。讀者請參考黃俊傑：〈當代歷史變局下的儒家設釋學──徐復觀對古典儒學的新解釋〉，收入李維武編：《徐復觀與中國文化》（武漢：湖北人民

研究，本宜略人之所詳，況本文重點是在天命，所以在這裡只先概述其對憂患意識與人文精神的解釋，然後再進入對天命觀念的討論。

## （一）憂患意識與人文精神

依照徐復觀先生的看法，憂患意識實「乃人類精神開始直接對事物發生責任感的表現，也即是精神上開始有了人地自覺的表現。」[10]人類自覺的要為自己行為負責，就不能再盲目地依賴天命，這種人文精神，開啟中國古代禮樂的人文建設，也導出中國文化的人文精神。換言之，徐先生「憂患意識」的提法，不但為中國古代思想史提供了一個從宗教到人文的解釋，也為中國人文精神提出說明，這就是先生所謂「原始宗教的轉化」的要旨所在。

依據徐先生的意見，憂患意識主要起源於殷周之際。徐復觀說：「中國的人文精神，並非突然出現，而係經過長期孕育，尤其是經過了〔殷商〕神權的精神解放而來的。」[11]殷商時期，依賴神靈來解決現實問題的風氣很盛[12]，當然也相信天命與命運。但徐復觀先生認為，周民族在克殷建周的過程中，

---

出版社，1997年），頁227-274，特別是頁231-238。另外不技蔓其詞，而能直接緊扣徐復觀憂患意識進行分析的，則有陳進國：〈從憂患意識到和樂境界〉，見李維武編：《徐復觀與中國文化》，頁158-174。

10 徐復觀：《中國人性論史・先秦篇》（臺北：臺灣商務印書館，1999年），頁21。

11 同上書，〈序〉，頁15。

12 殷人尚鬼的記載見《禮記・表記》：「殷人尊神，率民以事神，先鬼而後禮」，《十三經注疏》（臺北：藝術文印書館，影印1815年阮元刻本）。

展示一種憂患意識，可以視為人文精神躍動的重要關鍵[13]。原來周之代商實在是非常艱鉅的考驗，周人不得不產生戰戰兢兢，臨淵履冰的心情，努力應付問題，解決挑戰；而周朝建立後，又從夏商鼎革中，吸取「天命靡常，惟德是輔」的歷史教訓，所以王者若要持續得到天命，必須「疾敬德」[14]。周人為了保有天命，於是種種施為，更需要戒慎恐懼地處理，產生了臨事而敬的敬德意識[15]。這種人對自己行為認真負責的精神取向，也為禮樂文化的產生創造了積極的條件。所以依據徐先生的研究，我們大致可以說自武王革命，周公制禮，在「郁郁乎文哉」的周代禮文中，看到原始之宗教性文化，漸次轉變為側重人文精神的文化。

　　古代中國經過這個轉化，讓人更感到自我努力的重要性，認為自己的行為並非無關重要，而有一定的影響，無須事事仰待天命，於是漸漸強化自身價值的取向，並慢慢形成中國古代宗教的人文精神躍動。而周人談敬德，實際上，就是以自覺的敬慎代替或淡化人們對超越界的依賴。總之，周人革命所孕育出的憂患意識，讓中國思想文化不再走上宗教的路子，而邁向人文的方向。由此產生的人文精神，其重心就擺在具體的人間，而不是天國。這樣一個重視人文的詮釋，

---

13 參徐復觀：《中國人性論史‧先秦篇》，特別是頁 15-30。

14 徐先生認為這其中周文王的地位特殊，因為他「克明德慎罰」，「文王之德之純」讓徐先生覺得「……通過文王具體之德來作行為的啟示，因此文王便成為天命的具體化；『文王之德之純』，便成為上帝的真正內容……並且實際已超過了中介人的作用，而成為上帝的代理人……文王實已代替上帝在那裡發號施令。」（同上書，頁 27）

15 同上書，頁 20-24。

如何安頓天命觀念呢？我們看到徐復觀在《中國人性論史》等著作，都有回答，特別是在處理孔孟與《中庸》時，徐先生都提出很有意義的詮釋。現在依次分述如下：

### （二）心的文化：以仁心取代天命

　　徐先生並不認為這個由宗教到人文的推移，在周公、文王時就發展完熟，反之，古典儒學貢獻特大。徐復觀先生說 ：「中國文化，大約從周公已經開始了人文主義的構建。禮樂是人文主義的徵表，而這恰是周公的最大成就之一。但概略地說……這是外在的人文主義。通過人生的自覺反省，將周公外在的人文主義轉化而為內發的道德的人文主義……這是孔子在文化上繼承周公之後，而超過了周公制禮作樂的勳業。」[16]從這詮釋的方向，徐先生運用了人文思潮的發展，指出孔子將修養重心從幽遠的天命，轉到內在的仁心，徐先生說：「從先天所有而又無限超越的地方來講，則以仁為內容的人性，實同於傳統所說的天道、天命。」[17]　所以即便徐先生認為在孔子性與天道上下相貫通的想法中，「可以看出最高地道德感情，與最高地宗教感情，有其會歸之點」[18]，然而他馬上補充說：「性與天道的貫通合一，實際是仁在自我實現中所達到的一種境界。」因為「……」在孔子，則天是從自己的性中轉出來；天的要求，成為主體之性的要求……對仁做決定的是我而不是「天」；對於孔子而言，仁以外無所謂

---

16　徐復觀：〈釋論語的仁──孔學新論〉，《中國思想史論集續篇》（臺北：時報文化公司，1982 年），頁 361。

17　徐復觀：《中國人性論史・先秦篇》，頁 98。

18　同上書，頁 99。

天道。」[19]　如此一來，天命內化為主體的要求，主體的道德本性取代天而對人下決定，天之所命等於德性主體之所命，於是人性實際上取代上天，仁心置換了天命，成為道德命令的根源。這層意義在徐先生《中國人性論史》也講得相當清楚：「孔子五十所知的天命，乃道德性的天命，非宗教性之天命。……他的知天命，乃是對自己的性，自己的心的道德性，得到了澈底地自覺自證。孔子對天、天命的敬畏，乃是由「極道德之量」所引發的道德感情；而最高地道德感情，常是與最高地宗教感情，成為同質的精神狀態。在孔子心目中的天，只是對於「四時行焉，百物生焉」的現象而感覺到有一個宇宙生命、宇宙法則的存在，他既沒有進一步對此作形而上學的推求，他也決不曾認為那是人格神的存在。……因此天命對於孔子是有血有肉的存在，實際是「性」的有血有肉的存在。」[20]　所以徐先生以人的道德性去理解天命的立場是非常明顯的，或者說天命在徐先生的詮釋中被人文化，其內容與仁心德性無異，只是感受上，或精神狀態中，因實存的我與理想的我有差別，所以就將道德理想外推並高置於天命的位階。在哲學上，人格神與形上天，都反映一種對世界萬物存在的基礎的解釋，因此，徐先生從人的道德性說天命，固然彰顯其人文立場，但同時也放棄對存在界根據的說明。因為徐說所呈現的天與天命，是主觀感受與精神狀態的外推，所以其實是虛說的；依先生之見，整個道德系統的基礎，是完全落在道德仁心之上的。道德心靈責任重大、使命神聖，儼

---

19　同上註。
20　同上書，頁 88-89。

若來自於天，但這種天與天命的實質，只能說是道德心理、道德感情虛設性的外推，只是觀念中虛設的對象，並非實有，換言之，它不是實體的，而是虛設的，所以只能在主體活動中安立[21]。

　　總之，在徐先生的詮釋下，命有消極義與積極義，消極義的命，指的是人力不及，但卻與生命有關的限制；而積極義的命，則指深切的道德自覺所產生的責任意識與承擔精神，所以他才會說「論語中的命，多是以道德為其內容的。」不過這以道德為內容的命，來自內心，而並非上天。我主張在這個理解脈絡下，徐先生所理解的命其實就是命限與使命，前者偏重限制的面對，後者側重責任的承擔。無論是面對限制還是承擔責任，其實，都可以看到徐先生以仁心取代了天命，也以仁心回應使命，展現強烈的人本精神特色，借用徐先生自己的話，這是「心的文化」。

### （三）哥白尼的迴轉

　　徐先生用哥白尼大迴轉來說明孔子對天命的理解，徐先生的用語不一定準確，但從上下文理還是清楚地表現出他的重心。他要強調的是，第一，儒家的知天命不是神秘主義，

---

21 先生此說可藉康德去理解，勞思光先生表示「康德知識論將本體歸於理性，本體遂不復是一客觀存有。神、自我等皆僅為理性之觀念，不指示──實際的存有。它們作為理性的統攝觀念，只有一觀念中虛立的對象；它們繫歸於實踐理性下而成為設準時，亦不指示存有；故皆是在主體活動下安立。這是康德哲學之最大特色。」參勞思光：《康德知識論要義》（香港：友聯出版社，1957 年），頁 208。參考 Oscar W. Miller: *The Kantian Thing-in-itself or The Creative Mind* (N. Y.: Philosophical Library, 1956), esp. p. 116.

而是來自長期的道德實踐的成果，而這些具體經驗，提供了深刻的道德領悟，可以稱之為知天命，所以儒學的知天命並無任何神秘色彩可言。第二，孔子多聞、多見、好古敏求、博學於文，讓他在長期實踐的具體經驗中，產生超經驗的道德體會。徐先生說：「孔子由經驗向超經驗的迴轉，而此種迴轉，不是由理智向外的思辯（這是西方所走的路），而是由德性向內的沉潛實踐，因而通過內在化以達到超經驗的迴轉，這才使道德從相對的性質中超進一步，而賦予以普遍與永恆的根據。」[22]所以從道德來源說，徐先生反對神秘主義的詮釋，而立基於人心，同時又重視具體道德經驗實踐，不走西方形上實體的進路，徐先生自己用「經驗主義」一詞來描述自己的立場。

徐先生以仁心來詮釋天命，又從具體經驗講仁心，而不從形上天命講價值，這就構成徐先生所謂「哥白尼的迴轉」。所以論語中「五十而知天命」的話，也就順理成章的解釋為孔子在五十歲時，內在的仁體完全呈露了。這一種仁體完全呈現的狀態是一種深刻的體悟的展現，但是這跟宗教經驗不同，因為它產生於長期的道德實踐經驗，以及經常性的深度反省，所以其深刻性來自於實際道德的領會，而跟宗教意義的天命沒有關係。《論語》這些話確實意義為何，容或有爭議空間，但我們看到的是，天與天命在徐先生的世俗人文主義的立場下，完全從人的道德主體性來詮釋了。

但是重要的是徐先生所說的迴轉並非只有從天命迴轉到

---

22 徐復觀：〈有關中國思想史中一個基題的考察—釋論語「五十而知天命」〉，《中國思想史論集續篇》，頁388。

人心而已，也就是說，不只要讓道德根源穩站在人心之上，更要從宗教與形上世界的玄思，迴轉到人世間的具體實踐。徐先生說：「知天命，是由經驗界迴轉向超經驗界，是外在的，律性的道德，迴轉為內在的自律性道德；有此一迴轉，道德始能純化，絕對化，始能生穩根。但純化絕對化後的道德，生穩根後的道德，依然是要表現於經驗界中，並且應當在經驗界中護揮更大的實踐效率；否則只是觀念上的遊戲。所以 孔子的思想是由經驗界超昇而為超經驗界；又由超經驗界而下降向經驗界，可以說從經驗界中來，又向經驗界中去，這才是所謂『合內外之道』，或者稱為合天人之道。」[23]所以在徐先生的詮釋下，儒學將天命內化為人心，也就是肯定內在深刻的價值意識，同時積極要求這一價值意識在現實世界的具體表現，大略而言，其表現為對自己負責，於家庭用心，替社會服務，為國家盡忠等方向，所以徐先生說：「儒家內在的道德實踐，總是歸結於人倫。而落到現實上的成就，大體是從三個方面發展，一為家庭，二為政治（國家），三為教化（社會）。」[24]所有這些經驗實踐，其實都是超驗人心的呈顯，雖可說是天命，但其實就是人心，徐復觀先生這種從內在建立價值根源的立場，充分顯示人文主義的特色。

## （四）義命分立與盡義轉限

論者在比較勞思光與徐復觀的差異時，特別標舉勞先生

---

23 同上註，頁 390。
24 徐復觀：〈儒家精神之基本性格及其限定與新生〉，《儒家政治思想與民主自由人權》，頁 64。

「義命分立」的論旨[25]，本文希望指出徐復觀先生也有這種看法，不過，在義命分立的論旨中，徐先生的觀點在理論上更重視人盡其義，轉變命限的看法，吾人或可稱之為「盡義轉限」觀。也就是說徐先生也跟勞先生一樣，都有將命理解為客觀限制義的想法，但徐先生還有另一層盡義轉限的意思。

我們先看徐先生對命的理解，徐先生說：「在人力所不能達到的一種極限，界限之外，即是在人力所不能及之處，確又有一種對人發生重大影響的力量，這便是命。因此，凡是人力所及的，不是命。人力所不及，但同時與人的生活並不相干的，也不是命。」[26]簡單說，與人無關與人力所及都不是命，命是人力極限之外而能影響我們的力量，這個意思其實就是命的限制義。

徐先生又說：「就《論語》一書而論，命字可分作兩方面來看，一方面是認為富貴這一類的東西，其得失之權並非操之在己，人應在這種地方劃一界限，……而將心力用在自己有把握的方面，即是自己的德行這一方面。」[27]從這裡看到徐先生雖然沒有使用義命分立這一辭，但是可以肯定的是徐先生區分了「人力不及」、「得失之權並非操之在我」的命，與人有把握的「德行」。所以如果我們同意前者是命，後者是義的話，則徐先生也有義命分立的主張。所以，本文認為若要區分徐、勞兩先生的不同，無論是從命的限制義，還是從有

---

25　湯祖漢：〈當代儒學對孔子天論的詮釋〉，劉述先主編：《當代儒學論集：傳統與創新》，頁239-241。

26　徐復觀：〈釋論語的仁——孔學新論〉，《中國思想史論集續篇》，頁384。

27　同上註，頁385。

無義命分立的主張這兩方面講，恐均未盡符事實。

　　但更重要的是徐先生運用富貴利害的例子，他要說明的是劃分德（義）與命的界線，只是命的消極義[28]。他強調的是「命的積極的一面」，也就是將「道德歸之於命」，讓命變成道德使命，成為當有的責任與自信。「……以一種非人力所能抗拒的力量影響到人的身上，人自然會對之發生無可推委閃避的責任感和信心。」[29]這樣說無疑將命詮釋為使命與信心。

　　如上所述，若命是從人力能及與否來談的話，則各人能力顯然不盡相同，所以自然也可推出人各有命的想法。「所以不是命字的本身來決定它的意義，而是各個不同層次的人格　來決定命的意義。」[30]徐先生這樣的訓解，很有意思；一般講命限，都把命視為外在固定的限制，他卻從人文精神立場，　將命拉回主體上講，認為能力與品格的高下決定了命限範圍，徐復觀就主體狀態來談命限的觀點，是相當特別的。

　　勞思光義命分立觀主要在區分客觀限制與自覺主宰的不同，也就是劃分自然領域與自由領域[31]，同時，更強調儒家最高自由的健動不息之旨[32]。不過，勞說所重在主體的道德升進，但沒有強調客觀命限的改變。相對之下，徐先生的重點，固然也重視道德主體的自強不息，努力不懈，但是也同時強

---

28　同上註。

29　同上註。

30　同上註。

31　勞思光：《新編中國哲學史》（臺北：三民書局 2004 年），卷 1，頁 137-138。

32　參吳有能：《對比的視野：當代港臺哲學論衡》，特別是頁 213-227。

調客觀命限的改變，因為依照徐先生的看法，善盡道義的結果，會導致個人能力與人格的提升；而相對的，命對自己的限制也相對減少。所以就此而言，筆者主張若要對比勞思光與徐復觀先生的差別，是可以用「義命分立」與「盡義轉限」來加以說明。

總之，對徐先生來說，命所代表的不是一成不變的限制，反之，因為道德主體的善盡其性，踐仁成德，故而吾人也改變了命對人的限制。所以本文主張徐復觀先生的詮釋，實蘊含盡義轉限的特別觀點。

### （五）中庸的天命之謂性

依照徐先生之見，天命是原始宗教流傳下來的觀念，而其內容則是吉凶與歷年為主，歷與年分別指國脈與人壽而言，到周公才有命哲的新內容。徐先生認為命哲就是說「人的道德性的智慧，是由天所命。」但是徐先生認為這裡的哲命，「只當作是人生命中的一部分，尚不曾把它看作是人之所以為人的本質。」[33]他認為孔子在下學上達的證驗中，明白天命即人性，於是將天命與性合一，開啟了將天命視為人性的思路。這是在孔子當時尚未流行周知的新人生境界，所以其「言性與天道」，子貢也是「不可得而聞」。這一新境界所認定的是「天道與性的關係，乃是『性由天所命』的關係。」[34]

這一新境界為子思所繼承，《中庸》就概括為「天命之謂性」一語，徐先生說：「天命於人的，即是人之所以為人之性。

---

33 徐復觀：《中國人性論史・先秦篇》，頁 116-117。
34 同上書，頁 117。

這一句話，是在子思以前，根本不曾出現過的驚天動地的一句話。」[35]徐先生認為這個觀點有極為重要的意義，「決非僅只是把已經失墜了的古代宗教的天人關係，在道德基礎之上予以重建」[36]他認為這顯示了更深刻的人文意義。

一、重視人世間：這天命之謂性的觀點跟一般宗教不同，因為一般宗教都會肯定人為神所創造，而中國人特別強調天賦予人的本性，跟上天自身的性是相同的，這樣人不需要為追求人以外的世界努力，而「使人感覺到，自己的性，是由天所命，與天有內在關連；因而人與天，乃至萬物與天，是同質的，因而也是平等的。天的無限價值，即具備自己的性之中，而成為自己生命的根源，所以在生命之自身，在生命活動所關涉到的現世，即可以實現人生崇高的價值；這便可以啟發人們對其現實生活的責任感，鼓勵並保證其在現實生活中的各種向上努力的意義。」[37]換言之，人不注意來世他生，或天堂樂土的追尋，而致力於人類世界中實踐自身道德價值，及人類社會的普遍價值。在徐復觀先生之意，他所重視的人文精神，並非對超越界的無限嚮往，而是人間世的自力更新，自立自強。

二、奠立規範的共通依據：既將天視為人的共同根源，亦即從稟賦上，肯定人人同質，這就建構人類共同規範的依據，也就是替道德倫理奠下基礎。而掌握天命之性的功夫是慎獨：慎獨功夫使人能滌除欲望之私，「而使生命中所呈現

---

35 同上註。
36 同上註。
37 同上書，頁 117-118。

的，只是由天所命的性。」[38]徐先生肯定人只要通過慎獨是可以掌握天命之本性。

三、呈現萬物一體的觀點：人人既然都同有共通之本性，則容易產生人我一體、人物一體的感覺，化解矛盾。

四、天命之性，深刻的顯示天命是普遍與特殊的結合點。徐先生說「天進入於各人生命之中，以成就各個體之特殊性，而各個體之特殊性……同時即具有普遍性。」[39]值得注意的是天在人的活動，被解釋為普遍在殊別個體中的表現，徐先生說：「所以每一人的『庸言』『庸行』，即是天命的呈現、流行。」[40]徐先生非常重視這一點，他說：「顯天命於《中庸》之中，這才是孔子學問的基本性格。」[41]因為只有在進入特殊的個體中，才能有具體的實踐行為，從而能充量發揮先天本有的良知本性，在這裡新儒家一般主張的超越與內在的提法，轉為普遍與特殊的對待，超越界的天在徐先生手上只有普遍性的道德意義，而不是形上實體。

## （六）小結與反省

整理徐先生的看法，其大要者有如下幾點：

第一，在宗教氣氛下，人往往將問題交付給神，這不會產生憂患意識，但若自覺承擔問題時，就會產生憂患意識，「在憂患意識躍動之下，人的信心的根據，漸由神而轉移向

---

38 同上書，頁 126。
39 同上書，頁 119。
40 同上註。
41 同上書，頁 120。

自己本身行為的謹慎與努力。」[42]它表現為以「敬」為代表的內在心理意識，所謂臨事而敬，於是一方面形成對公共事務的承擔意識，另一方面，又強化個人進德修業的道德自覺。

　　第二，這種基本認定，讓徐先生論學重點在人的自覺所彰顯的人文精神，所以價值基礎就在人的主體性，而價值實踐的場域就在人的世界。他重視具體的經驗，更重視實際的實踐，故而排拒宗教性的神秘主義，也嫌棄抽象的形上思想。於是天命被理解為人性，而仁心就是天命，更重要的是命運在盡性的自覺努力中被轉化了，也就是說，命雖然仍是限制，但其挑戰與磨練的含意被強化了；如是則命途就不是生物性的由生到死的機械過程，而是生命存在的價值實現歷程。

　　第三、從命與義的關係言，論者或認為徐先生與勞先生的分別在義命分立，但本文主張徐先生也有義命分立的意思，同時，本文在整理先生觀點後，也提出徐復觀先生還有盡義轉限的觀念。

　　但是，徐先生以主體能力界定命的範圍的嘗試，遇到的困難很不少；因為命跟人的生活關係複雜，有些是直接相關的限制，有些是間接相關，所以難以判定，故而自然也不知道該盡力的界限所在。換言之，命限的存在與其力量大小是一事實問題，這與明白命限的存在以及了解命限力量的大小，是相關但不相同的兩事；前者是事實問題，後者是判斷

---

42 同上書，頁 22。

問題。人們可能因為不了解限制，所以不能運用能力去解除
限制；最終的結果是，有些情況，人本來已經可以解決限制，
也就是有些限制已經在人力所及的地方，但因為吾人不了解
限制所在，也就不會用力去解決這些問題。所以命限的解除
不必如徐先生所認為跟人格層次的高下有關，反之，它與人
對命限了解的深淺有關。

## 三、牟宗三先生的知天命

　　牟宗三曾在著作中，高度推崇徐復觀先生的憂患意識
論。我們也看到牟先生吸收徐先生的論點，成為他解釋中國
古代哲學史非常重要的基礎之一。牟先生注意到憂患意識所
引發的人文精神，實充分表現在儒家思想之中，而在對命的
看法上，也有相當多的發揮[43]，但跟本文最直接相關的是牟先
生對儒家「知天命」的詮釋。不過有關這個議題的詮釋，牟
先生並無獨立的論文，所以我們只能從他的論著中選取特別
相關的文獻，加以整理討論；在下文我們分四點討論，先說
命的不同意義，再說明知命與知天命的區分，然後分析其以
理氣論知天命觀點，最後討論畏天命的問題。

---

43 牟先生強調儒家不但擺脫命運意義的天命觀，更進而發揮道德理想主
　義，在尊生保命重視形體生命之同時，更講究殺身成仁所成就的道義
　生命。這些論點不能在這裡一一重覆，筆者另有〈牟宗三先生的生死
　觀〉，發表於 2005 年 4 月 30 日，中壢：國立中央大學中文系主辦之
　「牟宗三先生與當代儒學學術研討會」。

## （一）命的限制意義

　　牟先生對儒家命觀的詮釋在於指陳命的限制義及功夫義。牟先生明白地說：「這個『命』就是生命中的限制。」[44]人生於世，本來就有種種的限制，當人要在世上實現種種價值，就必然得面對種種限制，故而也可以說命有很多不同的層面。牟先生說過：「這個『命』一面關乎個人的生命氣質，也關乎歷史文化傳統的背景，也有關乎當時的處境。」[45]誠然，人在踐仁成德的過程中，就是以有限生命追求無限，天道無限，但必然在有限生命中實踐，於是必然得面對種種限制，而這就是命。牟先生說：「……『命』就是生命中的限制，若沒有命本身的限制，這個『道』也不能表現。這裡面就有Paradox。因為生命就是一定的，是一個有限的東西，無限的道一定要通過生命來表現。」[46]個體並不能主宰命途上客觀遭遇，這種對命的談法，僅止於命的事實義與限制義，但牟先生發揮儒學論命的特色，則更進而顯示命的功夫義。

## （二）從限制到超化

　　在牟先生對詮釋孟子的脈絡中，他詮釋命的時候，就從外在實然相逢的遭遇，變為「內在的限制」，亦即由相遇之實然的事實義，轉為內在的、虛立的概念義。

　　命是修行上氣化方面的一個「內處的限制」之虛意式的概念，它好像是一個幽靈，你捉不住它，但卻是消極的實有，

---

44　牟宗三：〈「孟子」演講錄（10）〉，《鵝湖》，第 358 期（2005 年 4 月），頁 2。
45　同上註。
46　同上註。

不可不予以正視。[47]

　　在修養功夫論上，人們得應付生命中所遭遇的種種限制，它們有礙於實踐德性，所以也可以消極來形容之。而「虛意式的概念」就是表明將外在的限制，放在意識中處理，所以命限是以「概念」的方式來談的，在牟先生之意，他所詮釋的孟子學將命詮釋為存在於道德意識世界中那些有待正視的「消極的實有」，就是要以道德意識處理命的限制。

　　但甚麼是「虛意式」呢？我認為虛與實相對，而概念在不能充分掌握時，因未能得其「實義」，就如幽靈般把「捉不住」，所以可說是「虛意式」了。綜而言之，「虛意式」是從虛靈不定、難知實義來說明意念層次中所顯示的命限。外在經驗實有的限制，許多是可運用外於自身的種種方式對付，唯有內在的限制，只能從自己身上下功夫；牟先生詮釋儒家時所說的虛意中的命限就是指生命的內在限制。而從內在限制講，就更加清楚表示牟先生心目中的命，是在道德層次上的修養鍛鍊對象。

　　但那又是怎樣鍛鍊呢？這又跟命有關，而總綱在「修身以俟命」與「順受其正」。修身以俟命的提法確立了命成為修行的對象，而順受其正，則強調從此一修行對象中吸取命途際遇的正面成分，於是就將消極的限制，轉化為正面的試鍊。所謂君子要知天命，就是不要逃避，也不是要抗拒，而得面

---

47　牟宗三：《圓善論》，《牟宗三先生全集》（臺北：聯合報系文化基金會，2003 年），第 22 冊，頁 141。

對、承擔生命的試鍊，在命運的考驗中鍛鍊出生命的正面能量。這就顯示出人文精神的特色，宗教修行常會強調福報，不管是善業，還是最終的解脫。牟先生說：「你只能隨遇而安，而安之若焉，還是有命存焉，不過你能心境泰然無所怨尤而已。」他詮釋的儒家不能改變命運際遇，而即便人能安之，但是命的限制還在，不過有功夫修養者，能在心境上無怨無尤。不過對人雖然不能改變客觀命運，但可以改變心態，所以牟先生說命可以「被越過被超化，但不能被消除」。所謂不能消除，就代表不求命運順逆的改變，而說可以越過、超化，則顯示將命視為超越轉化的功夫修行契機。因為不能改變命運，所以只能如其所如的面對，並求轉化成修養自己德性生命的資糧，此時命不是以客觀限制的方式被掌握，反而是促使道德生命超越，並超過個人原有限制的刺激。所以在牟先生的詮釋下，儒家對命的修養功夫，不涉神通，也無關來世；也就是說，既非求天帝賜福，更非求改變業報，而是反求諸己，開發能量。當命運不順，常人不免怨天尤人，甚至自怨自艾，容易沉淪，但牟先生所盤揮的儒家教旨，則將命運轉化為上提生命的契機與助緣。

## （三）從正命到立命

修身的重要功夫就在於「夭壽不貳，修身以俟命，所以立命也。」所以不貳就是德行修養方面的勇猛專一，不因二三其德，而改其常度。這看似只有消極面，但是牟先生的詮釋卻展現其積極一面，因為這種修行可謂之「主一」，通過主一的功夫，就能奠立道德生命；這種專注不移的奠立，就是

牟先生所謂的「確立」。所以俟命不是一種消極的等待，而是積極的創立，即通過照察自然生命之限制，並坦然如實的面對，乃至進求堅毅地確立德性生命。其間相關的步驟是可以分為兩步，第一步，就是專一不二，不二就是專注，專注是凝聚集中的活動方式，所以能不興起，不妄作，如實的認清事實，這就是「如」的境界；但人在認清事實之餘，尚須平靜的接受事實，這就是第二步，而這兩步合成「立命」。所以，立命之心，先如靈臺明鏡，要能如實照察而不自欺。立命之心亦如汪洋海量，要能涵容順逆而不揚波。前者在於認清事實，後者在於接受事實。但是接受現實，並非消極的，因為這是積極謀求轉化與建構的基礎，所以牟先生說：「『立命』就是確立命這個概念。『命』這個概念是儒家做道德實踐的一個最重要的概念。這不是 fatalism（宿命論），不是個消極的觀念，是個積極的觀念。」[48]所謂不消極，是緊扣人要充量發揮理性能力而言，所以牟先生也說：「儒家說『盡人事以聽天命』這完全不是消極的。」[49] 要求善盡人事，就是要發揮我們最大的努力，而所謂聽天命就是要吾人正視人的限制，兩者都是理性地面對人生所應有的態度。

　　積極的開創生命就是「正命」，人不應停留在接受現實，而要進而要求守死善道，堅守良知正道的道德命令，這種從正道而產生的命令，就是正命，故而牟先生所理解的正命就是「合理合道盡了所當為中的命。」牟先生認為人當要求盡道而死，他說：

48 牟宗三：〈「孟子」演講錄（10）〉，《鵝湖》，第 358 期，頁 3。
49 同上註。

> 儘管有命，你還是要「盡其道而死」，這個時候，你
> 就得命之正，這個「命」是正當的命。「桎梏死者」
> 就不是正命。[50]

所以從立命到正命，絕非消極的接受命運，而是積極的
確立道德生命的尊嚴，並以理性的態度，在了解現實限制之
同時，堅持道德理性，合理地追求生命價值的實現，這樣也
可以說是一種對命運的道德看待，或以道德的觀點超越轉化
命限，並上提到德性實踐的高度。

## （四）知命與知天命的區分

牟先生在解釋程顥有關樂天知命的論斷時區分「知天
命」與「知命」，他說「『知命』與『知天命』，雖可相通，然
亦有別。」[51]「命」固然可以指某種限制，就此而言，知命與
知天命兩語中的「命」的意義可說是相通的；但是，知命的
命指的是經驗的限制，而天命卻非一般限制義的命，而是來
自超越界的客觀限制，亦即由天而來的限制，所以兩者仍
然有別。牟宗三先生進一步解釋說：

> 「知命」是就現實之遭遇與限制說，是落下來說，故
> 此命純是氣命之命。「知天命」是提起來說，是向超

---

50 同上註。
51 牟宗三：《心體與性體》，第 2 冊（臺北：正中書局，1983 年），頁 75。
　　吳汝鈞先生注意到這一區分，並有一段簡要的解釋。請參考吳汝鈞：
　　〈孔子的人文精神〉，《儒家哲學》（臺北：臺灣商務印書館，1995 年），
　　頁 18-21。

越方面滲透。由此所成的限制是超越的限制，個人一
切遭遇儼若由天而命之者。但此「天命」不是那「於
穆不已」的天命之體之自身（因此純是以理言，以體
言），而須是帶著氣化說……而氣化亦須通至天命之
體說，不能割截其超越者而只落于現實之氣化（只是
氣之條件串）。似這樣一種超越的綜和關聯始形成「知
天命」之超越義與嚴肅義。[52]

　　知命是指吾人明白命限，亦即對經驗界種種現實限制有
所了解，因為這種知命並不從超越者談，而落到氣化的經驗
世界，所以這知命屬於氣命範疇的事。也因為這樣談的命只
是客觀限制的意義，所以知道這樣的命限，自然並不會產生
嚴肅的感覺。但知天命就很不同，它是在個人道德實踐時，
自覺個人的內在仁德與超越的天理之間有所感通，但同時又
感到仿彷如上天降下的種種限制。這不是從氣化上講的命運
的命，而是在承擔天理之同時，又明白承擔行為所必須面對
的限制，這時引起的是一種嚴肅的生命實感。換言之，天命
既展現為超越的使命，也呈現為經驗的命限，這使命與命限
兩者共同構成所謂「綜合的關係」；但使命讓人自覺要奮力
徹底完成價值，而命限卻讓人終難徹底完成價值，這就構成
道德實踐時，一種無可奈何的感覺。

　　所以在肯定人的道德主體性之時，牟先生並沒有否定超
越天的意義。牟先生說：「重主體性並非否定或輕視帝、天之

52 牟宗三：《心體與性體》，第 2 冊，頁 76。

客觀性（或客體性），而勿寧是更加重更真切于人之對于超越而客觀的天、天命、天道之契接與崇敬。」[53]所以在肯認人的內在道德主體性之同時，牟先生又一面向外展開新外王的努力，並能逆覺天道本體的超越源頭，展現既超越又內在的進路。

## （五）理氣合一的超越

牟先生也曾用程顥的理氣觀念申論其旨，這段文字有其重要性[54]，我們不避冗長，特別引錄如下：

> 「在天」不必一定偏于理說，亦可偏于氣說。偏于理說的天命、天道之生化與性體道德創造之純亦不已（至誠不息）為同一意義，故明道得云「只此便是天地之化，不可對此個，別有天地之化」。（「此」是指心性道德創造之沛然不禦、純亦不已言）。而大人與天地合德亦只是合其偏於理說之「德」，此是超越的「意義」相同，「大而化之」之「化境」相同，甚至其「神」亦可說相同，而其個體生命之「氣」畢竟不能與天地之氣等量齊觀也：「氣之運化以現理」之「質」同，而量不同，其「無窮複雜」之質同，而無窮複雜之量不同（氣始可說「無窮複雜」）。即因有此不同，

---

53 同上書，第 1 冊，頁 21。

54 楊祖漢教授也曾特別引錄，其討論認真，能夠呈現牟學部分精要之點；但因為楊文主要是用幾位當代學人的部分論說資料，以呈現他們理論取向之差異，並非全面研究，這是特點與優點之所在，也是限制所在。參楊祖漢：〈當代儒學對孔子天論的詮釋〉一文，特別是頁 244-248。

故個體生命之氣命與天地氣化之運行或歷史氣運之運行間始有一種遭遇上之距離與參差，因而有所乘之勢與所遇之機之不同。此則非我所能控制者。它超越乎我之個體生命以外與以上。此亦是天理中事，天命中事，天道中事，亦得簡言之曰天。此是天理、天命、天道之偏於氣化說，但亦為其神理所貫，全氣是神，全神是氣。既全神是氣，則無限量之無窮複雜之氣固亦天理、天命、天道中事。就此說天理、天命、天道即是偏于氣說的天理、天命、天道，而此即對于吾個體生命有一種超越的限定，而吾個體生命對此超越限定言，即有一種遭遇上之距離與參差，因而有所乘之勢與所遇之機之不同，而此即形成吾之個體生命之命運與命遇，此即是以氣言之「氣命」。此亦是「在天」也。故「富貴在天」顯不能純以理言。凡孔子所說的「知天命」、「畏天命」、「不知命無以為君子」，以及有慨嘆意味的「天也」、「命也」等辭語……皆是說的這種「命」。但是此種命雖以氣言，卻亦不能割掉它的神理之體。「氣命」之氣不是塊然的純然之氣，是「全神是氣、全氣是神」中的氣。即因此，它對吾人所成之超越的限定始有一種莊嚴的嚴肅意義，所以才值得敬畏。……正面說的孔子之踐仁以知天，孟子之盡心知性以知天，其所知之天固首先是正面同于仁、同于心性之「以理言」的天，但決不止于此，亦必通

> 著那不離其神理之體的無窮複雜之氣。此兩面渾而為一才是那全部的天之嚴肅意義與超越意義之所在。[55]

　　牟先生的話很抽象，不容易有清楚的確解，但推敲上下文理，還是可以提供一種可能的解釋。牟先生大約是認為對天道、天命的討論方式，是可以很不同的。既可以純粹只從理得角度討論，也可以採取理氣合一的談法。如果純粹從理講，則天命的生化萬物與性體的創造價值兩者，在創造意義，亦即在生生不息方面講，其實是同質的。《易》云：「大人者，與天地合其德。」這正是從理的一面講，人能夠跟天地合一的地方就在德，而不在其他方面。但是如果從理氣合一的角度看，無論是個體生命的氣，還是天地生化的氣，儘管它們在量方面有大小之別，但本質並無不同，因為它們同樣是複雜無窮的。這個複雜無窮的情況，就造成天命的限制。

　　不過牟先生是在詮釋理學文獻的上下文中推出他的解釋，所以我們應先說明跟這裡的詮釋相關的天道論。依照這種理學進路，假如世界一切是天理之氣化流行的結果，而氣化流行自有其理，則世界事物的全體（全氣），也自然是依理運行所生的，在這個氣化流行中就貫通著天理神體，所以可以說全氣是神。反過來說，天道化生宇宙，無有遺漏，推至其極，天道的全體就是古往今來的宇宙整體，因此可以說全神是氣。這種詮釋似有泛神論的色彩，也有黑格爾的影子，但本文的目的不在進行中外哲學的比較論述，反之，我們要

---

55　牟宗三：《心體與性體》，第 1 冊，頁 524-526。

以這個基礎，說明牟先生所詮釋的天命限定義。

　　從這個角度解釋，則牟先生其實是說世界事物的整體（全氣）既然是天道神體的呈現，而天道神體又是天理所在，所以全氣必然也是天理。但是大道神體的運行在時間上有不同層次的展現，它既可展現為氣化的歷史運動過程（氣運），也可展現為個人生命歷程中的種種際遇。前者可稱為時勢，後者可稱為機遇。雖然氣運、機遇都是氣化流行的表現，但歷史的氣運與個人的機遇之間並非若合符節，因為它們複雜無窮的本質，彼此間自然出現距離分隔與參差不齊的情況；而彼此既然不能相互配合，就會產生種種限制。所以牟先生說：「『命』是個體生命與氣化方面相順或不相順的一個『內在的限制』之虛概念。」[56]這些限定並不是個體所能控制的，它超越在自我之上並影響自我，所以可以稱之為「超越的限定」。依照這種詮釋觀點，孔子的知天命，指的就是知道這種超越的限定。

　　總之，天地與個體的氣化在運行上可能產生差距，於是時勢與機遇上也有差別，從而產生人力所不能控制的限制。不過，這兩種超越個人能力所及的限制，其實也是「天理中事、天命中事、天道中事，亦可簡言之曰天。」因為這些限定都是天道氣化流行的結果；所以「此亦是天理中事、天命中事、天道中事」，也可以說是理與氣的混合運動的結果。同時，牟先生也認為「此種命雖以氣言，卻亦不能割掉它的神理之體。」這不但是說理在氣中而已，而且從天理在氣化流

---

56 牟宗三：《圓善論》，《牟宗三先生全集》，第 22 冊，頁 139。

行的整體結果講。所以才會說這種流行之氣亦為其神所貫通，所以全氣是神，全神是氣。既全神是氣，則無窮複雜之氣的運動所產生的限制也是天理、天命、天道中事。換言之，天道化生的整體結果表現在氣，這氣也就是神體的全部表現；同理，全部神體的流行結果就是氣，而全部氣化的結果就是神體的表現。從這氣化整體所講的限制，就不是一時一地的限制，而是天道氣化流行的全面結果，可稱之為「氣命」。因為這種限制來自天道流行，所以能產生讓人敬畏的嚴肅意義，所以牟先生說：「『氣命』之氣不是塊然的純然之氣，它是『全神是氣，全氣是神』中的氣。即因此，它對吾人所成之超越的限定始有一種莊嚴的嚴肅意義，所以才值得敬畏。」以上是順牟先生思路盡量將先生的詮釋用現代語言說明清楚，我們看先生這一段對天命的詮釋，其實是依緣理學的思維邁進，故可稱之為「理氣合一」觀。

## （六）敬畏：天命的嚴肅義

楊文認為：「言天命可畏，應是表示天命之不可測，由人之不可測，故敬畏。」[57]所以進而認為在對天命可畏的詮釋上，唐君毅不如牟宗三，並指出唐先生「這便不能滿足孔子畏天命之說所含的天命難測之義。牟宗三先生對孔子言命及天命的解釋，我認為很可以表達出此意。」[58]筆者認為這樣的評價還有商榷空間，本文有兩點回應。

---

57 楊祖漢：〈當代儒學對孔子天論的詮釋〉，劉述先主編：《當代儒學論集：傳統與創新》，頁244。
58 同上註。

　　第一，天命之可畏不一定需要從不可測講，莫測與可畏並無必然關係；起碼牟先生解釋天命的可畏，就沒有一定從不可測講；牟宗三先生說：

　　……知天的知，必然引生敬畏的意識，敬畏是宗教意識。天道高高在上，人只能遙遙地與它相契接，又怎能沒有敬畏呢？故此敬畏的意識是從遙契而來的。從知天命而至畏天命，表示仁者的生命與超越者的關係。但是在此我們先要了解的，就是暫時不要把天命、天道了解為「形而上的實體」……孔子在他與天遙契的精神境界中，不但沒有把天拉下來，而且把天推遠一點。雖在其自己生命中可與天遙契，但是天仍然保持它的超越性。高高在上而為人所敬畏。因此，孔子所說的天比較含有宗教上「人格神」（Personal God）的意味。[59]

　　在這段引文中，牟先生是從天與人的距離講。因為孔子「把天往外推遠」，「高高在上而為人所敬畏」。顯然的，牟先生這一論點，並不是講因人或天的不可測，所以才讓人覺得可畏；反之，牟先生認為這根本就是因為神人距離遙遠，而神是高高在上的，所以才讓人感到敬畏。

　　楊文或未有注意牟先生這段意思，或認為天的距離不是問題，於是轉而強調天之可畏，在人不可測，所以是可敬畏。不過楊文所謂「人之不可測」這句話的意思不很清楚。若所謂人不可測是說是人事不可測，則誠費解。人間事務本來紛繁，人們感到不易明白，甚至莫測高深，也是很自然的事；從經驗得知，有些人會覺得莫測高深的事物，會讓人望而生

---

59 牟宗三：《中國哲學的特質》（臺北：臺灣學生書局，1976 年），頁 40。

畏，所以上述的批評意見將不可測與畏懼關聯起來，是可以理解的。不過本文認為兩者的關聯並沒有必然性，因為人對於不可測知的事物，可以有不同反應。我們可能感到好奇，也可能覺得無趣，但未必感到可畏，更不一定可敬。譬如不少人感到股票、基金的操作，真的是莫測高深，但似乎很少人會因而敬畏股票、基金吧！所以人事莫測，不必然帶來可敬畏之感。

不過若從道德意義講人的不測，則可能比較深刻；這個意思是說人自覺信道不篤，意志不堅，所以在不可盡知的歷史氣運及個人際遇中，或者會出現脆弱的時候，於是不能持守本性，有負天命。在這種心理狀態中，人們會有畏的感覺，但是這種畏應該是憂畏心理，而不是敬畏心理，也就說人們是處於憂心、擔心自己為能完成天命的心理狀態。不過如果憂畏的是人心不足完成天命的話，那麼既然所畏是人心，則這種心理並沒有解釋孔子的畏天命。

第二，依照牟先生理氣合一的觀點，天道天命呈現於一切氣化活動中，所以無論是歷史氣運，還是個人機遇，都可以看到天理。我們可以這樣設想，倘若人的行為能夠符合天理，遙契天命。這時候人所自覺的踐仁盡性，等於天命呈現，於是內在的心體，與外在的性體處於相融無礙的狀態。正在天人無有隔斷的狀態中，人自感他的心靈與天道之間，存在感通無礙的關係，這種遙遠的感通就是遙契天道。

但是人的道德實踐既然必定在時間空間內的具體脈絡中，而具體脈絡就是理氣合一的表現，此時，道德心靈自覺到氣運與機遇背後的大義所在，同時也將面對「超越的限

定」。而根據上文提到牟先生對這超越限定的理解：「無限量
之無窮複雜之氣固亦天理、天命、天道中事……而此即對於
吾個體生命有一種『超越的限定』。」[60]所以這些限定就是天
命中的事，也是天理、天道的運行。人自覺依理而行，卻得
面對非理得世界，所以詮釋孔子的不遇時，有的論文發揮牟
先生看法：「聖人不遇，是現實的氣化，氣命中之事，但此氣
化活動，是有天道天理在其中的，既有天道天理在其中，則
此使聖人不遇之氣化之事實，仍屬當然也。使聖人不遇之氣
化事實，應是不合理者，而竟亦屬當然，即亦是合理的，故
於此便有天命非人力所能測，而生畏天命之感。」[61]類似的看
法，也見於錢穆：「天命者，乃指人生一切當然之道義與職
責。道義職責，似不難知，然守道盡職而仍窮困不可通者，
有之矣。何以當然者而竟不可通？何以不可通而仍屬當然？
其義難知。」[62]其實，這個其義難知，或不可測的天命，是建
立在一種特殊的宇宙論之上。在這種宇宙論中，世界是天道
的運行的產物，所以應該是合理的；然而必須交代的是接受
天道觀的合理依據何在。其次，問題中的一部分也可能在語
言的使用上，我們可以說天命的大義，或人的道德使命是「合
理」的，但不必然可說命遇是「亦屬當然，即亦是合理的」，
也不必像錢穆所認為的「不可通仍屬當然」。筆者認為不若說
這些氣運機遇的出現是「有原因」的，也就是說在氣化過程

60 牟宗三：《心體與性體》，第 1 冊，頁 525。

61 楊祖漢：〈當代儒學對孔子天論的詮釋〉，劉述先主編：《當代儒學論
集：傳統與創新》，頁 247。

62 錢穆：《論語新解》（臺北：蘭臺出版社，2000 年），頁 30。

中種種複雜的條件相互影響產生的一定的結果，這些結果對人的道德實踐產生或順或逆的影響。就這些影響不利於道德實踐言，可說它們都是「不合理」的、「不通」的，而就不清楚產生這些不合理結果的條件以及它們如何導致不合理的結果言，我們也可說這些條件與因素是「難測」、「不可測」，但是不必稱為合理。我們運用語言時，可以將合理的與有因的加以區分，有因是指存在著產生結果的條件，而合理則是肯定這些條件的價值。我們不必將那些不利於道德實踐的氣運與機遇，視為合理。它們的出現，只是一定的條件所產生的結果，所以是有原因的，但並不是一定是合理的。而將本身並不合理，但卻有理由產生的結果視為超越的限定，其實應是預設天道觀的理論困難。此是否適合用來解釋孔子的天命觀，則仍有待對孔學的理解與認定了。

　　總上所述，牟先生區分命與天命，命只有經驗意義，而天命是可通上下，包含超越義以及內在義。人在面對此一天命之時，可以逆覺存在於使命之上的天理，從而構成向超越界的滲透，這就是知天命的超越義。但人在自覺承擔使命之時，也同時感知種種限制。因為這種勇於面對問題，敢於解決困難的態度，絕非氣魄承擔可比。輕率的承擔，不思後果，只見一時的氣魄躁動，而不見深層的道德理性，但當吾人真正道義承擔，必然深思熟慮，而又因為從道德意識集義而生，所以不是計算營謀的結果，所以雖然是理性的表現，但卻是見價值理性的主宰帶領，而並非工具理性的營謀運思。天命在上，心體在下，道德心體仰承天命，敬慎其事，故而也展現出德性的莊嚴，所以牟先生說知天命通於下，而有其嚴肅

義。

# 四、唐君毅先生對儒家天命觀的詮釋

　　唐君毅先生認為在孔子之前的古代中國思想，流行三個重要的天命觀：「此三者可名之為『天命之周遍義』、『天命與人德之互相回應義』與『天命之不已義』。」[63]這些論點跟一般看法差距不大，但唐君毅先生對古典儒家對命與天命的理解，卻提出非常深刻的洞見。我認為很值得注意：

## （一）天人之際

　　天命可以詮釋為外在的命令，亦即上天的垂示與命令，也可以理解為內心的道德判斷，唐先生也曾在兩者之間猶疑不定：「吾嘗思之而重思之，嘗徘徊於孔子所謂天命，乃直仍舊義中『天命』為天所垂示或直命於人之則之道，與孔子所謂天命唯是『人內心之所安而命』二者之間。」[64]唐先生認為如果是前者，則是《詩》《書》以來的通義，孔子不應該到五十才知道，假若是後者，唐先生認為孔子應早能實踐心安之事，無需等到五十歲。所以無論是外在的天命，還是內的心靈，都不足以充分解釋孔子的天命觀，唐先生明確的指出，「終乃悟二者皆非是」[65]。

　　所以唐先生從兼重天人兩面發揮儒家天命思想，特別從

---

63　唐君毅：〈原命上"先秦天命思想之發展〉，《中國哲學原論・導論篇》，
　　《唐君毅先生全集》（臺北：臺灣學生書局，1991 年），卷 12，頁 527。
64　同上註，頁 534-535。
65　同上註，頁 535。

人與命的交接處申言其旨，唐先生說：「……命之為物，既由天人之際、天人相與之事而見，故外不只在天，內不只在人，而在二者感應施受之交，言之者遂恆易落入二邊之偏見。」[66]唐先生這一兼重天人的進路，實是他討論儒家命論的焦點所在。唐先生是新儒家大師，一直為學界所重視，但過去人們多從天人合一理解唐先生的觀念，所以注意其合一的境界，反而容易輕忽唐先生論點的真正特色所在。唐君毅先生談命，最重要是緊扣天人之際的思路進行詮釋，所以特別注意天人之際、理事之間的關係。所以若論唐先生論命的特色，筆者認為當以「天人之際」掌握，也就是從天人之際的「間性」所呈現的場域，以及其「間性」所呈現的張力，了解道德意識的境遇與觸動。

　　唐先生這種說法著眼於道德，強調道德命令與道德使命，並不將天命理解為預定的命運[67]。反之，天命表現為理所當然，應當遵守的規範，這種規範的強制性如同命令一般，所以可以稱為天命，亦即上天的命令。而依照儒家通義，仁義之心也會產生道德命令，但唐先生認為天命的規範並非在道德命令之外，而為一套截然不同的規範，所以唐先生說：「此見孔子所謂天命，亦即合於詩書所謂天所命人當為之『則』，而與人之所當為以自命之『義』，在內容上為同一者。」[68]天命可呈現為當為的道德規範，而這又跟仁義之心

---

66　同上註，頁 520。
67　唐先生說：「此所謂義之所在即命之所在，明非天命為預定之義。」（同上註，頁 536。）
68　同上註。

自身所內發的道德規範相同，於是唐先生實際上將外在上天的命令跟內心的道德命令等同觀之。事實上，外在的天心就是內在的良心。這一點肯定，充分顯示唐先生兼重天人的取向，而跟一般將孔子視為聽從天命的理解截然不同[69]。

　　一般宗教傳統，雖然也會說人的良心會反映上天或神的命令，但是並不一定將良心等同天命。唐先生的論點不但將上天的命令聯結到良知的命令，並進而將良心命令視同上天命令，這就展現其人文主義的特色。假如我們說天命是外在的超越命令，而使命則為內在的道德要求，則我們又可以說唐先生此論有合內外、一天人的詮釋特色。但是我們也必須注意唐先生並非僅以良心代替天命，不然，就可能導致蔽於人而不知天的結果，同時也不能貫徹兼重天人的間性主張。唐先生在天人之間，彰顯出道德心靈所處的場域，他力圖兼天人，並進而一天人。而一天人的義旨也用「義命合一」說　加以說明。

## （二）義命合一

　　唐先生提出「義命合一」的論點，說明孔子對命的特殊

---

69 任繼愈主編的《中國哲學史》說：「『天命』是冥冥中操縱一切的主宰者的意志、命令。天命也是地上奴隸主國家統治者的命令。這三者，孔子所叫人敬畏的，只是奴隸主貴族的命令和意志。孔子是相信天命的，他認為天有意志，和地上的人君一樣，能賞罰，能決定社會的治亂，文化的興亡。從孔子對周制的尊奉、對魯國國君的敬畏態度，完全可以証明孔子的三畏就是對奴隸制規定的一切表示順從。即使在奴隸制已經動搖，天命已不能維繫人心的時候，孔子仍然堅信天命。孔子越到晚年越加強了對天命的信仰，這和他在政治上越到晚年越加敵視新興封建勢力的保守立場是一致的。」見任繼愈主編：《中國哲學史》（北京：人民出版社，1990 年）頁 78-79。

體會。唐先生說：「吾人由孔子之鄭重言其知天命，在五十之年，並鄭重言『不知命，無以為君子』及『畏天命』之言，則知孔子之知命，乃由其學問德性上之經一大轉折而得。此大轉折，蓋由於孔子之周遊天下，屢感道之不行，方悟道之行與不行，皆為其所當承擔順受，而由堪敬畏之天命以來者。……實乃根於義命合一之旨。」[70] 在唐先生之意，在實際道德實踐中，或順或逆，自然不一定盡如人意，但是孔子進一步領悟到無論順逆，都應該視之為天命。唐先生的討論主要涉及兩層意思，其一是自強不息的使命，其二是對境遇的詮釋。

　　第一，奮發的使命：人處順境固然要實踐天命，但在逆境中也得實踐天命，所以實踐道德的堅持，超越境遇順逆的考慮，筆者認為這個意義的天命，其實近乎奮進不息，踐仁成德的使命。如此，則唐先生所論，部分是發揮「君子去仁，惡乎成名？君子無終食之間違仁」的理想。唐先生說：「孔子之知命，乃知：一切己力之所不能改變，而為己之所遇之境，無一能成為吾人之志道求仁之事之限極。孟子之立命，則承孔子之知命之義而發展。孔子之知命，在就人當其所遇之際說；而孟子之立命，則就吾人自身先期之修養上說。」[71] 這裡的重點是在逆境所遭遇的限制，並不真能夠成為志道求仁的極限，因為仁人君子慕道踐仁之心，不隨順逆而轉移。反之，他們守死善道，所謂「君子無終食之間違仁，造次必於

---

70　唐君毅：《中國哲學原論・導論篇》，《唐君毅先生全集》，卷 12，頁535。

71　同上註，頁 542。

是，顛沛必於是。」這其實就是說明不管境遇順逆，仁人君子都應該認清原則，堅持實踐，唐先生說：「此其關鍵，不在此道之是否行於外，而在吾人自己之是否願擔負此道。如能擔負，則人道立而天道亦立，人命立而天命亦立；於是天命之大明終始，便永無真正斷絕晦盲之日。」[72]這種將天命視為使命，並求奮發自勵，在實踐使命之時，也隨之完成天命的主張，就是義命合一的使命意義。

　　第二，境遇的默示。但是人如何能掌握具體使命，則斷不是逆覺心體就可以的，而必須對身處的境遇有所了解。故唐先生在申說義命合一之旨時又說：「在此志士仁人之心情中，將不覺此志此仁為其所私有，而其所自以有之來源，將不特在於己，亦在於天。於是其自求其仁，自求其志之事，凡彼之所以自期而自命者，亦即其外之境遇之全體或天之全體所以命之者。其精神之依『義』而奮發者不可已，亦即天所命之『義』，日益昭露流行於其心者之不可已。此處義之所在如是如是，亦天命之如是如是。義無可逃，即命無可逃，而義命皆無絲毫之不善，亦更不當有義命之別可言。」[73]唐先生的說法，如果不加以解釋，很容易引起誤會，因為一般說義固然是善，但命何以會是無絲毫不善？何以大道的或興、或廢都有天命？何以呈現為大道衰廢的天命也足以讓人敬畏？

　　正如上文所述，唐先生認為天之所命可以從內與外兩方面講，從內在講，就是道德意義的自我期望與自我命令；而

---

72　同上註，頁 543。
73　同上註，頁 537。

從外在講，天之所命，也可以說是外在境遇對人所默示的使命。若以傳統理學語言表達，或也可以說，天何言哉！外在境遇經常默示道義之所在，正待吾人修道成德，才能察覺認識，這就是所謂默而示之，察以識之。而對察識使命者來說，就當努力以赴。因為人若能察識，亦即讓天命之義理，貫注於人心之中。其實，以默示方式存在於外界的天命，經過察識功夫就可以呈現為心體的義理，在這情況下，義與命為一，而均為善。所以唐先生才會說「義命皆無絲毫之不善，亦更不當有義命之別可言」。這一種無別的義命觀，就是義命合一觀。

　　不過這些用語，其實並不嚴格。所謂境遇的命是就境遇對人所顯示的道德需求講，嚴格而言，境遇本身不能自己生出使命或命令，我們運用命令或呼召等詞彙，其實都是比喻性的用法。在這些比喻中，其實涉及至少兩層重要意思。

　　其一，是外在境遇的出現；其二，是吾人對此境遇的道德覺知（awareness），這是產生道德實踐的兩面，從唐先生「義命合一」的立場，其實就是要講出道德意識與外在世界其中一種重要的交互關係。從這合一的說法，反映出唐先生沒有否定外界的客觀存在，他的心靈哲學是從心靈與實際存在的世界中所產生的互動立言的，因為具體境遇的道德需求再強，也必須先有一能夠感知的道德心靈，才能產生「理所當然」的道德反應。所以吾人不應從內在意識，或外在形勢任何一面去了解唐先生對孔子天命的詮釋。反之，依唐先生之見，應從「義命合一」，亦即從內在心靈與外在境遇的交會處講天命。於此，天命並非外在神秘不測的命運，也不僅是

內在道德心靈的使命，而是道德自我對所處境遇的道義性回應，用擬人化的比喻，也可以說是道德心靈察識境遇所默示的道德呼召。依照義命合一的觀點，天命就是在道德自我與所處境遇之間顯示出來。

從心靈的善向動力講，無論處於甚麼境遇，道德自我必然對境遇產生善的實踐要求，從而生發善的價值。外在境遇自然有順逆的不同，順境固能促進價值的實現，但即便是逆境，也能引發吾人的道德理性。因為當道德心靈反省困逆之境時，也易興發實踐價值的道德情志。唐先生在討論價值論時，有一點意思跟我們現在的討論相關：「人在個人道德生活中，可使反價值之情欲罪惡等，由否定超化，以成為道德生活之材料。又說人在依於道德生活而生之客觀意識中，人由負價值之存在，所引生之悲劇意識與悲憫之情，為一具絕對之正價值者。」[74]又說：「然吾人真有此無盡之努力，則在此無盡之努力下，一切不一致者，即皆逐漸歸向於一致，而亦見宇宙間之自有使此二者能歸一致之理。於是存在之世界與價值之世界，亦終為『二而一』者。」[75]在先生之意，無論環境順逆，人都應保有道德意識，奮發向上；同時，在逆境之中，人更應追求將一切不稱理的缺陷，加以補足圓滿，於是逆境所形成的價值缺陷，轉而產生引發實踐正面價值的內在動能，這種內在動能，以止於至善為目標，所以理想上自然要求將「存在之世界與價值之世界，亦終為二而一者」。簡言之，對一切境遇，無論其為順為逆，心靈的善向動力，既

---

74 唐君毅：《哲學概論》（臺北：臺灣學生書局，1982 年），下冊，頁 1094。
75 同上註，頁 1095。

以止於至善為歸趨，就必將以正面價值回應之，所以從這個意義講，逆境也能產生善的價值。唐先生此論，在解釋大道興廢之時，並不是從宇宙論去肯定逆境也是合理的，而是承認逆境的不合理，但進一步主張正因為逆境並不合理，所以要求、鼓舞吾人以更大的努力，以更高的德義謀求補救，使貧乏得以豐盈，讓缺陷得以圓滿。唐先生這種補缺求全的解釋，反映出深刻的道德人文精神。

綜上所述，一切境遇，無論其或順或逆，都可以構成修道成德的契機，因為一切境遇都形同對人自盡其義的召喚，人必然存在於特定境遇，而逆境不但提供德性實踐的磨練與提升的可能性，更以其本身為困逆不善，造成善的缺乏，於是對道德良知，可說形成一種呼召，要求吾人以更大的善來加以補救。如此一來，一切境遇的限制，不僅是吾人所面對的客觀形勢，更不是一個無意義的空間概念，因為對道德心靈言，境遇透現道德呼籲，甚至是天命所寄，在在要求人們盡力行義，充量的讓道德滿全。所以唐先生說：「至於孔子之知命，則由春秋時代之即義言命之思想，更向上發展，而於義之所存，皆視為天命之所在；於一切若為人之限制之命之所在，皆視為人之自盡其義之地，以增益其對天命之畏敬者。」[76]如果命是對人的限制，人不應因為限制阻礙，而放棄行道盡義的努力，反之，人應在這些限制中，追求義理的實踐。在限制中奮發，在命限中盡義，就是孔子知命的理想。

---

76 唐君毅：《中國哲學原論・導論篇》，頁 628。

## （三）敬畏檢討的回應

　　唐先生的說法很重要，自然引起一些反響，其中一個反省著眼於敬畏問題：「但我覺得唐先生此說，似仍未足以說明孔子『畏天命』之說的義蘊；即遇見義而見天命，確可說明天命不已，不論道是行是廢，都是命之義。但何以天命可畏？言天命可畏，應是表示天命之不可測，由人之不可測，故敬畏。唐先生之說，固有因人之遭遇時有不同，而天命不可測之義，但在以當然之義以回應之之時，則天命並非難知，因此時之天命藉人之道德自覺而顯，即仍是以義、理的身分而表現，而對於義理的掌握，並不會是太困難的，這便不能滿足孔子畏天命之說所含的天命難測之義。」[77] 在眾多討論天命說的作品中，這個反省是認真的，也是有真切體驗的。

　　但上文提到天命的可畏，誠然可能建立在不可測之上，但不必然跟可測與否有關。而唐先生本人就明白表示孔子所謂知命，並非知道已經預先安排的命運，因為這種命並不堪敬畏[78]。更重要的是不可測的對象需進一步分析，因為不可測的對象可以像上述意見所講，就在人心[79]；當吾人知道天命所在，但自覺或不堪承擔天命，因人心的不可測，所以一面敬

<hr>

77 楊祖漢：〈當代儒學對孔子天論的詮釋〉，劉述先主編：《傳統與創新》，頁 244。

78 唐君毅：「承受道之廢是義，亦即是知命。此所謂知命，非謂知命之預定道之將廢。若然，則此命不堪敬畏。」（《中國哲學原論・導論篇》，頁 537。）

79 常言道人心難測，就是因為人心惟危，道心惟微。作為義理的天命，是隱微而不易了知，而人心為危就難以了知。只要認真作個德性功夫的大概都應知道，人心之難測，不在欺人，而在自欺，自欺的狀態下讓自我變成深不可測之秘密。

此天命，一面畏此人心，上述反省意見所要講的敬畏之感來自人之不可測，可能就是從這種臨淵履冰的感覺講的。但是從唐先生義命合一觀看，亦即將敬畏的對象合起來說，也依然可以講出畏天命的道理。因為天命之大義所在，自然也是敬之所在；而天命大義之不能必行，則為畏之所在。這不必然是因人不測，而是憂畏大道不行，天命不彰，個人的沉淪固然可憂，天地閉，賢人隱，大道沉淪的情況，更是賢者所憂畏，孔子也有憂道而不憂貧之嘆。

如果上述反省意見是從牟宗三先生的思路入手，則似更難周全。牟先生明講超越的限定是氣化的問題，所以限制根源在天的運行，而不在人，起碼天人都有責任；同時，正因為天的氣化自身就是無窮複雜而不測，所以也顯出其可畏、可嘆之處，因此我們就不能只講天命之不可測在人之不可測，依照這樣的宇宙論，天的流行變化本身就不可測。

其次，天命對人而言，顯示為時空條件下的境遇，也必然在時空中為人所感知。儘管我們可以用義理的堅持來回應外在的際遇，但是外在境遇仍然不必然為我所盡知，所以也是一種不可測，我們運用符合義理的方式回應境遇，主要是我們道德意識的作用。不過，我們對此境遇的掌握並不只是道德意識的問題而已。吾人對能否掌握境遇，豈能無憂？而不能掌握境遇正是道德實踐的常見的困難，當然並非「不難測知，並不難言」。缺乏足夠認知，往往讓道德善意，無法實現。

## （四）小　結

　　唐先生論天命的特點就在於從天人之際的間性入手，兼顧天人，不偏一邊，並講出義命合一的道理。他將合乎義理的視為天命，所以上天給我們的道德命令，也就是吾人的道德使命。這種即義言命的談法，就將超越的天命，視為內在的道德使命，故而「於義之所存，皆視為天命之所在」。而孔子在即義言命之外別有新的發展，就是將義理存在的地方視為天命的所在。唐先生詮釋的特點除了鼓舞人無論境遇的順逆，都應奮嶺向上，自強不息；更重要的面對逆境的道義激勵，不但要人即義而言命，更重要的是在命限中要發揮更大的道義，以收補缺求全之功。如果我們考量先生身處國破家亡，花果飄零的境遇，我們也就真的見證唐先生確實有過人的功夫。時代境遇雖然橫逆，但唐先生不但沒有沉淪喪志，反之，他以無窮願力回應有限世界，用無盡深情救治缺陷人間，終於等身著作，杏壇流芳，我認為這應該跟先生所持的義命合一觀有莫大關係。

　　總而言之，唐先生將境遇轉成體現天命的契機，把橫逆視為補缺求全的激勵，在在體現剛毅健動的儒學理想，與自強不息的人文精神。

# 五、三位先生詮釋的異同及其意義

　　對於港臺新儒家而言，中國哲學的重大精神特色，就是人文主義，然而東西人文主義精神並不一致，各有其不同面

貌。學界多主張遠古中國的精神文明存在一種「薩滿教」（shamanism）的特徵，「薩滿」是通古斯語，指有能力進入「入神」狀態，並能與神溝通之人[80]。這種宗教行為構成中國哲學中天與人相通而不隔的特色，所以人類學家張光直(1931-2001)認為「中國古典文明是一個連續性的文明。」[81]其實，中國古代思想雖然也經歷雅斯培所說的「哲學的突破」，但其影響所及，並未改變人與自然、超越界之間的連續性關係，反之，天人合一的觀念一直都是中國思想的主流，而論者甚至指存有的連續性為中國理解人與自然的基本模態[82]。這跟西方人文主義所強調的天人關係，譬如希臘神話中主人翁努力擺脫命運所顯示對命的態度，迥然不同。

## （一）天命與人性密切相關

從上文的探討，我們看到三位先生在詮釋遠古中國思想中命觀之時，都不約而同的指出在遠古的時候，中國人承認天命是人性來源的思想，同時，天命思想在儒家手上產生不同的變化。雖然對天命的變化，三位先生的解釋不盡相同，但都指出儒家承認人性與天命的密切關係，這其實也印證上述天人連續的特殊思想型態。

---

80 秦家懿、孔漢思：《中國宗教與西方神學》（臺北：聯經出版事業公司，1989 年），頁 20。Julia Ching: *Mysticism and Kingship in China: The Heart of Chinese Wisdom* (Cambridge: Cambridge University Press, 1997).

81 張光直：〈連續與破裂：一個文明起源新說的草稿〉，《九州學報》，第 1 期（1986 年 9 月），頁 1-8，引文見頁 3。

82 Tu Wei-ming: *Confucian Thought: Seljhood as Creative Transformation* (N. Y.: SUNY, 1985), pp. 35-50.

## （二）價值內在論與既超越又內在觀的對立

　　但三位先生同中有異，論者或強調牟先生從形上學把握儒家超越界，乃至說徐復觀與牟宗三對儒家解釋的主要差別在於：前者常將思想置於歷史情境中考察，後者則抽離於歷史脈絡之外論述。這樣的看法無異將牟先生與徐先生的差別化約為研究手法的不同。我們固然同意二先生在研究手法上的有所不同，而牟先生研究哲學，自也不必然需要從歷史脈絡解釋；不過，主張牟先生的學問將思想抽離歷史脈絡，這可能並未完全掌握先生論學的特色。唐君毅先生對牟宗三先生知之甚深，他指出牟先生《歷史哲學》：「此書最重要之價值，實在由論中國古代至東漢之歷史，以知中國文化之特殊價值，及其限極與缺點之所在。」[83] 是知牟先生此書，並沒有完全抽離古代到東漢之間的歷史脈絡進行研究。更重要的是，我們不難發現從事哲學研究的學人，常側重哲學觀念的內在分析，而從事思想史研究的學者，則多側重外在的歷史脈絡；這種差異與其說是牟先生與徐先生的不同，不如說是哲學史與思想史的治學取徑的差異。所以這種研究取向的差別，並不僅僅存在於牟先生與徐先生之間而已，若僅以此來區分牟徐兩先生之別，看來並不充分。

　　從本文的研究，我們或可提供一個區別兩人的參考觀點。唐牟二先生都重視天作為人的道德本性的超越根源，而徐復觀先生則雖然承認歷史上人性來自於上天的思想，甚至

---

83 唐君毅：〈中國歷史之哲學省察〉，收入牟宗三：《歷史哲學》（臺北：臺灣學生書局，1984 年），〈附錄一〉，頁 18。

高度稱讚憂患意識，認為這是中國古代人文精神的躍動；然而，這不代表他也認為儒家哲學需要超越界作為人文精神的終極基礎。

「天命之謂性」是《中庸》首章，如果要否定此一儒家思想的超越基礎，總得面對《中庸》這關鍵性文獻。當然面對的策略不盡相同，譬如勞思光先生就根本認為《中庸》是晚起的文獻，並不能代表儒家本義[84]。但徐復觀先生則不然，他採取不同的否定手法，他說：「有的也從《中庸》講儒家哲學，因為上篇有『天命之謂性』的『天命』，下篇有『誠者天之道也』的『天道』，可以說是有哲學意味可講的。但《中庸》的思想脈絡，是上向下落的脈絡，是由『天命之謂性』，落在『修道之謂教』的上面，所以上篇是在『忠恕』、在『庸言』『庸行』上立足，而不是在天命上立足。下篇是在博學、審問、慎思、明辨、篤行上立足，是在『人一能之而百之……』上立足，而不是在『維天之命，於穆不已』上立足。」[85]可見徐先生的論述並非認定《中庸》的時代晚出，不足以代表儒學原義，而是從文章意義脈絡的理解，將天命一句的重點，放置在人的修道成德上講，於是日常生活上的修身，取代了立足天命的理解。這一對天命理解上的差別，實在是徐先生儒學詮釋的關鍵所在，也顯示出他的世俗人文主義的立場非常明顯。他說：「一切民族的文化，都從宗教開始，都從天道

---

84 勞思光：《新編中國哲學史》（臺北：三民書局，2001年），第2冊，頁61。

85 徐復觀：〈向孔子的思想性格的回歸〉，《徐復觀雜文續集》（臺北：時報文化公司，1981年），頁66。

天命開始；但中國文化的特色，是從天道天命一步一步的向下落，落在具體地人的生命、行為之上。」[86]總之，雖然三位先生都同意古典儒家有天命產生人性的看法，但徐先生強調的是良心善性，並以之為儒家思想的基礎，這跟他主張孔子的體驗有關：「……他在體驗中已把握到了人生價值係自人的生命之內，亦即道的根源，乃在人的生命之內。」所以依據徐先生的看法，儒家的思想特色可說是「內在價值觀」，徐復觀先生說：「儒家之為道德的價值內在論，已如前述。儒家『自本自根』之精神，既可不需要外在之上帝……。」又說：「凡在思想上立足於價值內在論者的，即決不承認外在的權威。」[87]從這話可知徐先生並不主張天是儒家價值論的根源，反之，他是一位價值內在論者。

　　相對於徐先生，牟先生順宋明理學傳統，將形上的天道視為人性基礎，又把人性視為天道的展現，導出既超越又內在的看法[88]。唐先生兼重天人，追求合內外，一天人的詮釋，不但講內在道德心靈，也重視超越的天命，所以兩人都有既超越又內在的理念，同時也因此在他們對儒家的詮釋中，彰顯出儒家強烈的宗教色彩。就此而言，我們可以說在天命的相關詮釋中，徐先生透顯其對儒家思想所持的價值內在論立場，而這跟唐、牟的既超越又內在的理念截然不同。

---

86 同上註。

87 徐復觀：〈儒家精神之基本性格及其限定與新生〉，《儒家政治思想與民主自由人權》，頁 66。

88 有關這方面曾引起不少討論，其中不少學人繼續發揮牟先生的意見，但也有商榷意見，例如馮耀明：《超越內在的迷思——從分析哲學的觀點看當代新儒學》（香港：香港中文大學出版社，2003 年）。

## （三）形上學與經驗主義的不同

根據上文的分析，徐先生在知天命的解釋中，呈現反神秘主義，以及反形上學的特色。用徐先生的話，這是心的文化，是形而上與形而下之外的「形而中」的進路。對比時賢之作，我們看到徐先生努力建立自己的觀點，他重視實在可靠的證據，自稱為經驗主義，所以徐復觀一方面反對將天命視為神秘主義的解釋，一方面也反對援用西方形上學的解釋。他特別批評將儒學基礎安頓在超越形上學的詮釋，點名反對從熊十力、唐君毅先生為代表的形上思路：「……有如熊師十力，以及唐君毅先生，卻是反其道而行，要從具體生命、行為、層層向上推，推到形而上的天命天道立足處立足，以為不如此，便立足不穩。沒有想到，形而上的東西，一套一套的有如走馬燈，在思想史上，從來沒有穩過。」[89]這充分表明徐先生反對天是儒家思想的基礎，而從形上學詮釋儒家天命，也不是徐復觀先生所贊成的。因此即便《論語》中有「天生德於予」的話，徐先生還是說：「但從《論語》全部文字看，孔子對於天，只是由傳統來的漠然而帶有感情性質的意味。」[90]根本認為孔子並不將天視為終極的價值根源。

他們三人沒有一人是從神秘主義去理解儒家天人合一以及天命的思想，可是大陸學人中卻有人從神秘主義或神秘經驗來解釋儒家的思想成分，譬如馮友蘭（1895-1990）在他的《中國哲學史》與《中國哲學小史》中，都將孟子思想與神

---

89　徐復觀：〈向孔子的思想性格的回歸〉，《徐復觀雜文續集》，頁 66。
90　同上註，頁 70。

秘主義相提並論[91]。即使時至今日，還是有人抱持類似馮友
蘭的立場。譬如 70 年代湯一介等編寫北大的《中國哲學史》，
到了 2001 年又翻修一次，而 2003 年出版第二版，參與翻修
的學者都是一時之選，並由陳來和李中華統稿[92]。以北大中
國哲學系在大陸學壇的地位，這本書自然有相當代表性；而
這本書對孔子的天命觀的詮釋，還幾乎原封不動，認為神秘
天命，茲引錄該書兩段原文，以見一斑（以下引文中的粗體
與底線都是筆者所加，並非原書面貌）：

　　春秋時期，在唯物主義和無神論思想的沖擊下，天這個
人格神的觀念已經無法維繫人心。孔子一方面丟掉了天的人
格神的外貌，保留著其具有最高意志的權威，另一方面又企
圖以不可認識的必然性去解釋天的意志和主宰性，這樣就留
有天命論的尾巴，甚至把天命論引向一種神秘主義的命定
論，宣揚命運之天決定人間的貴賤。

　　在孔子那裡，貧富、貴賤，由天決定，死生、禍福，由

---

91　參馮友蘭：《中國哲學史》（香港：太平洋圖書公司，1975 年），頁
　　164-165。　馮友蘭著、涂又光譯：《中國哲學簡史》（北京：北京大學
　　出版社，1996 年），頁 67-69。但必須注意的是在馮先生晚年的《中
　　國哲學史新編》第 2 冊有關孟子部分，已經沒有提到神秘主義。參氏
　　著：《中國哲學史新編》（臺北：藍燈文化事業公司，1991 年），第 2
　　冊，頁 94-100。
92　該書列入北京市高等教育精品教材項目，參考北京大學哲學系中國哲
　　學史教研室：《中國哲學史》（北京：北京大學出版社，2003 年），頁
　　631-633。陳來教授近年著力於中國古代宗教與倫理的研究，尤其注意
　　儒家思想的淵源，其論點與這本哲學史的觀點，頗有不同，是以這本
　　中國哲學史的看法，　或更多是反映北京大學中國哲學史教研室的立
　　場。參陳來：《古代宗教與倫理》（北京：三聯書店，1996 年）與《古
　　代思想文化的世界》（北京：三聯書店，2002 年)。

命決定。這樣，他既否定了事物具有本身內在的規律，又在神秘天命的支配下否定了人的主觀努力的作用。

孔子宣揚天命論，但並不限制他本人抗救奴隸制滅亡的主觀努力。在這裡，他並沒有對天命的權威加以限制的意圖，也沒有將天命和人力劃出不同勢力範圍的思想，而是認為他的主觀努力正是天給予他的使命……這就是說，五十歲他才了解天命，六十歲可以順著天命做事，到七十歲才終於達到一言一行從不偏離天命了。[93]

可見部分重要大陸學人從神秘主義解釋儒家的思想，其實，港臺新儒家的立場不只跟這些大陸學人不同而已，也跟重視宗教角度的詮釋立場迥異[94]。所以從比較當前學術取向言，唐、牟與徐先生雖然在詮釋儒家天命時，互有參商，但在反對神秘主義的立場相當一致，可以視為他們的共同特色。

## （四）世俗人文精神與開放人文精神的對立

我們看到徐復觀對天命的理性化解釋，可說非常重視除魅，他強調在脫離古代宗教信仰時代之後，人類所擁有的人性力量，同時，更希望排除宗教性的詮釋方式，而代之以理性的解釋。所以甚至將知天命詮釋為「……實際就是『知性』」，

---

93 北京大學哲學系中國哲學史教研室：《中國哲學史》，頁 25-26。粗體字為筆者所弦調。

94 譬如秦家懿教授，當然秦教授的專書幾乎通貫整個古代中國的密契傳統，所論遠為全面。Julia Ching: *Mysticism and kingship in China: The Heart of Chinese Wisdom*, esp. pp. 67-98.

知自己的『本心』。」[95]徐先生曾自道其人文主義立場：「我說
的人文主義，有兩層意思，首先，是在『人』身上立足，不
是在『神』身上立足。這一點和西方相同。另一則不同，西
方的人文主義強調才智，崇拜全能的人；而中國的人文主義
則不反對才智，但是終究立足於道德之上。」[96]是知徐復觀先
生的思想特色，就是道德的人文主義。它以道德人性為基礎，
以具體生活為實踐的場域，以實際人生為奮進目標。總之，
其立論意趣，莫不以人作為歸趨。1980 年 《中國時報》刊
登徐復觀先生的訪問稿，提到〈為中國文化敬告世界人士宣
言〉寫作過程，實在十分有參考價值：「這篇宣言是由唐先生
起稿，寄給張、牟兩位先生。他們兩人並沒表示其他意見，
就簽署了。寄給我時，我作了兩點修正：……由於唐先生的
宗教意識很濃厚，所以在『宣言』中也就強調了中國文化中
的宗教意義。我則認為中國文化原亦有宗教性，也不反宗教；
然從春秋時代起就逐漸從宗教中脫出，在人的生命中紮根，
不必回頭走。便把唐先生這部分也改了。」[97]從徐先生這段話
中，可知他並非只是肯定古代思想史上出現從宗教到人文的
轉變，而更於價值上認同上主張應該在人的生命上紮根；他
認為發展人文主義後，就根本不要再回宗教中去。他的改動
並未得到唐先生的認可，但卻足以證明徐先生認同的是俗世
人文主義，跟唐先生堅持儒學的宗教性自有不同。而牟先生

---

95 徐復觀：〈有關中國思想史中一個塞題的考察—釋論語「五十而知天
　命」〉，《中國思想史論集續篇》，頁 389。
96 林鎮國等採訪：〈擎起這把香火〉，收入徐復觀：《徐復觀雜文續集》，
　頁 412。
97 同上註，頁 408。

指出天命通貫上下，其實就是要指出人的超越滲透。其實，牟宗三論學重視人之有限而無限，正是要點出「道德的宗教」的特色，他說：「在儒家，道德不是停在有限的範圍內，不是如西方者然以道德與宗教為對立之兩階段。道德即通無限。道德行為有限，而道德行為所依據之實體以成其為道德行為者則無限。……其個人生命雖有限，其道德行為亦有限，然而有限即無限，此即其宗教境界。」[98]所以牟先生論學有其宗教性色彩是無庸置疑的。總之，這三位學人對天命的看法並不相同，其實也顯示在他們對超越界的態度差異，亦即是否保留超越界，或是否對之採取開放的態度，這個態度的不同，實構成徐復觀先生跟唐、牟兩先生的核心差異。就對超越界觀點的差異而言，唐、牟兩先生可說持開放的人文主義，而徐先生則堅守俗世的人文精神。

### （五）道德人文精神的同趨

　　雖然他們在人文主義的立場上存在開放人文主義與世俗人文主義的差別，但是卻同樣主張儒學人文精神的道德特色，是以在他們詮釋儒學命觀時，展現道德人文精神的共同趨向。而在力求道德實踐這一方面，我們也看到三位先生的相近性[99]，而使得新儒家與西方一般人文主義者展現極為不同的差異。西方近代人文主義多重視人神之別，三位先生在詮釋天命之時，卻都強調儒家重視實際的道德實踐，實彰顯儒

---

98 牟宗三：《心體與性體》，第 1 冊，頁 6。
99 牟先生的道德人文主義，雖然有很強的形上學取向，但並不限於形上學，　所以將牟先生的學問，視為存諸天壤的不明飛行物體等看法，實在是皮相之論，過分誇大牟先生的對形上學的探索，而輕忽他所強調的道德實踐要求。

家道德人文主義的實踐精神。他們把自身的「存在之焦慮」，與時代與文化帶來的新「憂患意識」，依照傳統儒家內聖外王的路子，具現於傳諸後世的煌煌巨著。在他們的理想之中，不但將個人生命安頓在光大斯文的文化使命，也寄託於家國天下的承擔精神。徐先生堅持民主政治，爭取自由人權，而牟先生重視民主科學的新外王，唐先生強調文化意識 與人文精神的重建，儘管取徑不同，但其大本在開發儒家道德人文主義則一。

強調道德人文主義可有不同意義，但是大約都會比較強調人的力量，自然也不會將順服天命視為孔子的最高境界，但對比從宗教角度的觀察，學界也有不同意見，譬如傅佩榮教授就認為：「在知天命與畏天命之後，下一步當然是奉行天命了，⋯⋯如果知而不畏，那是假的知；如果畏而不順，那是假的畏。既然如此，孔子在五十而後知天命之後，接著除了順天命之外，還能有別的選擇嗎？」[100] 他對孔子天命觀就詮釋為順天命,而順比從是更高程度的服從,他說:「『順』字更超過了『從』之程度,好像個人沒有選擇餘地。」[101] 相對之下，新儒家對天命詮釋中所強調的人的自覺努力，就相當不同，它顯示道德人文主義的強烈色彩，而這也是新儒家的一貫立場。

---

100 傅佩榮：〈論語詮釋的相關問題〉,《哲學雜誌》，第 32 期（2000 年 5 月），頁 41。

101 同上註，頁 40。

## （六）價值理性的突顯

從理性的立場看，三人都主張理性，但我們不能在價值理性與工具理性的區分中，看到三人的分別。因為在天命的詮釋中，他們都顯示對價值理性的重視。但因徐先生深排天命上帝，我們看到徐先生最終將天命完全內化，展示俗世理性的運作，也就是運用理性解釋一切，完成除魅過程。唐先生與牟先生都未嘗取消天命的外在性格，但同時又都強調理性。唐先生賦予理性特殊解釋，用依理盡性來說明理性，唐先生說：「吾人所謂理性，即能顯理順理之性，亦可說理即性。理性即中國儒家所謂性理，即吾人之道德自我、精神自我，或超越自我之所以為道德自我、精神自我，或超越自我之本質或自體。此性此理，指示吾人之活動之道路，吾人順此性此理以活動，吾人即有得於心而有一內在之慊足，並覺實現一成就我之人格之道德價值，故謂之為道德的。」[102]而放在儒家天命觀的詮釋中，就是要在客觀境遇中，依（義）理盡（人）性地回應。這一回應就是天命，而這一回應，依據唐先生對理性的特殊理解，當然也是「理性」的。牟先生講道德理性，又認為人有智的直覺，所以也承認人可掌握智思界，自然也可理解天命。從這方面考察，可見三位先生在詮釋儒家天命之時，都突顯價值理性，這又構成新儒家詮釋的另一特點。

---

102 唐君毅：〈自序二〉，《文化意識與道德理性》（臺北：臺灣學生書局，1975 年），頁 15。

# 六、結　語

韋伯（Max Weber, 1864-1960）認為現代社會的出現，伴隨的是人們對宇宙觀、世界觀形成嶄新的看法。這種宇宙新秩序就是「世界的除魅」（disenchantment of the world），他說：「我們這時代的命運可以理性化（rationalization）與知性化（intellectualization）加以描述，最重要的是可以除魅來描述之。」[103]寬鬆地講，世界的除魅重點在指出理性與知性的發展，人們運用理性去理解世界，而宗教信仰也在「除魅化」過程中逐漸失去其神聖光環。當然近代歐洲的情況，與古代中國自有其不同，但假如我們以上述視點，大處著眼，觀察港臺新儒家對儒家天命觀的解釋，我們或也能看到一個古典詮釋與自我詮釋的理論同構，正足彰顯他們的重要特色。

從上文研究，我們看到唐君毅、徐復觀與牟宗三先生對古典思想的詮釋，都肯定超越界的天命，是人性的源頭。他們都同意古代的天，就是善的泉源（source of good）。雖然論述型態不一，但是他們同樣指出儒家將古代的天，放進人文論述之中，而在態度上，都肯定孔子或儒學在這一人文化過程中的貢獻，特別是孔子對天命傳統的轉化引發出深富人文精神色彩的轉變；就此而言，我們可以說港臺新儒學對古典儒學天命論的詮釋中隱含一個除魅論述，也可以說是運用

---

103 Max Weber: "Science as a vocation," in H. H. Gerth&C. Wright Mills (trans. &eds.): *From Max Weber: Essays in Sociology* (New York: Oxford University Press, 1958), p. 155.

人文主義的立場，重新彰顯他們眼中古典儒學的理論特色。

　　新儒家多接受啟蒙以降的現代西方思潮影響，重視人文主義；而人文主義特色之一，就是強調人的價值、尊嚴，更重視人的力量；但三位先生都在詮釋儒學相關議題時，都重視人在面對天命與命限之時，應該自強不息，努力創生價值。所以既不認為古典儒家的天命是神秘主義，也反對命定論或宿命論解釋。對比之下，現代中國大陸的重要詮釋傾向之一，還是有將孔子天命論視之為「神秘主義」，並指孔子的天命觀是命定論；兩相比較，實在大異其趣。就此而言，港臺新儒學將天命的理性化解釋，正顯示出人文主義的立場，確實獨豎一幟。

　　但人文主義是一歷史悠久、內容龐雜且支脈繁多的重要思想文化傳統[104]，所以一方面我們看到近代西方人文主義有一重要特徵，它的無神論或不可知論，使它與有神論常被視為對立的思潮[105]。另一方面，有對立，自然有溝通和調和，

---

104　有關西方人文主義在歷史上的發展，可參考 Alan Bullock: *The Humanist Tradition in the West* (N.Y., London: W.W. Norton & Company, 1985).

105　1984 年哈佛的 J. A. C. Fagginger Auer 與耶魯的 Robert Calhoun 分別代表 人文主義與基督教的論辯，是這兩大思潮在當代較為著名的直接交鋒；在這此討論會後 Calhoun 教授舉薦他在耶魯的同事 Julian Hartt 替代他，和 J. A. C. Fagginger Auer 在原來討論稿的基礎上，撰成 *Humanism versus Theism* (Yellow Springs: The Antioch Press, 1951) 一書，是書在 1981 年由 The Iowa State University Press 再版，新版另加入 E. D. Klemke 的序。至於儒學的人文主義則到今天還吸引學者的興趣，這方面近年較重要的出版品有 Andrew Chih, *Chinese Humanism: A Religion Beyond Religion* (Taipei: Fu Jen Catholic University Press, 1981)。而杜維明先生等所編著的意見交流集，其中部分也可參考，Tu Weiming, Milan Hejtmanek and Alan Wachman

所以也有人結合人文主義與有神論的宗教思想，譬如倡言基督教人文主義（Christian Humanism）[106]等。但就二十世紀人文主義的主流言，它的無神論或不可知論的特色是很明顯的，更常與廣義的科學主義和經驗主義結合，不但延續與傳統宗教的對立，甚至要取而代之，成為新宗教[107]。無論如何，就對肯定超越界與否這一點而言，我們可以區分兩種不同型態的人文思潮；如果我們稱持無神論或不可知論的人文主義為俗世人文主義，則人文思潮中也有對超越界保持開放態度的開放人文主義。雖然徐復觀、唐君毅與牟宗三都接受人文主義，但是徐先生一方面從思想進化的角度，肯定歷史上先秦出現過宗教到人文的變化，另一方面，又不認為理論上，儒學人文精神需要安立於天命。我們看到徐先生對儒家天命論的詮釋，正好反映出他自己提倡的「價值內在論」立場，其中所顯示的正是俗世人文主義基本論點；相對的，對唐先生來說，人文主義卻不應排斥宗教，真正的人文主義並不能

---

(eds.): *The Confucian World Observed: A Contemporary Discussion of Confucian Humanism in East Asia* (Hawaii: The East-West Center, 1992)，特別是 pp. 74-75 及 pp. 107-132.

106　參考 Diogenes Allen: *Philosophy for Understanding Theology* (Georgia: John Knox Press, 1985), pp. 157-59. Richard P. Francis and Jane E. Francis (eds.): *Christian Humanism: International Perspectives* (New York: Peter Lang, 1995).

107　有關這方面，筆者參考的是北美人文主義耆宿 Corliss Lamont 的 *The Philosophy of Humanism* (N. Y.: Continuum Publishing Company, 1993), 7th edition, Revised and Enlarged, pp. 11-29．當然為求平衡兩造看法，我們也應參考基督教的論點，有關基督教在這方面的看法的書很多，簡明的可參考 Robert L. Johnson, *Humanism and Beyond* (Pennsylvania: United Church Press, 1973), esp. pp. 1-19..

自囿於俗世而應對超越界開放，唐先生不但主張傳統中國文化精神源於敬天，更以為對天地鬼神的尊敬，是未來中國宗教的基礎，他說：「吾於中國文化之精神，不取時賢之無宗教之說，而主中國之哲學、道德與政治之精神，皆直接自原始敬天之精神而開出之說。……余於中國宗教精神中，對天地鬼神之觀念，更特致尊重，兼以為可補西方宗教精神所不足，並可以為中國文化未來之新宗教之基礎。」[108] 而近年學者也多能指出牟先生實際上展示了儒學宗教性向度[109]，重點是牟先生講既超越又內在，除了肯定內在人性的價值外，更不放棄超越的基礎；所以唐與牟在強調內在的人性動力之時，同時重視超越的根源。牟先生展現其道德形上學，而唐先生也結穴於超主觀客觀的後三境，而在儒學天德流行境的詮釋中，特別重視超越界[110]。綜合來說，吾人不但看到徐復觀跟唐牟二先生對古代思想詮釋上存在非常不同的解釋，更呈現他們本身所保持的思想立場的對立，而內在價值論與既超越

---

108　唐君毅著：〈自序〉，《中國文化之精神價值》（臺北：正中書局，1974年），頁4。

109　關於儒學宗教性的研究說明，簡明的可以參考 John Berthrong: *All Under Heaven: Transforming Paradigms in Confucian-Christian Dialogue* (N.Y.: SUNY, 1994), pp. 189-207. 當然學界對儒學或儒教的討論，沒有定論；而相關的議題就是牟先生的既超越又內在架構，學人對牟先生儒學詮釋所展現的宗教性，也評價不一。稱許的有杜維明先生等，參考 John Berthrong 的前述書，esp.pp. 103-131. 而非之者也有強烈的反省，參考馮耀明：《超越內在的迷思——從分析哲學觀點看當代新儒學》。

110　吳有能：〈唐君毅先生論超越界的介述及其反思〉，《對比的視野》，頁 47-103。

又內在的對立，在一個意義下，其實就是徐先生的世俗人文主義，與唐牟的開放人文主義的差異。

這種詮釋的差異不能化約為歷史與哲學研究方法方面的不同，事實上，他們學識淵博，有採於各種不同研究手法，並未畫地自限，但是他們自身所持的思想及研究進路，對他們在有關命觀的研究上，事實上展現一定的選擇親和性，也是不爭之事實。徐先生重視具體經驗，自稱為經驗主義，而相對之下，唐牟兩先生都重視形上學；徐先生不認為需要將儒學立足於形上學系統，而唐、牟基本上都有形上學，甚至是宇宙論傾向，特別是牟先生詮釋明道的看法時，運用理氣合一的觀念解釋孟子的命觀，更充分呈現天道觀的取向。從天命觀可看出徐先生與唐牟在經驗主義與形上玄思的不同治學途徑。

在天命的詮釋中，他們都顯示對價值理性的重視。無論命限如何，人都應該盡力實踐德性。然而徐先生深排天命上帝，最終將天命完全內化，展示俗世理性的運作，也就是運用理性解釋一切，完成除魅過程。唐與牟都未嘗取消天命的外在性格，但同時又都強調理性。唐先生賦予理性特殊解釋，用依理盡性來說明理性，放在天命觀中，就是要在客觀境遇中，依（義）理盡（人）性地回應。這一回應就是天命，而這一回應，依據唐先生對理性的特殊理解，當然也是「理性」的。牟先生講道德理性，根本認為人有智的直覺，所以也承認人可掌握智思界，所以重視心性天一以貫之的核心義理。所以雖然都重視價值理性，但是在運用的場域中，徐先生謹慎的放在人世間之中，而唐先生與牟先生則並無此

一限制。

　　同時，他們三位都重視道德人文精神，所以雖然對天命有不同詮釋，然而，無一不重視實踐功夫。基本上，他們都將命限視為德性主體之成德的挑戰，也就是認為命實際是工夫的歷練，無論順逆，不管成敗，都應堅守立場，成就德性。所以他們對命的解釋，關聯到造次必於是，顛沛必於是的道德使命。徐先生將天命內化的結果，實質上就是人間道德實踐的無限歷程；但對唐先生來說，雖然重視人間的道德實踐，但天命的一義，就是天德流行；而相近似的，對牟先生來說，天命也展現於穆不已的道體，所以唐牟固然重視人的止於至善的修德的實踐歷程，但也同時重視天道生生不息的創生的價值歷程。所以同樣是道德人文主義，唐牟顯示了在世俗道德倫理之上的深刻精神向度（spiritual dimension）；儘管有這些不同，他們卻都強調人在面對天命時，應該採取積極努力的態度，所以筆者認為他們都不會同意將孔子的最高境界，理解為服從天命，更不會同意孔子是服從封建統治者的命令的解釋。所以我們看到道德人文主義是他們對儒學的詮釋，也看到這些解釋其實也反映了他們自己的思想立場。

　　但是我想最重要的是三位先生所進行的研究，並非僅求在故紙堆中尋章摘句，更不是觀念遊戲，他們的詮釋是在面對國族危難、價值失序的時代困局中，努力尋求意義活動。所以無論承認超越基礎與否，三位先生的詮釋中，都肯定道德是儒學人文精神的特色，也同樣強調具體實踐的重要性；因此，他們莫不強調道德人文的實踐，更重視儒學的重振。三位前輩都不能在現實政治或社會運動中直接落實他們的理

想，但他們將理想與熱情寄託於教育與文化之內，努力於筆耕化育之中，為二十世紀的儒學發展史寫下光輝的一章。

# 第四章　唐君毅先生論超越界的
# 介述及反思
## ——以歸向一神境為中心

## 一、導　言

　　人文主義是當代港台新儒學的其中一個重要特色，唐君毅（1909-1978）先生是當代港台新儒學的領袖之一，也是中國當代人文主義的重要倡導者，他的《人文精神之重建》、《文化意識與道德理性》、《中國人文精神之發展》、《中國文化的精神價值》等作品[1]，都明顯地透露出人文主義的精神，事實

---

1　《人文精神之重建》上、下冊（香港：新亞研究所，1955 年），本文用的是全集校訂版全一冊（臺北：臺灣學生書局，1984 年）。值得注意是全集本冊去原版的「人文主義之名義」、「學術思想與民主自由」及「懷鄉記」三文。
　《中國文化之精神價值》，本文使用修訂版，（臺北：正中書局，1987年），是書 1953 年初版，亦由正中書局出版。
　《中國人文精神之發展》，（臺北：臺灣學生書局，1984 年），是書初版於 1957 年由香港人生出版社出版。
　《文化意識與道德理性》，是書初版於 1958 年由香港友聯出版社出版。本文使用一冊的全集校訂版，（臺北：臺灣學生書局，1984 年）。

上，我們可以說人文主義無疑是唐先生論學的樞紐所在。

但是人文主義是一歷史悠久、內容龐雜且支脈繁多的重要思想文化傳統，要對這樣一個傳統下一簡明的定義，幾乎是不可能[2]；不過無論如何，近代西方人文主義有一重要特徵，它的無神論或不可知論，使它與有神論常被視為對立的思潮[3]。當然正如一般宗教競爭，有對立，自然有溝通和調和，所以也有人倡言基督教人文主義（Christian Humanism）[4]等結合人文主義與有神論的宗教思想，但就二十世紀人文主義的主流言，它的無神論或不可知論的特色是很明顯的，更常與廣義的科學主義和經驗主義結合，不但延續與傳統宗教的對立，甚至要取而代之，成為新宗教。[5]

---

2 有關西方人文主義在歷史上的發展，可參考 Alan Bullock, *The Humanist Tradition in the West,* (N.Y., London: W.W. Norton & Company, 1985).

3 1984 年哈佛的 J.A.C. Fagginger Auer 與耶魯的 Robert Calhoun 分別代表人文主義與基督教的論辯，是這兩大思潮在當代較為著名的直接交鋒；在這此討論會後 Calhoun 教授舉薦他在耶魯的同事 Julian Hartt 替代他，和 J.A.C. Fagginger Auer 在原來討論稿的基礎上，撰成 *Humanism versus Theism* (The Antioch Press, 1951)一書，是書在 1981 年由 The Iowa State University Press 再版，新版另加入 E.D. Klemke 的序。至於儒學的人文主義則到今天還吸引學者的興趣，這方面近年較重要的出版品有 Andrew Chih, *Chinese Humanism: a religion beyond religion* (Taipei: Fu Jen Catholic University Press, 1981). 而杜維明先生等所編著的意見交流集，其中部分也可參考，Tu Weiming, Milan Hejtmanek and Alan Wachman eds. *The Confucian World Observed: a contemporary discussion of Confucian Humanism in East Asia* (Hawaii: The East-West Center, 1992). 特別是 pp. 74-75 及 pp.107-132.

4 參考 Diogenes Allen, *Philosophy for Understanding Theology*, (Georgia: John Knox Press, 1985), pp.157-59.

5 有關道方面，筆者參考的是北美人文主義耆宿 Corliss Lamont 的 *The Philosophy of Humanism* (N.Y.: Continuum Publishing Company, 1993), Seventh edition, Revised and Enlarged, pp.11-29. 當然為求平衡兩造看

　　對唐氏來說，人文主義卻不應排斥宗教，真正的人文主義並不能自囿於俗世而應對超越界開放，唐先生不但主張傳統中國文化精神源於敬天，更以為對天地鬼神的尊敬，是未來中國宗教的基礎，他說：「吾於中國文化之精神，不取時賢之無宗教之說，而主中國之哲學、道德與政治之精神，皆直接自原始敬天之精神而開出之說。……余於中國宗教精神中，對天地鬼神之觀念，更特致尊重，兼以為可補西方宗教精神所不足，並可以為中國文化未來之新宗教之基礎。」[6]如果我們稱持無神論或不可知論的人文主義為俗世人文主義（Secular Humanism），我主張可以把唐先生的人文主義稱為宗教的人文主義（Religious Humanism）。[7]事實上，在《中國文化之精神價值》一書中，唐先生就曾明白的說：「……宗教之人文主義，乃圓滿之人文主義。」[8]可見我們將唐氏之學定位為宗教人文主義應是恰當的。

　　相對於西方來說，中國人文主義最令人注意的是，它非常集中地表現在道德倫理問題的探索之上，而唐先生的宗教

---

法，我們也應參考基督教的論點，有關基督教在這方面的看法的書很多，簡明的可參考 Robert L. Johnson, *Humanism and Beyond* (Pennsylvania: United Church Press, 1973), esp. pp.1-19.

6 唐君毅著：《中國文化之精神價值》，頁 7。

7 宗教人文主義一詞的意義並不明確，在西方這一個詞有時候也用來指排斥傳統宗教的人文主義，最有名的例子是 1933 年的 *Humanist Manifesto I* 及 1973 年的 *Humanist Manifesto II*； 這兩個宣言最先分別發表於 *The New Humanist* 及 *The Humanist* 雜誌之上，現在收錄於 Corliss Lamont, *The Philosophy of Humanism*, Seventh edition, Revised and Enlarged, pp. 285-300. 但是本文用宗教人文主義一詞是指不排斥宗教，而對超越界開放的人文主義，與宣言的用法不同。

8 唐君毅著：《中國文化之精神價值》，頁 432。

的人文主義簡單來說，也是在儒學為主的道德倫理體系之上，展開一宗教向度（religious　dimension）。對於這樣一種人文主義的分析，可以全幅地展開君毅先生的義理綱維。本文正從這方面切入，嘗試剖析並撐開唐氏的宗教人文主義。但是唐先生的宗教的人文主義頭緒紛繁，全盤處理，牽涉太廣，絕非單篇論文所可容納，所以本文的研究，不能不在範圍上有所限定，本文選取唐氏的超越界為題，本文所謂超越界即唐先生所謂超主觀客觀境，這個研究範圍的選擇是基於下面的考慮：

（一）超越界是世界主要宗教都關心的問題，不管主張是一神論，抑或多神論，位格神抑或泛神論，甚至以為一切皆空，超越界的問題在宗教系統中一定有所安頓，我們可以說超越界是宗教的重要核心問題。而唐先生的宗教人文主義，既然有其宗教向度，則我們不能忽視唐先生對超越界的處理。

（二）唐先生的心靈九境論中，後三境是唐氏整個體系的最高境界；而它正是以處理超越界問題為重心的。因此，要了解唐先生的心靈九境論，自然亦必需研究先生的超越界觀。

基於這些考慮，本文擇定超越界為研究領域，但是，唐先生的超越界觀念非常複雜，不但涉及東方儒釋道三教，更包括西方歷代大哲和基督教對超越界反省的精華，本文以處理基督教及西方哲學為主，亦即研究唐先生所謂的歸向一神境，至於先生對佛教和儒家的看法，筆者將另文處理。

唐氏一生著述極豐，先生身後，門人弟子合編全集，凡

三十卷，一千萬言，本文在研究資料上自然也需要加以限定。
一九七八年一月十五日，唐先生的生命已快到盡頭了，他將
自己一生著作分為四大類，明確指出《生命存在與心靈境界》
[9]和《哲學概論》[10]兩書，是「表示個人對哲學信念之理解及
對中西哲學之評論之著。」[11]而且是他中年的代表作《中國文
化之精神價值》的「純哲學理論之基礎所在」，[12]所以如果要
研究唐先生的哲學，自然應該以《生命存在與心靈境界》和
《哲學概論》這兩本書為重心的。但是《哲學概論》成書於
一九六一年，自此以後，唐先生的學問已有長足的發展，特
別是先生晚年完成《中國哲學原論》六卷[13]，對傳統中國哲學

---

9　唐君毅著：《生命存在與心靈境界》二冊，本文使用全集校訂版，收入
　　《唐君毅先生全集》卷 23、24（臺北：臺灣學生書局，1984 年）。

10　《哲學概論》二冊，本文使用全集校訂版，收入《唐君毅先生全集》
　　卷 21，22（臺北：臺灣學生書局，1984 年）。

11　《中國文化之精神價值》，〈第十版自序〉，頁 1。

12　《中國文化之精神價值》，〈第十版自序〉，頁 1。

13　《中國哲學原論：導論篇》，原收入《新亞研究所叢刊》（香港：新亞
　　研究所，1966 年），現收入《唐君毅先生全集》卷 12（臺北：臺灣學
　　生書局，1984 年全集校訂版）。

　　《中國哲學原論：原性篇－中國哲學中人性思想之發展》，初版於 1968
　　年由香港新亞研究所出版，現有全集校訂版，收入《唐君毅先生全集》
　　卷 13（臺北：臺灣學生書局，1984 年）。

　　《中國哲學原論：原道篇（二）——中國哲學中道之建立及其發展》，初
　　版於 1973 年由香港新亞研究所出版，收入新亞研究所叢刊，現收入
　　《唐君毅先生全集》卷 15（臺北：臺灣學生書局，1984 年全集校訂
　　版）。

　　《中國哲學原論：原道篇（三）——中國哲學中道之建立及其發展》，
　　收入《唐君毅先生全集》卷 16（臺北：臺灣學生書局，1984 年全集
　　校訂版）。

疏理入微，精義紛陳，先生之學更進至大成之境[14]，而《生命存在與心靈境界》一書正是這個時期的作品。這本書凡二冊，七十餘萬言，是唐先生的最後一本著作，實可說是唐先生學術上進入成熟時期的哲學鉅著，事實上，在唐先生因病入院前還對這本書親加校訂付印[15]，可見唐先生本人對它的重視。所以本文的探索是以《生命存在與心靈境界》一書為主，[16]但是也不以此書為限，唐先生其他著作的重要相關論點，我們

---

《中國哲學原論：原教篇－宋明儒學之發展》，初版於 1975 年由香港新亞研究所出版，現有全集校訂版，收入《唐君毅先生全集》卷 17（臺北：臺灣學生書局，1984 年）。

14 論者或謂唐先生學問在三十以後，便無進步，實非持平之論。至於《中國哲學原論》更不是甚麼草稿（Rough works）。參考李杜著，〈由牟宗三先生的客觀的了解與中國文化之再造而評及其道德的形而上學〉，收入氏著：《中國古代天道思想論》，（臺北：藍燈文化事業公司，1992 年），頁 193-272，特別是頁 198-202。

15 唐君毅著：《生命存在與心靈境界》下冊，頁 524。

16 專門研究唐先生這本書的有單波：《心通九境：唐君毅哲學的精神空間》，（天津：天津人民出版社，1994）。廖俊裕著：《唐君毅的真實存在論——生命存在與心靈境界之研究》（國立中央大學中國文學研究所碩士論文，1992 年 6 月），可惜廖文大部分幾以重述為重心。梁瑞明：《心靈九境與性情之教：唐君毅先生生命存在與心靈境界導讀》，香港：志蓮淨苑，2012。梁先生此書幾乎全部是節錄唐君毅先生的著作，或者可以視為講課之用的選讀，而非任何嚴格意義的研究作品。梁先生另有《心靈九境與形上學知識論：唐君毅先生生命存在與心靈境界導讀》，香港：志蓮淨苑，2009。以及《心靈九境與宗教的人生哲學：唐君毅先生生命存在與心靈境界導讀》，香港：志蓮淨苑，2007。這幾本書性質相近，實為摘錄性質為主的講義。此外，相關的研究不少，譬如陳振崑：《唐君毅的儒教理論之研究》新北市：花木蘭文化出版社，2015。黃冠閔：《感通與迴盪：唐君毅哲學論探》（臺北：聯經出版社，2018），黃著為其環繞唐君毅先生哲學所發表論文集，但其第三及第四章，分別討論到境界及感通等議題，跟唐先生《生命存在與心靈境界》一書特別相關，參考頁 119-170 及頁 171-206。

也將盡量一并處理。

在結構上,本文首先討論甚麼是唐氏的超越界;換言之,我們先確定超越界的指涉域(range of reference);接著,我們研究唐氏如何證立超越界,唐氏的論證主要有二:本體論證和道德論證,對這兩個論證的介述,就構成本文第三及第四節的內容。在這個之後,我們要進而探討的問題是這個完全存在者的性質,本文的第五及六節從完全者自身及關係兩方面回答這個問題。接著,在第七節,我們檢討唐氏論證是否可以成立;最後,我們以反省唐氏論證的哲學意義作結,以管窺唐先生的宗教人文主義。

## 二、唐氏超主觀客觀境的指涉(reference)

唐先生在《生命存在與心靈境界》一書中提出他的心靈九境說[17],而唐氏所謂的超主觀客觀境指的就是九境中的後三境,這裡所謂主觀、客觀是從人的心靈主體的活動來說的;事實上唐氏的心靈九境論,基本上都可以這樣看,主體心靈相應於客觀世界,就產生九境中的前三境:萬物散殊境、依類成化境及功能序運境,前三境可說是主體心靈運思活動於

---

17 有關唐先生心靈九境的介紹,簡明的可參考劉國強著Creativity and Unity: The Relationship Between the World and the Divine in Whitehead and T'ang Chun-i,139-140;張祥浩著:《唐君毅思想研究》(天津:天津人民出版社,1994年),頁346-391;蔡仁厚著,〈唐君毅先生的文化意識〉,見氏著:《儒學的常與變》(臺北:東大圖書公司,1990年),頁199-202。.黃冠閔〈唐君毅的境界感通論:一個場所論的線索〉台灣:國立清華大學出版社,2011年6月,新41卷,第2期,頁335-373。

外在客觀世而產生的；但若主體以自身為運思及反省對象，則產生唐氏所謂中三境：感覺互攝境、觀照凌虛境及道德實踐境，這中三境都是主觀攝客觀所成之境。簡單來說，前三境是依主觀而覺客觀，中三境則是主觀之自覺，如果依能所關係言，前三境所涉及是所知，而中三境則涉及能知，在能所結構中，主觀客觀是相對的兩橛，辯證性的超越此境，就是唐氏所謂超主觀客觀境，絕對真實境或形上境，何以是超越呢？就不黏滯於主觀面或客觀面言，故為超越；何以是絕對呢？就不析離主客，滯於相對言，是為絕對。唐先生進一步將這個超主觀客觀境界細分為三境：歸向一神境、我法二空境及天德流行境（即盡性立命境）。我們可將唐氏心靈九境用一簡表說明如下：

| 前三境(以主應客) | 萬物散殊境 |
| | 依類成化境 |
| | 功能序運境 |

| 中三境(以主攝客) | 感覺互攝境 |
| | 觀照凌虛境 |
| | 道德實踐境 |

| 後三境(辯證統一) | 歸向一神境 |
| | 我法二空境 |
| | 天德流行境 |

簡單來說，這個超主客境指的主要就是基督教、佛教及儒家，對唐氏來說，儘管這三教（唐氏視儒家為人文教，故可稱為儒教）使用不同名義指稱這超越實在，它們其實都是指向一超主客而統主客之形上的絕對真實（Absolute Reality）。唐氏曾明白的說：

> 如東西思想中之天、帝、元、真宰、太極、太虛、太和、道體、太一、至無、至寂靜者、梵天、真如、如來藏、至真實者、有一切者、絕對者、完全者、至大者、至微者、無限者、永恆者、最究竟者、最根原者、至美至善者、絕對公正者、為一切愛、一切德本原者。此諸名之義，雖不同，然其所指向，為一超主客而統此主客之形上實在，則無不同。[18]

這樣的論斷非常重要，實無異肯定世界不同宗教的終極關懷（Ultimate concern）都是名異實同，不同名稱只是扮演著不同指標功能，而其所指則恆是一「超主客而統主客之形上的絕對真實」。[19]那麼為甚麼有這麼多不同名稱呢？唐先生以為主要原因在人對這同一實在，可有不同的理解，人對絕對實在可以採取不同思想進路，而且即使採取同一思路的人，他在不同階段也會有不同領會[20]，所以在不同階段便以不同名稱指稱這絕對真實者。但是唐氏更進一步明白表示一切人間語言都不足以窮盡絕對真實者的意義[21]。可能因為這

---

18 唐君毅著：《生命存在與心靈境界》下冊，頁4。
19 唐君毅著：《生命存在與心靈境界》下冊，頁4。
20 唐君毅著：《生命存在與心靈境界》下冊，頁5。
21 唐君毅著：《生命存在與心靈境界》下冊，頁5-6。

個原因，唐氏並不特別注意上帝、天、佛、道等概念之差異，因為對唐氏來說，不同名義只是表示同一實體的不同面相、不同階段而已，它所指的其實還是同一個絕對真實者、絕對精神實在。事實上也正是這種存異求同的調和主義的論學精神，使唐先生的哲學體系堂廡宏闊，氣象博大。

# 三、唐氏本體論證（Ontological Argument）

現在我們轉至另一問題的探討，即這個多名卻同義的超越形上實體如何證成呢？唐君毅在《生命存在與心靈境界》下冊曾分別在不同章節提出幾個不同的論證，其中最主要的有二：本體論證[22]及道德論證。

本體論證是從存有概念入手的論證，其中最具代表性的，當然是聖安瑟莫氏（St. Anselm, 1033-1109）的上帝存在論證，安瑟莫在《禱詞》（Proslogium）中所提出的本體論證即從存有的本性立論[23]。唐氏的論證著意於存有之完全性，

---

22 就筆者所知，只有劉國強的〈唐君毅對「天」之存在之論證〉一文曾處理過唐先生本體論證的問題，該文收入《唐君毅思想國際會議論文集》，第二冊，（香港：法住出版社，1990 年），頁 29-37。劉先生一文重在介紹，能嚴謹地依照唐氏立說。

23 聖安瑟莫有兩個主要論證，一在《獨語》(Monologium)，從萬物之美善等級推論等級的頂端必有「至善美者」(上帝）之存在；另一在《禱詞》，從上帝的觀念必然包括存在，而證上帝必然存在。後者稱為本體論證。聖安瑟莫的本體論證，可參考 Sidney N. Deane tran., *St. Anselm: Basic Writings* (La Salle, IL: Open Court Publishing Company, 1962), 2nd edition,所收錄的 Monologium, chs. 1-4, pp.37-45. 當然現代學者如 Charles Hartshorne, Malcolm, Plantinga 等提出在《禱詞》另外還有一個論證，但這不是本文所處理的範圍。

固然和安瑟莫著意於上帝的偉大有所不同，但從存有的本性
（essence）立論則一，所以我稱之為本體論證。

那麼唐氏的本體論證是怎樣展開的呢？唐氏本體論證具
見於他對歸向一神境的討論，要分析他的論證，可從他對「存
在」一辭的理解開始。他說：

所以有不存在，乃由於缺乏若干本質之表現。此個體
所表現之本質，即吾人所謂之性相。物有所能表現之性
相，亦有不能表現之性相。物之所以有不存在之時，即以
其有不能表現之性相，而不能表現之任何性相之故。[24]

這種看法明顯的和士林哲學（Scholasticism）相似，根
據聖多瑪斯・亞奎那（St. Thomas Aquinas, c. 1225-1274），世
間一切有限物，都是由本質（Essence）和存在（Existence）
所合成，本質是潛能（Potentiality），存在即實現（Actuality）。
唐氏謂物不能表現其性相，即不存在，實際上是依士林哲學
這個存有區分（Ontological distinction）立說的，因為性相是
實現，無性相亦即潛能並未曾實現，只停留在純粹潛能的階
段，故可視為不存在。

那麼物之存在與否端視其本性之是否能夠表現，有此本
性，便應有相應之性相，倘若此性相不能表現，則此物不存
在。基於這個想法，唐氏更推進一步主張若物之性相愈多，
表現愈多，則表示物之本性愈豐盈。「由此以推，則一存在若
具一切事物可能有之性相，而全攝於自身，則亦無不存在之
可能。此當為完全者必存在之思想之所自生。」[25] 唐氏的推

---

24 唐君毅著：《生命存在與心靈境界》下冊，頁 21。
25 唐君毅著：《生命存在與心靈境界》下冊，頁 22。

證是基於他以為物之不存在，是因其性相不全之故，今若有一具備一切性相者，則此物並無不存在之理，故「此完全者必存在」[26]。

這其中存在之義對唐先生來說殊堪注意，唐先生說：

此『完全者必存在』中之存在之義，初乃取之於世間之物存在，亦即初取之於人主觀心靈原能對世間之物直感其存在，而肯定為存在，更以此為基，再對此存在之消極的所缺者，更補其所缺後，所形成之一思想。[27]

這一段話的大意是說人一方面肯定經驗界萬有之存在，另一方面又同時明白經驗萬有為有限的存在，通過補充有限存在的所缺，便可形成完全者必然存在的思想，因為這完全存在者的存在義是以實際存在為基礎，它立基於經驗萬有存在之實義之上，而不從虛懸無根的概念入手，對唐先生來說這其中之虛實之判，是東西本體論之大別，也是他的論證優於西方論證的緣故。唐先生指出：

西方之本體論論證者……，直欲自上帝為完全者之概念之自身，當包涵存在之一性質，方成其完全，以謂其必為完全。此既先離此『世間物之存在』及『上帝之先必包涵此世間物中之存在』之義，以形成非不完全之完全者，更由完全者中包涵存在之義，以向下求引申此義而出。此即成一思想方向上之大顛倒矣。」[28]

唐先生認為西方本體論從「概念之自身」入手，「開始出

---

26 唐君毅著：《生命存在與心靈境界》下冊，頁 22。
27 唐君毅著：《生命存在與心靈境界》下冊，頁 22。
28 唐君毅著：《生命存在與心靈境界》下冊，頁 28。

發點之方向，即是冒過此經驗之物之存在之上，而謂其可不存在。」[29]對唐先生來說，這是很不對的，為甚麼不對呢？唐先生以為西方本體論首先不從肯認經驗萬有之存在出發，其次又忽略完全者必包涵世間一切存有，這兩個問題使西方本體論走上「大歧途、大迂迴、大顛倒」[30]，更重要的是唐先生基於這個看法，連帶也否定宇宙論論證及目的論證。

　　我們知道一般西洋哲學史或宗教哲學通常都將本體論證視為先驗論證，而宇宙論證及目的論證則視為後驗論證[31]，但對唐先生來說，這兩個論證和本體論證都一樣犯相同的毛病，他說：

　　吾今之意；則以為此二論證與前一論證（本體論證）之共同處，在其皆有不直下由世間物之存在，以上達於上帝之存在；而初由設想世間物之為偶然存在而可無者，以推論上帝之存在。此即為由一思想方向之大歧途，而有之大迂迴、大顛倒，而導致此二論證之種種困難之根源。[32]

　　從這段話可知對唐先生來說，西方傳統上帝存在之三大論證都是歧途、迂迴、顛倒，唐氏甚至直斥之為魔道。唐先生的批評是否公允是可以進一步討論的，從基督教護教學上言，還真是大有文章可做，但這並非本文要討論的主題。我

---

29 唐君毅著：《生命存在與心靈境界》下冊，頁 33。
30 唐君毅著：《生命存在與心靈境界》下冊，頁 34。
31 自從康德歸納傳統上帝存在論證為三種後，這個看法一直為大部分哲學家所沿用。參考 Immanuel Kant, *Critique of Pure Reason*, Norman Kemp Smith trans. （臺北：馬陵出版社，1982 年）, pp.499-500. 有關三大論證及其現代討論，簡明的可參考 Brain Davies, *An Introduction to the Philosophy of Religion* (Oxford University Press, 1990), pp.26-63.
32 唐君毅著：《生命存在與心靈境界》下冊，頁 31。

們在這裡更關心的問題是，從這些批評中所反映出的唐先生自身的哲學立場。

　　反省唐先生的批評，可看到他主要是本於兩個不同判準立言的，從唐先生的第一個判準來說，他肯定經驗萬有的存在，反映出唐氏所持的是實在論（Realism）立場[33]，其次，從他主張完全者須包涵萬有來看，他有泛有神論（Panentheism）的傾向。簡單來說，我主張從肯定萬有言，唐氏實在論，從包涵萬有言，唐氏傾向泛有神論。

　　事實上，我以為唐氏很可能也是本著這兩個立場來展開他的本體論證。唐氏主張「人之通過世間物之存在，以思上帝之存在。」[34]因為他並不懷疑世物之存在與否，經驗萬有之存在對他來說是一不必懷疑的「既與」（Given），他說：「主觀心靈原能對世間之物直感其存在，而肯定為存在。」[35]這一種肯定萬有存在的立場，正是實在論的一種主要型態。

　　唐氏以為肯定世間萬物存在後，吾人可以通過補缺求全的思路，以形成一完全者。對於這個想法，唐氏曾明白地解說：

　　　人之思想所為者，唯是就世間物之存在有所缺憾，而不完全處，更補其所缺，以形成一非不完全之完全者。則此中人之思想初不負『完全存在者』中之『存在』之責，

---

33　萬有的存在對唐先生來說，是不能懷疑的。不過唐先生似乎並不在乎這種直接肯定萬有的立場在理論上怎樣證立，他是從一道德的立場，反對懷疑萬有存在，因為這會引致對眾生苦痛的漠視。

34　唐君毅著：《生命存在與心靈境界》下冊，頁25。

35　唐君毅著：《生命存在與心靈境界》下冊，頁22。

只負『補不完全，以成完全』之責。[36]

　　唐氏此論，大旨雖然亦不外是補缺求全之義，但是卻明白點出人對完全存在者之存在所扮演的角色。依唐氏之見，對於世物之缺失，我們可以不斷察知，不斷補充，思之復思，補而復補，以致無可復補，通過這樣的過程，則終必能得一完全存在者。這樣得來的完全存在者，自然是「包涵此世間之一切不完全物之存在之所有，而更有其所缺。」[37]這明顯就是我們在上文所說的包涵萬有的泛有神論立場，但唐氏進一步說，人於此時所有之思想「亦即同時思此完全者之超越於世間之一切不完全之存在之上，而可形成一包涵一切世間物之存在意義，而超越之之一超越的完全者之思想矣。」[38]這樣的說法，當然是就人有此統攝之思想立言，但是如果說這樣便可以證得完全存在者，實際就是假定了經驗萬有與完全者這兩者之存在性質是相同的，所以唐氏曾說：

　　人之思想中之『存在』之一義，有其所自來處，原無問題。因為人初即直接有取於其所有肯定為存在之物，而有此之中『存在』之一義也。[39]

　　他甚至明白宣稱「就此存在之義之本身而言，上帝之存在與世間物之存在，只是同一存在。」[40]唐氏這樣一說，泛有神論色彩就更重了，在他眼中，上帝和世物的存在是同質的，於是上帝與世物遂非異質之二元，而為同質之兩極，從二元

---

36 唐君毅著：《生命存在與心靈境界》下冊，頁 22。
37 唐君毅著：《生命存在與心靈境界》下冊，頁 23。
38 唐君毅著：《生命存在與心靈境界》下冊，頁 23。
39 唐君毅著：《生命存在與心靈境界》下冊，頁 22。
40 唐君毅著：《生命存在與心靈境界》下冊，頁 25。

到兩極實際上是將上帝與世物放在同一連續體之上，只是一端豐盈無缺，另一端貧乏有限。而世界萬有既然同為此完全者所包涵，則此完全者無異萬有之超越整體，這樣一來，唐先生的泛有神論立場便十分明白了。

# 四、唐氏的道德論證

我們現在轉而討論唐氏另一論證，唐先生以為種種超越的信仰，亦可從道德中安頓，所以這個進路可稱為道德論證，唐先生的道德論證又可細分為兩步，第一步是借康德（Immanuel Kant, 1724-1804）的「最高善」（Highest Good）立說[41]，其次，唐先生從實存的道德生活來推出超越的信仰之必然產生，這可說是第二步，讓我們先看第一步：

吾人今之說，則亦不以此諸信仰為滿足情感上之要求，可容人自由信仰者；而承認此諸信仰，為人依其道德生活求相續，其生活求理性化之要求，其思想必然產生之不容己的信仰，此略同康德之義。[42]

唐先生這裡是借康德最高善的分析，將信仰視為必然存在。因為最高善必然包括德行的完成和幸福的結果，但德行與幸福的必然結合需設定上帝存在作為超越的保證，這個意義下的上帝當然並不是客觀實有（objective reality），而是滿

---

41 有關康德最高善的簡介，可參考康德名家 Roger Sullivan 的近著, *An Introduction to Kant's Ethics* (Cambridge University Press, 1994), pp. 89-91.
42 唐君毅著：《生命存在與心靈境界》下冊，頁 298。

足吾人探究活動的理性設準（postulate）[43]。換言之，上帝依人的主體活動而肯定，作用是使主體的道德活動成為可以理解，這樣的論證就不免使論證對象，由客觀實在的存有滑轉為主體活動的產物。我們知道西方傳統三大上帝存在論證無一不以證客觀實有為目的，絕沒有視上帝為主體之建構者，所以唐先生的論證，不免違離西方上帝存在論證的本旨，但是這個違離，或正顯出唐氏心中的超越界並非基督教的超越神，反過來說，唐氏的說法卻充分顯示其哲學的主體性興味；準此而言，唐先生的哲學還是一種主體性哲學。所以唐先生雖然也批評康德，但是康德以上帝為設準背後的攝存有於主體義，卻依然為唐氏踵武：

> ……超越的信仰，皆為是本吾人當下之道德生活，道德心靈，所原具之涵義，所推廣而出之信仰，亦只是生活心靈所放出之一縱攝三世、橫照三千大千世界一智慧之光。此光輝之中樞，則在此當下之道德生活、道德心靈自身。[44]

信仰活動是以主體自身及其活動為中樞當然沒有問題，問題是信仰對象若必須依主體心靈而撐起，則此對象並無獨立性。因此我們不能承認唐氏的論證足以證立一「神聖心體」獨立自存於客觀世界。

唐氏亦警覺此問題，所以他也正面回答問題，或更好說

---

43 See Kant, *Critique of Pure Reason*, p.147.
44 唐君毅著：《生命存在與心靈境界》下冊，頁 299。

是他企圖解消問題（explain away），唐氏明白在康德的論證上只能說明人的理性意願，但並不能對客觀宇宙有所規定，所以他也很清楚的表示主觀意願與客觀實況的一致並無必然性，他說：

人之道德心靈必當如此要求，如此置定；客觀上之宇宙即如此，即有上帝之存在，似仍可成之問題。[45]

但是唐氏卻還是以為「然吾人若真識得康德之意，則此乃可不必生之問題者。」[46]何以故？唐氏說：

故人若為道德之存在，則於其自知必當要求一有道德秩序之宇宙之存在，必當置定一上帝存在之後，亦即可直下以信仰承擔此宇宙與上帝之存在，而可更不發生上述之問題，而人亦不能以此問難康德也。[47]

依照唐先生的說法，對道德主體來說，上帝的信仰是真實不虛的原因，是因人自信「必當」如此。但是唐先生所說的必當如此，並非獨斷的說我們因著這個自信，便可以把懷疑的空間也取消，從而不產生上帝是否存在的問題。唐先生是說道德心靈恆求德福一致，基於這一點，亦必然相信此宇宙與這要求相合，換句話說，道德心靈所理解、所期望的宇宙是「一有道德秩序之宇宙」，是一有上帝保證德福能夠一致

---

43 唐君毅著：《生命存在與心靈境界》下冊，頁 40。
46 唐君毅著：《生命存在與心靈境界》下冊，頁 40。
47 唐君毅著：《生命存在與心靈境界》下冊，頁 40。

的宇宙，否則會引致理性的自相矛盾，而宇宙亦將成為不可解。因此他說：「……可直下以信仰承擔此宇宙與上帝之存在，而可更不發生上述之問題，而人亦不能以此問難康德也。」但唐先生的討論並沒有停留在理性的層次，相反的，對唐氏來說，康德的問題亦正出在純依理性立說[48]，而忽視此活生生的人的實存道德生活，這種立基於道德生活的想法，就是先生道德論證的第二步。而對唐先生來說，康德的論證與傳統三大論證同陷蹈空之蔽，也正因為這個原因，唐先生亦從抽離實際生活內容立論，對康德道德神學進行批評，他說：

> 康德之所謂有德者……唯是個人之自順從其依理性而自建立之形式規律，而不重道德生活之客觀內容，亦不重此客觀內容對人之情操上任何滿足之故。[49]

唐氏批評康德道德律之形式性，而不重道德生活內容，及其在情操上的影響，所以他從康德單一主體性的立場轉至主體際相互性的進路，他要從人我之間的道德行為，顯示一

---

48 值得注意的是牟宗三先生對康德也有類似的批評，但卻更能鞭撻入裏，其中牟先生所言「實體性的覺情」更關緊要，參考氏著：《現象與物自身》（臺北：臺灣學生書局，1984年），特別是第三章「展露本體界的實體之道路」，頁 41-119。而對於這方面的研究，李明輝先生的近著很值得參考，參考氏著：〈牟宗三思想中的儒家與康德〉，收入氏著：《當代儒學之自我轉化》，（臺北：中央研究院中國文哲研究所，1994年），頁 53-87；特別是頁 82-86。

49 唐君毅著：《生命存在與心靈境界》下冊，頁 61。

超越各別主體上之客觀精神－上帝。故唐氏說：「依於此普遍自我之即於存有相互道德行為之自我之中，而人即可於此相互之道德的行為，所成之道德生活中，以直感此普遍自我之存在，而亦直感上帝之即存於其自我之中矣。」[50]分析這段話，唐先生要從道德生活中直感上帝之存在的企圖是十分明顯的，但詳細的論證還是在他談對歸向一神境之真實理解之時才提到，唐先生說：

> ……人在一般道德生活中，只須我與他人之間，有真實之同情共感，而更能自加一真切之反省，即原可見得：有此人我之道德心靈結成之統一的精神實在，朝朝暮暮呈現於此真實之同情共感中。[51]

唐氏特別指出道德心靈之發現，於集體危機之中最易見得，因人於共同危難中，常須捐棄一己之私，以成就大公，唐氏說此時「其互以他為自，即無自他之別，而只有一具此共同的意志、情感、思想之共同心靈，呈現於各別之心靈生命之中。」[52]又說「此時，人即在主觀上各有萬眾一心之感，而在客觀上亦可說實有此一心在於萬眾，而人同時可覺此萬眾之一心之所為，存於天地，而足感動天也。此一心靈之充塞彌綸於人我及天地，未嘗相離，以其即由此人我天地之合

---

50 唐君毅著：《生命存在與心靈境界》下冊，頁61。
51 唐君毅著：《生命存在與心靈境界》下冊，頁62。
52 唐君毅著：《生命存在與心靈境界》下冊，頁63。

以支持其呈現而存在故。」[53]揆唐氏之意，即在破私立公之過程中，個別自我投注並形成集體意識，從主觀面看，是萬眾共持一心，從客觀面看，則亦可說是此心超越眾個別自我而遍在，而從此心之遍在言，則自然可說此心充塞宇宙，唐氏進而引進三才的概念，以天地人合以支持此普遍心靈之呈現與存在。這樣的心靈通主客又攝主客，既超越又內在，唐氏以為可稱為普遍心靈或神靈。唐氏進一步說：「人既知此神靈為一絕對無限之神靈，而貫通於一切人我之主觀心靈與天地萬物之中，而一切人我之主觀心靈，與天地萬物，皆其表現之地；人之主觀心靈之表現，與此神靈之存在德性相應者，亦即同時可視為此神靈之表現；吾人即可說此中之一一主觀心靈，即此神靈自身之分殊的表現矣。」[54]對於這心靈唐氏是很欣賞的，他說：「人亦對此普遍心靈或神靈，依其為超越，而有崇敬皈依之心，依其不離我，而對之有一親切之感，與互相感通之情。」[55]這樣的神靈可說是不即不離的，就不即言，唐氏保住神的超越性，如此一切宗教莊嚴神聖義乃得以立；就不離言，唐氏打通聖凡之隔，如此一來，人皆可以為堯舜遂成為可能。

## 伍、完全存在者自身的性質

我們現在進一步問的問題是：唐先生所證立的完全存在

---

53 唐君毅著：《生命存在與心靈境界》下冊，頁 64。
54 唐君毅著：《生命存在與心靈境界》下冊，頁 64-65。
55 唐君毅著：《生命存在與心靈境界》下冊，頁 64。

者或上帝的性質到底是怎樣的。這個問題可以分為兩個部份
作答，第一是從完全者自身看其性質，其次是從完全者與人
的關係觀其特性。從自身言，我以為最重要的是它的廣涵性
（Comprehensiveness），這一個廣涵性可以析論為下列幾點：

## （一） 無限的潛能

由於這個完全存在者是由補足世物所缺而形成的，所以
這個意義下的完全存在者的特徵正在它的無所缺漏，它統攝
一切存在者的已有，並兼備一切可能的補充，亦正唯如此，
它並非純粹實現（Pure Act），而是無限的潛能。[56]

## （二） 辯證性

而因為它是無限的可能性，無限的潛能，所以它可以兼
容一切對反，而加以超越融通。事實上，對唐氏來說，亦並
沒有真正絕不相容的矛盾，矛盾只存在於某一層次，最終必
能加以超越。這種超越，並非對原來對反的兩極均加以拼棄，
而是在超越昇進後的新境界中，消融矛盾而使原來的對反兼
存於新的綜合之中，所以這境界是綜攝統一境，因為它兼存
對反而不相礙，銷泯矛盾而益豐盈。事實上，他曾說存在物
「因其在不同情境中，表現此相反而矛盾之性質，皆一一分
別應不同情境而生，而互不矛盾，而其所能表現之似相反矛

---

56 這一點使唐先生的上帝，與天主教士林哲學之視上帝為完全實現大異
其趣，而反近於現代歷程神學，唐先生自己也承認這一點。有關士林
哲學這個看法，可參考紀爾松著，沈清松譯：《中世哲學精神》，（臺
北：國立編譯館，1987），特別是第三章「大有及其必然性」，頁 38-64。
不過，沈清松先生從天主的創造力所提出論點是值得參考的，參考譯
序，頁 10-11。

盾之性質愈多，正愈見其所包涵之性質內容之多故。」唐先生稱這種辯證性為「超越的包涵」，他說：

　　所謂超越的包涵，即包涵此相反而矛盾者，同時使此相反矛盾者，相銷而相泯,以成一非有之有，或無中之有，或虛靈化的有。[57]

　　我想這一段話的前半段並不難解，主要是闡述辯證歷程，值得注意的唐氏所謂「成一非有之有，或無中之有，或虛靈化的有。」我以為這其實是就形質論（hylomorphism）來談的，我們上文已提到唐氏的完全存在是無限的潛能，當潛能尚未實現，當然可稱為無，或不存在，但換一角度言，也可說是「有」，而正因為潛能尚未實現，這種可能性就只能是「非有之有」、「無中之有」或「虛靈化的有」。我們可以推進一步說，這通過不斷辯證而形成的虛靈化的有，就是一能涵攝一切對反的絕對完全存在者。

### （三）歷程性

　　那麼對此完全者來說，如何才能涵攝一切對反而不致引起衝突呢？這就涉及唐氏完全存在者的另一特色－歷程性；依照上述辯證性綜合的模式，一切可能的限制只是有待打破、有待超越的階段；而所謂矛盾、限制亦可視為超越昇進過程中的層層迂迴，它們使完全存有者之為完全成為可能，它使存有者更形豐盛無缺。而因為這個完全存在者，必須通過這個辯證歷程，才能成其完全，它是一個歷程性存在（becoming），而不是一已完成的存有（being），它在時間之

---

57 唐君毅著：《生命存在與心靈境界》下冊，頁 44。

流中不斷形成，在辯證歷程中不斷豐富，臻於完美，止於至善。唐先生說：「故一存在，若其愈能應不同情境，更迭的表現種種性質，以至於變化無方，自由無礙，則見其存在之能力愈大，其存在為愈完全。」[58]唐先生這一段話，至少有兩個重點：其一、完全存在者必須不但具備，而且更能表現種種不同的性質、性相，所以它有廣涵性。其二、這完全存在者變化無方、自由無礙的表現，是在更迭歷程中完成的，所以它有歷程性。

基於歷程性為存在者完滿的必要條件，所以唐氏特別批評亞里士多德（Aristotle, 384-322 B.C）以物有變動，則表其不完全之說。[59]他以為一物在變動之時所表現之性相當然有定限，但不能據此就說物之必不完全，因為「並不須此一存在之在一時一地，將其所能表現之性質或性相，完全表現或實化，方稱為較完全之存在。」[60]這也就是說完全存在者不須在某一時空點內完全地呈現，這其中最大的考慮，當是不能在同一時空點內安頓矛盾，所以須在歷程中收攝對反，以使一切的可能都能夠包涵於完全存有者之中。例如我們不能理解某物同時為冷，並同時為熱，但是我們可以理解某物在某一時點為冷，而於另一時點為熱，也就是說，唐先生是使矛盾安頓於歷程之中，使看似矛盾的，兼存於某物的存在歷程之中。

---

58　唐君毅著：《生命存在與心靈境界》下冊，頁44。
59　唐君毅著：《生命存在與心靈境界》下冊，頁42。
60　唐君毅著：《生命存在與心靈境界》下冊，頁43。

總的來說，唐先生的完全存在者以廣涵性為本性，以無限的潛能為特徵，而其實現則以辯證性及歷程性為可能性條件（Condition of Possibility），通過辯證性及歷程性，完全存在者涵攝萬有，更捲入世界萬有的發展中。

## 六、超越界與人的關係及其基礎

唐氏的完全者，並非只是在己存有（being-in-itself），而更是在世存有（being-in-the-world），分析完全者的性質，其勢不能只停留在完全者自身的探究，我們還要進一步問此完全者與世界的關係。

世界萬有中，唐氏特別重視得天地靈秀的人，他從人的基本存在本性指出人與存有的密切關係。人與萬物是不同的，其基本差異即在人對存有的探索，此一探索彰顯人與超越界的關係。

唐氏對超越界的看法是儒學傳統的現代延續，但是卻與傳統基督教主流思潮完全異調。超越在拉丁文是 *transcendere*，它意謂著人與神的絕對差別與分隔（a drastic distinction and separation between god and man）。但對唐氏來說天人是一連續體（continuum），它們是同一光譜的兩端，而不是截然分隔的兩元，最重要的是對唐氏來說聖境即神境，聖界即神界，聖神兩者是相同的，正為如此，人通過工夫可以成聖成賢，而進入超越界，於是天人是相通的。他甚至表示理論上，超越界與人是絕無隔開的可能，他堅持：

依良知之標準，我們可說一切高級宗教中所講之上帝、阿拉、梵天在究竟義上，都不能與人之良知為二，而

相隔離。如為二，則此二亦必須通過良知之肯定，此肯認即已通二為一，或使二者之關係成不離之相保合的關係。[61]

對唐氏來說，人的肯認使二元恆歸於一，如此一來，良知便是超越任何分立而達致更高的統一的能力。超越界不但永不完全與人隔絕，它與人的關係更可說是非常親密的。在這一方面，唐氏非常突出天地、祖先父母及聖賢三者（三祭）與人的關係[62]，現在我們也順唐氏的思路分析人與超越界的關係。

首先，唐氏將天看成為創造萬物之源，他常將天地和人的關係，類比為父母子女的關係，正如人自愛敬父母一般，人對天地也有一種對自身來源的敬愛之情，這種愛與敬，是自然而非人為的。

唐先生又將創生萬物關連到一種德性，這自然是易傳的老路，〈繫辭·下〉云：「天地之大德曰生。」《正義》曰：「…欲明聖人同天地之德，廣生萬物之意也。」[63]傳統上我們將這個創生的大恩稱為生生之德，我們可以說這是將存有論或宇宙論，通到價值論之中，唐氏在這方面延續其師熊十力（1884-1986）與方東美（1899-1977）的論點，熊方二氏都

---

61 唐君毅著：〈我對於哲學與宗教之抉擇〉，收入氏著：《人文精神之重建》，頁 584。

62 三祭是唐氏所十分重視的，有關這方面的討論可看唐端正著：〈唐君毅論宗教之價值與三祭之意義〉及鄭志明著：〈唐君毅先生的宗教觀初探〉，分別收入《唐君毅思想國際會議論文集－宗教與道德》第 2 冊（香港：法住出版社，1990 年），頁 1-12 及頁 13-28。

63 參考《周易止義》，收入楊家駱編：《周易註疏及補正》，（臺北：世界書局，1987 年 5 版）；是書為楊氏所編《十三經註疏補正》第一冊。引文見《周易正義》，卷 8，頁 9 下。

以再發現、再詮釋傳統生生之德的觀念而稱著的[64]。但唐與方不同，他沒有方氏的藝術向度，而強調熊氏所重視的道德意義，唐氏稱之為天地造生之大德。對於這個大德，人應永存感念，更須時思回報，怎樣回報呢？唐氏以為吾人通過道德上之功夫實踐以求自我滿全（Self-Perfection），因為踐仁成德即創造價值，人在道德方面的成就同於天地創生之德，通過這樣的理解，古代中國哲學天人合一的觀念遂被除去其神秘主義的向度，現在一轉而變成是天與人合作共同創造價值[65]，於是天人合一亦即天人合德，而所謂合一也就是就實存主體的價值創造而言。而人在成德的能力及成就被了解為價值創造的一種，這正是人也可被視為創造者（creator）的原因之一，或者更好說是人是天的價值得以展現於世界的媒體之一，這是唐氏所高度重視與稱許的，事實上天德流行境正是唐氏判教系統中最高的一境。

　　人對天有感念、愛敬之情，遂使人天不再相隔；同理人對祖先也有報本返始之情，以致對死去之親朋好友的情誼也不因他們辭世而馬上終止，有時生死相隔反而更加重故人之情，這種持續的愛，使生者得以與死者維持感情的相續，這對唐氏來說就是通幽明之際，甚至使幽而復明。這一種愛的表現最明顯在於孝敬父母，但是對唐先生來說，它卻並不局

---

64　參考林安梧著：《存有・意識與實踐——熊十力體用哲學之詮釋與重建》（臺北：東大圖書公司，1993 年），頁 151-218。沈清松著：〈方東美的生生哲學要略〉，收入氏著：《現代哲學論衡》（臺北：黎明文化事業公司，1985 年），頁 488-503，特別是頁 492-496 有關藝術經驗的說明。

65　參考唐君毅著：《人文精神之重建》，頁 25-29。

限於血緣關係之中，實通於君臣、父子、兄弟、夫婦、朋友五倫[66]，甚至整個宇宙，這即傳統所謂感通天地，而這也是唐先生論學之所重[67]。

　　事實上，人生在世，直接面對的當然是此芸芸眾生，他們雖大部份不像祖先父母等和我們有血緣關係，但對唐氏來說我們仍然需要發揮民胞物與的精神，不但視世人為手足，更須將仁的精神充量發揮，潤澤萬物，於是萬物、自然以至整個宇宙都因此廣包性的大愛之流行、滲透、充塞而成為一個整體。順此以往，即使他人極端墮落罪惡，我們也不應停止我們對他們的關懷與愛護，吾人對他人的愛恆超越吾人對其墮落的憤怒，事實上，唐先生甚至主張如果他人未能發揮內在德性，放失其心，我們就更應以更多的愛，更大的德去補足他的不足，因為人之不足，實即己之不足，人之不善，亦己之不善也，因此結草啣環固然應該，以德報怨亦是份內的事，畢竟，對唐氏來說，整個宇宙是一大整體，或一大有機體，分子與分子之間是呼吸相關的。

　　總的來說，人對天地之恩、祖宗之靈，聖賢之德之感念與愛敬，恆生報本返始之情，見賢思齊之感，從而使人和超越界聯繫起來，這一種對超越的感情不是一依賴之情，不是不堪之情，它不是將人看為純粹受造物，在對比崇高的造物主之時，感到自身不值一文；它也不是一戰慄之情，它沒有

---

66 參考唐君毅著：〈說中國人文中之報恩精神〉，原刊《鵝湖月刊》第 1 卷第 6 期（1975 年 12 月），頁 3-6。現收入氏著：《病裏乾坤》（臺北：鵝湖山版社，1984 年），頁 103-113。

67 與這個問題特別相關的是唐氏談孝的形上宗教意義，參考氏著：《中國文化之精神價值》，頁 198-203。

人面對神秘存有者的莊嚴和大能時所生的敬畏之情[68]。它是一種對超越者的感載之情，回饋之情，唐先生歸之為「報恩精神」，他曾說：

> 中國人文中之報恩精神最基本之表現，是報父母之恩、報於世有功德之人之恩，由此而有禮中之報本復始之祭祖宗，祭有功烈之人及聖賢之禮，以及報社稷天地之神的生物成物之功之祭禮。如天即上帝，佛亦是聖賢，則基督教對上帝之感恩，佛家之報佛恩，亦中國文化中之感恩精神之一端。[69]

而對於天恩祖德，唐氏從不以為人是太過卑微，以致不堪回報，對於聖賢之德，唐氏也不認為人太過有限，以致不可企及；這樣一來，超越界的親近性，可達致性遂使唐氏系統中沒有基督教中神與人之間的張力，而基督教的絕對他在（the Wholly Otherness）的觀念在唐氏系統中也不佔一席之位。更重要的是這一種報恩精神，亦指向一歷程性，因為報恩之道，勢必兼包直接的還報與間接的轉報，還報是逆向的回餽施恩者，轉報是順推此恩以及於他人，其間一逆一推，即成一歷程，是則報恩精神不但使人與超越界相接，更使此宇宙繼起之生命亦能與過去的生命連成一相續的整體。[70]

# 七、唐氏論證的檢討

---

68 這與 R. Otto 的 mysterium tremendum 完全不同。

69 唐君毅著：〈說中國人文中之報恩精神〉，頁 103-113，引文見頁 104。

70 杜維明著：〈試談中國哲學中的三個基調〉，原刊《中國哲學史研究》第 1 期（1981 年 3 月），頁 19-25。後轉載於《鵝湖月刊》第 7 卷第 7 期（1992 年 1 月），總 99 號，頁 2-6。

　　從上文對唐氏超越向度的分析，我們知道唐氏的論證主要有二：本體論論證和道德論證。唐氏本體論論證重在補缺求全，他以為人能了解經驗界存有之有限，即能思補其所缺，思之再思，補而復補，即能形成一唐氏所謂的「完全存在者」。而道德論證則主要在於從人確有道德宗教之要求及生活，可推知有超越的仁心之存在。這是唐氏論證的梗概，我現在要指出這兩個論證的困難。

　　第一個論證的問題在於從概念推導是不可能決定存有的[71]，安瑟琳的論證及康德的反駁是哲學史常識，唐氏並非不知，問題是唐氏以為他從直接肯定經驗萬有出發，故有勝於西方傳統三大上帝存在論證，而以為此新版本體論證可以通過康德式的考驗。

　　唐先生對他的本體論證的敘述事實上並不清楚，讓我們先考慮這樣一個簡化的論證，以使問題焦點清楚。

　　如果有限物存在，則完全存在者存在。

　　<u>有限物存在</u>。

　　完全存在者存在。

　　從形式上看，這個論證當然有效，但它不是可信論證（ reliable argument ），更不足言真確論證（ conclusive argument ）。問題當然不在小前提及結論，而在大前提中前後件的關係如何確立。這也是我們現在檢討唐氏論證的焦點。

---

71 Reuben Osbert (pseud. R. Osborn), *Humanism and Moral Theory: a psychological and social inquiry* (London: George Allen & Unwin Lyd., 1959), pp.99 106, esp p 104. Thomas Nagel, *The View From Nowhere,* (Oxford, New York, Toronto: Oxford University Press, 1986), p.p. 90-109。

基本上，唐先生的論點可以改寫為：

1 不完全存在者存在。

2 若人能知不完全存在者的不完全性，則人能通過補充不完全性而解消此不完全性。

3 人能知不完全存在者的不完全性。

4 人能解消不完全存在者的不完全性。【結合 2、3】

5 解消不完全性後的存在者即完全存在者。

6 完全存在者必然存在。【結合 1、4、5】

　　問題是即使 1、2、3、4、5 全部皆真，還是導不出 6 的。因為人有能力做某事，不代表人必然做某事，其中牽涉到意志、感情等因素，不待煩言；換言之，肯定人的能力，並不能連帶肯定人的意願，所以 6 應修改為 6′完全存在者可能存在。如果這樣，完全存在者的存在與否，端視人要不要進行此補缺求全的工作。倘若是這樣的話，則這完全存在者並非自足的（self-sufficient），而是依賴於人的。那麼這完全存在者的完全性又怎能安立呢？

　　唐先生亦明白這不免使人產生上帝依賴人而存在的懷疑。但他不認為這會引致理論上的困難，他說：

　　然實則凡此之說，皆不知吾人之謂為完全者之上帝自身存在，必同時對吾人之思想此完全者自身存在之思想，而存在。由人有完全者之觀念，以證此完全者之存在時，人即是自其思想中所對之完全者而說故。人主觀上如何思想，固可說為偶然之事，但必有如何主觀之思想，乃有如何之存在呈現於此主觀思想，以對之為存在，則為一必然

之事。[72]

　　我想唐先生是這樣子想的，當我們在論證之時，在腦海中自然會「呈現」我們所要論證之存在，這是我們進行論證思考所不能免的一步，而不應據此即說此存在依賴人而存在。

　　唐先生這個辯解事實上意思並不清楚，其中依賴與呈現兩詞尤關緊要，必需澄清。首先讓我們看看依賴的意思，我們說完全存在者並非自足，而須依賴於人，是就完全存在者存在的可能性條件（condition of possibility）而說的。這是說人的主觀思惟使此完全存在者的存在成為可能，如果沒有人的思想，則它不能存在。而所謂不能自足，正是指出它不能離開人類意識而獨立自存於客觀世界。正如唐先生自己也說這個存在是「……呈現於此主觀思想」，唐先生是在主觀層面說完全者存在，卻並沒有從客觀面上說有一可以獨立於人的主觀思想而自存的完全者。我們儘可以承認此完全者呈現於主觀思維之中，但唐先生卻並沒有成功證出獨立自存的完全者。

　　現在讓我們再看看呈現的意思，呈現可以分為兩種：直接呈現和間接呈現。直接呈現是說不通的，我們能想像這樣的情況嗎？有一獨立自存於人的主觀思維之外的完全者，當人進行對完全者思維之時，便由外而內的進入並呈現於主觀思想之中。這樣一說令人想起羅素（Bertrand A. Russell, 1872-1970）和弗列格（Gottlob Frege, 1848-1925）的討論，這種直接呈現說法的困難同樣在我們沒有這麼大的腦袋，可

---

72 唐君毅著：《生命存在與心靈境界》下冊，頁 26。

以讓完全者進入。我想唐先生也不會這樣想。

唐先生的意思應是在談間接呈現，也就是說，完全者本來獨立自存於主觀思維之外，而當人進行上述思維過程之時，完全者便以象表（representation）方式呈現於主觀思維之中。問題是這樣一說便可能面對乞求論證的困難（begging the question）。因為如果我們先假定完全者存在於主觀思維之外，再假定人在腦海中有此完全者的象表，然後才「由人有完全者之觀念，以證此完全者之存在。」這樣做就竊取前提了。反過來說，如果不先假定完全者存在於主觀思維之外，則又是甚麼在供我們象表呢？

但是可能唐先生要說的重點是擺在「必有如何主觀之思想，乃有如何之存在呈現於此主觀思想。」如果這是說人可通過思想，形成某種概念，進而使這種概念轉以實體方式呈現於客觀世界，則金山、飛馬等亦可以通過此方式呈現於客觀世界，可是我剛剛寫作之時，腦海中出現了有翅膀的馬匹，但是飛馬並沒有在我的書桌前出現啊！我想唐先生應不至於這樣子想吧。但如果說，人可通過思想，使某種概念呈現主觀思維之中，這我們不必懷疑，譬如說我知道馬存在，但我同時亦了解馬的有限性：牠不能飛，我可以在腦中呈現有翅膀的飛馬的概念，以解消其不完全性。不過這還是我腦海意識中的建構，並沒有證出甚麼客觀存在啊！如果唐先生真是這樣的想，則等如說唐先生的辯解，還是只能證立一主觀概念，而不能證立客觀存在，既如此，也就不能進而談甚麼超主客的形上實在，所以事實上亦並等如沒有真正解決困難。

現在讓我們接著討論唐氏論證中另一問題；據 2 人能知

道某存有物的不完全性，即能解消此不完全性。這實是將兩種能力混為一談，因為前者是指對某存有物狀態的了解能力，後者則指對此狀態加以改變的能力。顯然的，了解狀態涉及一組條件，改變狀態所涉及的是另一組條件，兩組條件並不相同，而前者也不邏輯地蘊涵後者，今若說人能知某存有物的不完全性，即能補充改變之，則無異說，擁有第一組條件，即同時擁有第二組條件，這似乎並不能有合理的解釋。

更根本的問題是唐先生到底證了些甚麼？這就須考察完全者的存在地位（Ontological status）的問題。我們記得唐先生將世界宗教的終極關心都看成為一超越的形上實在，超主客又統主客的絕對真實或絕對精神實在。那麼他的論證自然應該是企圖證這個實在（reality）之存在了。

英文 Reality 一詞的拉丁文是 realitas，它的字根是 res，即物（thing），在哲學上，一般都理解為客觀存在於經驗世界者，所以在士林哲學傳統中常將實在和 "actuality"、"esistence" 混用，當然 reality 與 being 有時亦兼指 subsists 和 exist。而到了近代 Reality 在哲學文獻上也常被用來指現象背後的現實存在的事物。

不過，事實上唐先生的本體論證始終猶豫於客觀存在的完全者，與主觀思想中的完全者之間，行文尤其撲塑迷離，反而沒有特別證完全者怎樣個超主客。如他說：

今此思想果能繼續自持，以於凡所思之不完全者，即往補之，並思其無不可補，則此思想即可直下形成一非不

完全之完全者，於思想之前。[73]

　　順這段文意，完全者形成於思想之前，非思想之中，則此完全者獨立於思想而存在，這個意義下的實在，是客觀實在（objective reality）。又例如唐先生說「吾人之此一生活，正為使吾人之思想，得向無限完全進行……以使心靈得與此完全存在相遇者。」[74]而他在批評懷德海（Alfred North Whitehead, 1861-1947）時也說：「（懷德海）乃一事法界哲學，而非以成吾人對上帝真實存在之認識為本之哲學。其……亦不足使此人格，升進於與上帝覿面相遇之境，以證上帝之存在。」[75]在這些地方唐先生談的是人與上帝的相遇，這個意義的完全者是一客觀實有就更加明白不過了。如果是這樣的話，則唐氏之論違返概念推導不能決定存在的大旨。承認人可通過補缺求全的思想，形成一完全者的概念，並不代表已證立完全者存在於客觀經驗世界中，至多只證立完全者的概念可以存於吾人思維之內，將主觀概念等同客觀實有是思想的謬誤。這種類似的問題是傳統本體論證的錯誤，也是哲學史的常識，我想唐氏大概不致有此毛病。

　　我們或許可以替唐氏辯解說上述討論基本上是不相應的，因為唐先生談的是思維概念上補缺求全，並非對客觀存有物加以補充而解消其不完全性，人之所以能知即能改，正是因為這能改所涉及的是主觀概念的改變，而並非使客觀實有產生變動，這樣說來，我們上述的討論就犯了稻草人的謬

---

73　唐君毅著：《生命存在與心靈境界》下冊，頁 23。
74　唐君毅著：《生命存在與心靈境界》下冊，頁 45。
75　唐君毅著：《生命存在與心靈境界》下冊，頁 20。

誤了。這個懷疑是有理的，事實上，唐先生在行文中亦常提到證立完全者的思想，而非完全者。但是倘若是樣，則唐先生所謂「由不完全之存在，而進至一完全之存在之思想」的論旨，則僅能停留在完全者的概念問題（Concept of Complete Being），而並未能對完全者的存在問題（Existence of Complete Being）作任何肯定或否定。既如此，則說甚麼「……與上帝覿面相遇之境，以證上帝之存在。」就真是完全不可解了。

　　現在我們看唐氏第二個論證的問題，唐先生自德福一致，談對上帝的理性信仰，這個看法自然合乎我們一般對康德了解，但我們也並非如唐先生所說「不可以此問難康德」，而事實上唐先生本人也這樣「問難康德」，唐先生以為康德從德福一致立論「仍不能免於以道德生活為得宗教生活中道福之手段之功利主義之說。」[76]在《中國文化之精神價值》一書中，唐先生說得更清楚：「儒者之行仁義，皆所以盡心盡性，亦即出於心之所不容已。夫然，而無論成功與否，皆有可以自慊而自足。德性之樂，乃在當下之盡心盡性之事中，即完滿具足者。幸福與德性原為一致，不如康德之視此二者，為此生之所不能兼備。則賴上帝之力，以得二者之綜合於死後，在儒家即可視為不必須。」[77]唐先生所說的幸福是否與康德相同仍然是一個問題[78]，但是如果我們貫徹義務論倫理

---

76 唐君毅著：《生命存在與心靈境界》下冊，頁 298。
77 唐君毅著：《中國文化之精神價值》，頁 442。
78 唐先生所說的德性之樂，對康德來說是滿足（contentment）而不是幸福(happiness)，參考 Immanuel Kant, *Critique of Practical Reason*, Lewis Beck trans. (Taipei: Hsi-nan Book Co., 1983), pp.118-124.

學（deontological ethics）立場，確是可以不須設定上帝的概念，畢竟道德所重在乎存心邪正，而不在乎回報，自亦不須一外神作保。因此我想當唐先生說「可直下以信仰承擔此宇宙與上帝之存在，而可更不發生上述之問題，而人亦不能以此問難康德也。」之時，他所重的是替康德澄清可能的誤會，我們也許不應說唐先生不了解康德的困難。因此，我相信唐先生也不應肯認康德這樣子證立的上帝。

　　更根本的是，我們要明白設準義的上帝是理性建構，不是客觀實有，就此而言，用理性設準也並不能證立唐氏心中兼有主觀及客觀義的絕對實在，因為此中並未證出任何客觀實在，以供我們形成唐氏所謂超主客的形上實在。至於從主體際之同情共感，而證一普遍客觀心靈之存在當然可以，但其義類似社會事實（Social Reality），依然沒有能夠證明一完全者存在於客觀世界中，這個普遍心靈的客觀性、普遍性，是依眾人思想中所共有而言，而非指可離開人的主觀思維而獨立存在而言，所以可稱為集體意識、社會意志，同樣沒有證出任何客觀實在，更遑論超主客的形上實在，而假如說一定要稱眾人所共有的境界，或眾人所共持的想法為神，就更難令人信服了[79]。

---

79 早在一九五四年，唐先生與勞思光先生就曾對類似的問題加以討論，當時勞先生就已指出如果聖神之殊，在於聖為獨聖的境界，而神為諸聖所證之境界，則未見何以此境必需名為神境。勞先生進而說：「聖與神皆就境界言……以聖代神是以此境代彼境，斷無以具體之人代一境之理。」他主張「神與聖之殊，德性之完成及昇進工夫與宗教之歸宿及皈依崇拜之異，皆一隔與不隔之問題。」勞先生所論，實言之成理，持之有故。參考氏著，孫善豪等編：《思光少作集（七）－書簡與雜記》，（臺北：時報文化公司，1987 年），頁 254-269，引文分別見

也許有人會說唐先生要證的超主客境中的客觀義，不是從獨立於人的主觀思惟而言，而是以互為主觀性來界定的，我也傾向這樣解釋唐先生所謂的超越的、普遍的心靈（神聖心體），因為這正可與其人文主義相配，而不必涉及宗教性的超越界。但是唐先生從早年起便自覺的要把超越的外在神納入他的系統中，他甚至說：「宗教生活之進於形上學者，則在於承認肯定此諸形上實在如神佛之存在，人之精神之存在，並求與人有一感通之關係。」[80]我們從他的著作，可以看出他到了晚年還在堅持這種思想，所以才會有與上帝相會等談法。我們可以說唐先生是從相互主體性來談這超越心體，但他可能並不警覺到，這樣的談法事實上不能證出他要證的有外在義的神聖心體。如果唐先生明知從相互主體性證不出客觀意義的超越界，唐先生就應該知道他的九境論，是不能安頓其他宗教了，特別是猶太基督教傳統了，因為互為主觀性意義下的神，依然不足以獨立自存於人的主觀思惟之外，只不過祂是存在於不只一個人的思惟之中而已；這是猶太基督教傳統所絕不可能接受的。所以我認為唐先生自覺要證的超主客境中的客觀，應不是以互為主觀性來界定的，但他所不自覺的是，他實際上所證立的，卻真可從互為主觀性去理解，因此我主張他沒能證立獨立於人的主觀思惟的客觀存在，更沒能證立超主客的存在。而他所證立的，從單一主體言，是

---

頁 256、257。

80 參考 1954 年 12 月 9 日唐君毅致勞思光的論學書簡，見參考氏著，孫善豪等編：《思光少作集（十）── 書簡與雜記》，頁 262-265，引文見頁 253。該函亦見唐君毅著，謝廷光編：《書簡》，收入《唐君毅先生全集》卷 26（臺北：臺灣學生書局，1990 年），頁 353-357。

道德、宗教的超越意識;從主體際言,則可說是集體意識、社會意志,但無論是從單主體抑或是從主體際看,這兩方面都可看作主觀性(subjective)的存在,這裡主觀性是就完全者是由人的思惟所造,亦只能在人的意識中存在而言;故唐先生所證立的超越者,亦並不能完全離開人的主觀思維而獨立存在,因此亦無客觀性。即使一定要用互為主觀性來談客觀性,也最多是允許我們用客觀這一標籤而已,完全無助於證立一可離開人的主觀思維而獨立存在的完全者。所以如果我們說唐先生證立了甚麼的話,唐先生證立的還是主觀的境界,其中並無客觀面,更無超主客可言。

談到這裡,也許有人會從根本立場反駁我們的批評說,本來唐先生後三境談的就是超主客的境界,而上文的批評則是建立在主客分立的立場上,所以根本不相應。這樣的提問是重要的,沒錯,唐先生的超越界,也是絕對形上實在,絕對是就不析離主客,滯於相對而言的,但是我們要指出的是依唐先生的論證,並不足以證立他要談的歸向一神境的超主客境界,唐先生在對比基督教和佛教之時,曾說:「一般世間宗教之歸向一神者,其引人至於超主觀客觀之境,要在由下界之有主客相對之境,升至一統主客之神境。此乃依於其心靈之自提升,以成其自下而上之縱觀,而及於神之存在之肯定,對神之信心、及默想、祈禱等,以日進於高明。佛家思想,則要在由破除吾人之心靈對主觀客觀世界之種種執障,以先開拓此心靈之量,而成其對法界之一切法之橫觀,以使此心靈日進於廣大;更自上而下,以澈入於法界中一切有情生命之核心,由其有所執而生之苦痛煩惱,更與之有一同情

共感，而起慈心悲情；再以智慧照明此有情生命之核心所執者之本性空，而即以此智慧拔除其苦痛煩惱，以成此有情生命之救度。此則與世間一般歸向一神之宗教心靈所嚮往之方向，截然不同，而其教亦截然不同者。」[81]依照唐先生這樣的了解，歸向一神的超主觀客觀之境，是先分別肯定主客，然後再加以超越的，因此要證這個超越的、絕對的形上境界，必需既能證主，也能證客，然後才足言超主客。通過上文的分析，我們指出唐氏的論證不能證立能獨立自存義的客觀實有，因此自然對所謂主客的超越、統一也談不上，那麼這一層的超主客境界又從何談起呢？事實上，唐先生的境界是超主客，通主客又統主客的，他反對以一絕對精神而抹煞主客的霸道哲學，唐先生是要兼存主客的超越界，它的超越是就不黏滯於主觀面或客觀面而言的，不是要否定主客，因此證不出客觀面，唐先生的超主客哲學系統的基礎至少就歸向一神境這一層面言是不穩固的。

## 八、結　語：唐氏論證的哲學意義

　　唐氏論證的困難已如上述，我們現在討論另一個問題：唐氏論證所顯示的意義。本文是要籍對唐氏超越向度的分析，探討唐氏哲學的本性－宗教人文主義。那麼唐先生的宗教人文主義到底實際內容是怎樣的？我們現在先分析其宗教面。

---

81 唐君毅著：《生命存在與心靈境界》下冊，頁 76。

　　上文的分析顯示，從唐先生肯定經驗萬有的存在看，唐氏所持的是實在論立場，而從他主張完全者須包涵萬有來看，唐氏之學在宗教成分上無疑是有泛有神論的性質。簡言之，我主張從肯定萬有言，唐氏為實在論，從包涵萬有言，唐氏為泛有神論。唐氏基本上也是本此兩立場來展開他的本體論證的。

　　依唐氏補缺求全之義得來的完全存在者，自然是包涵此世間之一切存在而且更兼備其所缺。這使得唐氏宗教人文主義的包涵萬有的萬有在神論（Panentheism）色彩十分明顯，事實上，唐先生也曾明白承認說：「……泛有神論其旨與吾人之意亦最近。」[82] 這裡唐先生所謂的泛有神論即（Panentheism），但是唐氏的泛有神論思想的確定意義是甚麼呢？

　　首先，從神的本性看，唐氏眼中的完全者不是一位格神，唐氏用「大力」、「大能」來描述。而從經驗萬有與完全者這兩者之存在性質看，上帝和世物的存在是同質的，於是上帝與世物遂非異質之二元，而為同質之兩極，從二元到兩極實際上是將上帝與世物放在同一連續體之上，唐氏這樣的思路自然與西方超越神的觀念大異其趣，而近於泛神論（Pantheism）或泛有神論。進一步分析這個問題須從神與經驗事物的關係入手，唐先生認為：

　　觀此西方上帝之哲學之發展，其根本問題仍在上帝之對世界為超越或內在之問題。若上帝為絕對超越世界，則

---

82 唐君毅著：《生命存在與心靈境界》下冊，頁 19。

恆導致以上帝吞沒世界，世界可有可無之論。若上帝為內
在於世界中之自然與人類之歷史文化中，則上帝又可沈入
於世界，而失其存在。此為對上帝之思想之根本兩難。懷
德海則欲兼保存上帝之先世界性與後世界性，既超越世
界，又內在世界，以與世界互相函攝。美人哈特雄（C.
Hartshorne）發展其說為泛有神論（Panetheism），其旨與
吾人之意亦最近。[83]

那麼哈特雄所發展的泛有神論是怎樣的呢？這當然涉及
歷程神學的問題，我們不可能在這裡詳細討論，但是哈特雄
本人倒曾提供一個簡明的定義，他說：「泛神論意即萬有即
神，而泛有神論則是萬有皆在神之內的意思」[84]。從唐先生
的完全存在者的無所不包的特性看來，萬有自然都為完全存
在者所函攝，這種想法和哈特雄的泛有神論義旨相近，那麼
唐先生的超越者自然亦可從泛有神論去了解，同時唐先生這
種思路與泛神論是較為不同的[85]，因為他並沒有將世界直接
視為神。更重要的是此包含萬有的完全者，並非黑格爾式無
所不包的絕對精神，因為唐氏承認個別事物具有一定的獨立
性，而不從肯定超越神入手，將萬物看為神的思想的不同表
現，正為如此，唐氏在這方面稱揚萊布尼茲（Gottfried Wilhelm

---

83 唐君毅著：《生命存在與心靈境界》下冊，頁 19。
84 原文是：“pantheism means that all is God; panentheism, that all is in
　　God.” 見氏著 “pamtheism and panentheism” 一條，收入 *The
　　Encyclopedia of Religion*, vol. 11, pp. 165-171。
85 本人曾提出唐先生之學近泛神論，這個判斷實為不當。筆者舊說見於
　　〈唐君毅先生超越觀述論稿〉，收入國立中央圖書館臺灣分館編印《慶
　　祝建館八十週年論文集》（臺灣：國立中央圖書館臺灣分館，1995 年），
　　頁 275-317。

Leibniz, 1646-1716）而批評黑格爾。而正如杜普瑞教授也指出泛有神論與泛神論的不同在於「受造物在上帝之內維持自己的獨立性。[86]」唐先生這種保存萬有的個體性的看法，也是唐氏思路近於泛有神論的另一明證。通過這幾方面的分析，唐氏泛有神論的大端已可大致明白，這樣唐氏之宗教人文主義的宗教主要成分性質亦已清楚，我們現在再看唐氏之宗教人文主義的人文性質。

　　這涉及唐氏論證的終極實在的存有地位問題，從上文分析，我們已經知道，唐氏的本體論證只能證立一完全存在者的概念，而道德宗教生活的實存論證，也只能說人有求超越實然的我的超越意識，退一步說，即使唐先生真能證立形上實體，則此實體，此存有仍然是依人類意識所規定者。是則超越界不僅依人而撐開，更被人所規定，這遂使超越界淪為人類意識的產物，在這意義下只能談人類學的規定存有，而不能談宗教義的開顯存有，唐氏哲學立基於人的特色就明白不過了。更重要的是這種人學，這種人文主義是深植於道德意識的人文主義，可以稱之為道德人文精神。[87]

　　通觀唐氏的主要著作，我們不難發現貫通其論著的其中一個重要成份就是一極深刻的實存道德感情。我傾向於將它

---

86 杜普瑞著，傅佩榮譯：《人的宗教向度》（臺北：幼獅文化事業公司，1986 年），頁 352。

87 事實上，牟宗三與徐復觀等在反省他們和唐君毅的學術之時，莫不自承其學深具道德人文精神，參考徐復觀著，〈「死而後已」的民主鬥士——敬悼雷儆寰（震）先生〉，收入徐復觀著，蕭欣義編：《儒家政治思想與民主自由人權》，（臺北：臺灣學生書局，1988 年增訂再版），頁 319-326；特別是頁 320。

視為貫串唐氏哲學論著的主要線索，而超越界與人關係的密切，或者說天人關係的密切，實在也是這種想法的一種表現。與其說唐氏須通過哲學論證來打通天人，不如說是孟子所說的不容已的深刻的實存道德感情使人天不再相隔，是沛然莫之能禦的浩然之氣，使人負此補缺求全之責，規定存有，統整乾坤。

在唐氏哲學系統中，人永不是孤立的存在，真正使人盡失價值是人放失其心，人從其存在基礎 —— 仁 —— 中疏離，才使人失去價值。人應努力尋回、實現並彰顯此存在基礎，而通過實現此人的本性，人可超越實然的我，而進昇至超越境界，我們也許可以這樣說，如果對基督教而言，拒絕讓上帝成為上帝（let God be God），拒絕讓上帝成為主宰，是人的最大罪惡；那麼我們可以說，對唐氏而言，拒絕使人成為人，是使人墮落而沒有價值的最重要因素，我們可以進一步說人的道德價值正是天人不二的基礎。

使人成為人是讓人的道德本性得以實現，而一個充份實現道德本性的人就是聖人，唐氏指出當人的德性完全發揮，就是聖人的德性，亦等同於和諧的宇宙德性。這當然預設了成聖是可能的，事實上，唐氏明白指出儒學的最高教義並不僅是了解到聖人與天地不異，而是更進而了解到人人都有能力成為聖人。當然唐氏並非天真到相信不管如何，任何人都會事實上成功地成為聖人，但聖界的可達致性，或人的可完美性事實上為人的成聖希望提供了基礎[88]。

---

88 希望這一詞放在成德歷程中是值得進一步分析的，希望關連著的企盼和恐懼；事實上，人如果非常肯定他可以得到他所希望的，則他是有

　　對唐君毅，甚至大多數儒家而言，這可達致性即孟子傳統所謂人皆可以為堯舜，換言之，超越界的門永遠為奮進的生命敞開，如此一來在成聖路上，永遠有慰藉相隨，永遠有希望相伴，這希望並非來自對救恩的期待，而是來自吾人對性善的大信，人自信通過功夫實踐，便能擴充其內在道德本性，而良知的充量發揮，便能使人昇進至超越界，這可說與陽明致良知的義旨相一致，同時也是傳統中國哲學既超越又內在的模式的延續，但它卻與巴特式（Karl Barth, 1886-1968）的完全他在徹底不同，論者甚至直指此為儒耶之大別[89]。

　　我們可以這樣說，對人性的信心是唐氏及儒者之所重，而對唯一可決定救贖的上帝有信，則是基督徒的所重，這自然也透露唐氏之學在根底上不僅還是人文主義的，而且更是道德人文主義。事實上，唐先生也曾明白指出他理想中的

---

　　絕對信心得到而並非僅是希望得到而已，所以當我們說希望之時，其實同時已隱指著恐懼，我們恐懼不能獲得我們所希望的。所以希望是意願與完成中的歷程，我們一方面意願得到，一方面又尚未得到，我們一方面意願完成，一方面又尚未完成，就在這意願與完成之歷程間，隱藏著企盼，也隱藏著恐懼。這個歷程性是很重要的，當人希聖希賢時，他即涉身於一動態的轉化歷程之中，在這個歷程中，人必需與自我作戰，人須將向外征戰的能力；收攝回自我身上，天人交戰是一場去除實然惡性，使良知不再障蔽，而能自作主宰的戰爭，正如明代大儒王陽明所言，成聖是去此心中賊，但去山中賊易，去心中賊難。在這長期的心靈爭戰中，超越界的可達致性就很重要了，它不僅是理論上的必需，更是心靈的撫慰。

89 巴特的說法有其脈絡，他要反對當時自由神學家在人神關係的解釋上的失當，譬如史來馬赫等；所以在《羅馬書釋義》的核心內容之一，就是論證神是徹底的他者；這可說代表巴特早期的觀點。劉述先曾指出巴特此觀念與中國哲學的不同，參考氏著：〈由中國哲學的觀點看耶教的信息〉，收入氏著：《文化與哲學的探索》（臺北：臺灣學生書局，1986年），頁177-787，特別是179-180。

人文世界是以德性為本的，所以他在〈科學世界與人文世界〉一文也說：「我理想的世界，我不名之為聯合國的世界，我不名之為社會主義的世界，共產主義的世界，而名之為以德性為中心而人文全幅開展的世界。」[90]

　　成聖的希望固然可以提供企盼，但也隱含著恐懼，不過這種恐懼不是卑微的有限者面對絕對的無限，強烈對比下的戰慄，而是出於道德自律，要自作主宰、護持本心的恐懼，這種恐懼可通過戒慎來界定，性善說下的希望，不是過度膨脹的自信，而是一種審慎持重的樂觀，儒門成聖之大義，一面是對人的良知良能的自信，一面是對現實臨淵履冰的審慎，所以儒家的功夫，重在時時磨鍊，處處省察。我們或許會問那麼此恐懼何來呢？人要自作主宰，即人的成德並無超越的保證，升降沉浮端視人心的所向，所謂自作主宰，即自負責任，且自作保證，此所以吾人會有恐懼，會恐良知的放失，懼本心的沉迷，勞思光先生分析儒家最高自由的概念，最能探驪得珠，他指出自由一面是沒有限制，一面是沒有保證，這正是道德自律下成聖功夫的最佳說明[91]。唐先生不假外神的超越保證，反求諸己，自律自定，自作保證的進路，亦正可見唐氏的哲學是講求道德自律的人文主義。

　　通過上文的分析，我們知道唐君毅先生的哲學系統中有人文成分，也有宗教成分，在宗教方面它以泛有神論為特色，在人文方面則以道德為基礎。走筆至此，我們不禁要問對唐

---

90 唐君毅著，《人文精神之重建》，頁 45。

91 參考勞思光著：〈王門工夫問題之爭議及儒學精神之特色〉，收入《新亞學術年刊》，第 3 期，1982 年，頁 1-20。

先生來說，到底宗教與人文二者那一個才是根本呢？如果唐先生的思想是以人文主義為本，那麼唐先生談的就應是宗教人文主義（Religious Humanism），也就是說，這個思想系統是帶有宗教色彩的，不過它的基礎仍然是人文主義，而不是宗教。

　　但是假如唐先生的系統是以宗教為本，則也許我們應之為人文性宗教（Humanistic Religion），而不是宗教人文主義。要對這問題有任何判定，必須先決定對唐先生來說宗教與人文兩辭的確定意義。對這個問題，唐先生下面這段話殊堪注意：

　　我們所謂人文的思想,即指對於人性、人倫、人道、人格、人之文化及其歷史之存在與其價值，願意全幅加以肯定尊重，不有意加以忽略，更決不加以抹殺曲解，以免人同於人以外、人以下之自然物等的思想。

　　人文的思想與非人文的思想，或超人文的思想之不同處，在人文的思想之發自人，而其對象亦是人或屬人的東西。非人文的思想與超人文的思想之對象，則為非人或超人。人與非人或超人可以同時存在。故人文的思想，與非人文或超人文思想，亦可同時存在，而二者之關係，是一邏輯上之相容之關係。[92]

　　分析這這一段話，我們可以印證唐先生心目中的人文主義是以廣涵性為特徵的，這一點我們在上文已經觸及了，最值得注意是唐先生在比較人文思想與超人文思想時，從對象

---

92 參考唐君毅著：〈中國人文精神之發展〉，收入氏著：《中國人文精神之發展》，頁 17-44。引文見頁 18。

的從屬來區分二者，他主張人文思想發自人，而其對象亦是
人或屬於人的東西，相對的來說，超人文的思想對象，則為
超人，亦即不是人或不屬於人了。

貫徹這種想法，則人文思想體系中的神，也應是發自人，
而且是屬於人的東西。事實上，在唐先生的體系，神並非居
於核心地位，而更重要的是唐先生根本不認為宗教必須以神
為本，他說：

> ……宗教並不必以神為本，而唯以求價值之實現生發
> 之超越的完滿悠久為本。照我們之意，是儒家之非一
> 般之宗教之故，仍在于極平凡之一點上。即一般宗教
> 皆有神話或神怪之成份，為其宗教中重要成份。自宗
> 教精神論宗教價值，亦自不能太重視此神怪之成份。[93]

可見唐先生最重視的並不一定是神，而是一能使人超越
向上的意識，唐先生稱這種意識為宗教精神或宗教性。唐先
生認為這是儒學與其他宗教共有的特性。他說：「但儒家精
神，亦有與一切人類高級宗教共同之點，此共同點即其宗教
性。故過去曾有儒釋道三教之稱，而今後之儒家思想，亦將
不只以哲學理論姿態出現，而仍可成為儒者之教。此儒者之
教與一切宗教之共同點，即他是重視人生存在自己之求得一
確定的安身立命之地的。」[94]

---

93 唐君毅著：〈宗教信仰與現代中國文化〉，收入氏著：《中國人文精神
　　之發展》，引文見頁 371。
94 唐君毅著：〈宗教信仰與現代中國文化〉，收入氏著：《中國人文精神

　　除了可以讓人安身立命外，儒學道德的實踐更能使人超越向上，而這亦正是唐先生認為儒學承順宗教之處。唐先生說：「吾人如能深切了解儒家之本性本心，即一切宗教精神與信仰之所自發之根原所在，則知儒者所言之盡心知性之道德上實踐工夫，即一直承順一切宗教之根原處，再自上而下所開啟之實踐工夫。」[95]所以唐先生不認為宗教與儒學是對立的，他指斥將儒學視為只講現實倫理，所以缺乏宗教層面，甚至反宗教的看法，他非常清楚的說：「而世俗之儒，則溺於卑近凡瑣之見，反以儒學儒家之只談現實自詡，而忽視儒學精神高明一面。一般宗教徒，則亦有意無意的抹殺其此一面。由此而人或則據儒學，以反宗教，以為儒學只可與科學結合，或則以儒學缺乏上面一截之宗教精神，欲在儒學之頭上安放一上帝或佛。然實則儒學之精神，固可與科學結合，然其本身亦有宗教性，因而不能為反宗教者。其所涵之宗教性與其形上學，人生倫理思想配合，已儘足夠使人安身立命者。」[96]

　　唐先生是認為儒家人文主義不反宗教，其實並非只要將儒學視為宗教的一種，因為倘如此，則儒學只是世界上眾多

---

之發展》，頁 373。

95 唐君毅著：〈宗教信仰與現代中國文化〉，收入氏著：《中國人文精神之發展》，頁 379。

96 唐先生說：「宋明儒之以儒學與其他宗教相抗，固有樹立儒學之壁壘之功。然使儒學與宗教為敵，則亦正不免使儒學之地位落於相對之中。而吾人今之不使儒學與宗教為敵對，則謂儒學之地位在一切宗教之上之下皆可。謂其在下，乃言其所表現之超越無限精神，不如其他宗教之明朗。謂其在上，則言其能使人由人之自覺其宗教精神，或自宗教精神之自覺，以建立一更高層次之自知自信。而此正所以樹立儒學之一獨特之地位，而擴大儒學之道路者也。」參見唐君毅著，〈宗教信仰與現代中國文化〉，收入氏著：《中國人文精神之發展》，頁 377-378。

宗教中的一種，而陷入相對的地位。唐先生要保住儒家的獨
特性，他認為對照世界各教，儒學的超越無限的精神較弱，
所以在他教之下。但是儒學能夠讓人充量發揮宗教精神，建
立更高的大信，則儒學是超越在各教之上的。這個肯定就點
出唐先生心目中儒家的特殊地位，也顯示出若不從超越無限
的精神層面著眼，則宗教應在以人文精神為特色的儒學之下。

　　所以唐先生也指出，宗教居於陰位，而不是陽位，從陰
陽立論，實際上是指出主從之別，道德人文是主，而宗教是
從。唐先生認為「……中國文化非無宗教，而是宗教之融攝
於人文。」[97]而他在〈宗教精神與現代人類〉一文更明白的
宣示：「我們的新人文主義……仍是以人文之概念涵攝宗
教，而不贊成以宗教統制人文。」[98]既然這樣，則人文是本，
宗教是末；人文是主，宗教是從。這樣唐先生所倡導的是宗
教的人文主義，就毫無問題了。當然主從雖然有別，卻不代
表吾人只要儒學，而不需宗教。反之，儒學的充量發展應該
兼容宗教。所以唐先生非常清楚的說：「而吾之立定吾人之立
場，即為兼成己與成人之事，成就儒學，亦成就宗教之事。
在此義上吾人即可說儒家之精神之存在，將為一切宗教存在
於中國於世界之一基礎。而亦為使一切宗教之逐漸匯通融
合，成為可能之真實基礎。[99]」

　　總結來說，我們可以說唐先生的論證並不能支持他所要

---

97　唐君毅著：《中國文化的精神價值》，頁 7。
98　唐君毅著：《人文精神之重建》，頁 29。
99　唐君毅著：〈宗教信仰與現代中國文化〉，收入氏著：《中國人文精神
　　之發展》，頁 398。

證立的神（完全者），不過唐先生對這也許不會太介懷。因為唐先生根本認為他所要論證的理境，正是哲學論證所不能證立的，甚至是非語言所可及的[100]，這倒有一點像佛教指月之指的看法了。所以唐先生不但認為《生命存在與心靈境界》這本哲學巨著可以不讀，他甚至認為：「世間一切哲學論辯之著，亦皆可讀可不讀，可有亦可無也。」[101]

唐先生固然知道哲學有成就學問知識的功能，但是他更重視哲學的另一任務：「成就吾人生命之真實存在，使唯一之吾，由通于一永恆、悠久、普遍而無不在，而無限；生命亦成為無限生命，而立人極。」[102]事實上，唐先生這種態度無異是重視哲學之成教功能，多於成學功能；從成學到成教，是理論立場的極大轉移，它代表實踐信仰重於理性辯解，成就人格重於建立知識，於此唐先生思想中的宗教性就非常明顯了。唐先生用哲學思辯以疏理儒學，闡明義理，建立系統；但唐先生用心卻不在哲學知識之上，他要以哲學思辯「指」示心性之學的空間，我想他也不要人們耽與論證，耽於這指月之指。

---

100 這種想法在新儒家中十分普遍，近年馮耀明教授對這問題有一重要批判，參考氏著：〈當代新儒家的「哲學」概念〉，收入牟宗三等著：《當代新儒學論文集‧總論篇》（臺北：文津出版社，1991 年），頁349-396，特別是頁 373-383。

101 這並非說哲學一無是處，而是點出哲學的功能與限制，因為唐先生以為哲學論辯是對問題而發的，無問題則原亦不必讀哲學著作，但是唐先生也肯定哲學的功能，他說知哲學的限制還是哲學思辯，所以人惟有通過哲學思辯方能明瞭哲學的限制。引文見唐君毅著：《生命存在與心靈境界》上冊，自序，頁 7。

102 唐君毅著：《生命存在與心靈境界》上冊，頁 27。

更重要的是我們不能抹煞先生弘揚儒學的悲願，更不應忽視先生的救世的仁心。我們了解對唐先生來說，振興中國文化，喚醒道德靈魂，是再重要不過的事了；在這樣的考慮下，哲學論證最重要的功能自然是引發人們向道之心，用唐先生的話，就是使靈根再植。如果是這樣，而這個理境又是超知識的，是在語言之外的，則這個心性之學的超越層，就應在嚴格意義的哲學思辯範圍之外，既然如此，自亦非盡是理性知識的對象，也許這個心性之學更應稱為心性之教吧。[103]

所以唐先生的宗教人文主義，語其基礎是道德人文主義，但論其超越向度，則明顯有一種深刻的宗教的超拔精神貫徹其中。

---

103 不過，宗教、哲學的概念本來就是西方舶來品，唐先生亦本以弘揚儒學為己任，而儒學是否可放入這些西方分類之中，本來就是一個問題，不過勞思光教授近年的主張值得參考，對於中西哲學傳統的定性，勞思光先生曾就哲學功能分判為認知性與引導性兩型，所謂認知性的是指其哲學功能主要擺在建立知識之上，所謂引導性的則主要求生命或自我的轉化。前者主要涉及智性的領域，後者則偏主意志的領域。勞先生這個看法，放在唐先生的系統上，依然有效，在這裡也可看出唐氏之學儘管出入東西，但基本的取向還是東方的引導型哲學。有關勞先生這個看法，參考氏著：〈從"普遍性"與"具體性"探究儒家道德哲學之要旨〉，收入劉述先主編：《儒家倫理研討會論文集》（新加坡：東亞哲學研究所，1987 年），頁 16-28。或參考勞思光著：〈對於如何理解中國哲學之探討及建議〉，收入《中國文哲研究集刊》，創刊號（1991 年 3 月），頁 89-115。

# 第五章　從多元文化的視點論新儒學的當代相干性

## ——以唐君毅先生的判教觀為中心

## 一、導　言

　　唐君毅（1909-1978）先生是當代新儒家的領袖人物。著名的宗教哲學家史特仁教授（Frederick Streng）在列出二十世紀宗教哲學的代表性人物時，將唐君毅先生、保羅・田立克和西田幾多郎並稱。[1]由此可見，唐先生不但以哲學精湛見稱，更以其宗教哲學的成就，備受肯定。

　　唐先生重視儒學研究，而宗教一直是他所關心的議題之一，他曾經講過：「人類一切文化學術最初皆統於原始宗教」，[2]而在中國現代化的討論裏面，大家似乎都很重視科技問題的研討，如牟宗三先生就集中在民主與科學的議題，提出所謂

---

1　F. Streng, *Understanding Religious Life*, (Belmont, California: Wadsworth Publishing Company, 1985). 3rd edition, pp. 257-263.
2　唐君毅：〈中國科學與宗教不發達之古代原因〉，《中華人文與當今世界補編》（臺北：學生書局，1988），頁 107。

開出論、或所謂新外王。不過，唐先生以為科學宗教是西方文化的重心，[3]所以要談中國現代化，不可僅側重於科學而迴避於宗教，所以他認為理想的未來的中國文化，也應該有一個宗教。[4]因此我們可以看出來，宗教的研討在探索唐先生的哲學是非常的重要。

但是為了聚焦討論起見，我們只能選定他晚年最後一本鉅著《生命存在與心靈境界》來進行我們的探討。他在這一本書裏面，幾乎將宗教、道德和哲學三者看成為生命存在與心靈境界的一個主要的內涵，他希望將宗教上的信念、道德上的修養，以及哲學上的智慧，用人類廣大而高明的心靈統攝起來，從而使人類世界文化得以免於分崩離析、破裂毀滅。[5]

在《生命存在與心靈境界》這一千兩百多頁的巨著裏，唐先生指出他要面對的是古今中外各種型態的文化、宗教和哲學，他要「別同異、定位序」，從而建立一個綜觀融通統攝的大系統，[6]換言之，唐先生要做的是一種廣義的判教工作；因此本文的探索，就鎖定唐先生的判教系統，希望能說明其內容，解釋其理論基礎，並反省其哲學意義。

不過，在正式進入本論之前，筆者也需要就研究範圍，

---

3 唐君毅：《人文精神之重建》（臺北：學生書局，1988），全集校訂版，頁 84。
4 唐君毅：《中國文化之精神價值》（臺北：正中書局，1953），頁 387。
5 參考唐君毅先生《生命存在與心靈境界》（臺北：學生書局，1993），全集校訂版，後敘，頁 1143。
6 蔡仁厚：〈唐君毅先生的文化意識──紀念唐先生逝世十週年〉，發表於一九八八年十月鵝湖第七屆學術研討會，頁 4。該文後收入氏著《儒學的常與變》（臺北：東大圖書公司，1990），頁 199-202。

加以進一步說明，以便更清晰的限定論述的內容。首先，所謂判教，又稱教判，是佛教教相判釋的簡稱；它原來是佛教對其不同教義的判定，所以判教的主要對象是佛教不同教義或教派，而原則上不涉及非佛教的判定，所以唐君毅先生也說：「佛教中之判教，則是對佛教本身各宗派之教義之同異作比較。」[7]不過，本文是從跨文化的比較宗教視野著眼，所以在多元世界文化配境下將判教再脈絡化，於是本文的教判就不再侷限在佛教內部的比較，而重點反而放在跨宗教的比較；同時，筆者是限定在《生命存在與心靈境界》這一書進行討論，所以本文所謂唐君毅先生的判教系並非指教內的論述（intra-discourse），而是指跨宗教（inter-religious discourse）而言。

其次，本文的研究對象既然放在跨宗教的比較，所以唐君毅先生就佛教內部的判教研究，雖然勝義紛披，[8]但並非本文的研究範圍。

## 二、唐先生的判教系統之提出

要了解唐君毅先生的判教系統，需要先了解唐先生在《生

---

7　唐君毅：〈談中國佛學中之判教問題〉，見唐君毅：《哲學論集》（台北：台灣學生書局，1990 年），頁 574-594。該文原為先生在中國文化大學的演講，當時由朱建民先生紀錄，最初發表於《哲學與文化》，第四卷，第十一期，1977 年 11 月。

8　有關唐君毅對佛教宗派的判教的研究，可以參考陳榮灼著：〈唐牟二先生對華嚴天臺之詮釋的比較〉，《中央大學人文學報》，第六十六期，2018 年 12 月，頁 1-17。

命存在與心靈境界》一書中所提出心靈九境說，[9]因為他對
儒、耶、釋三教的判定的提法是就九境中後三境提出的，唐
先生統稱這後三境為超主客境，這裡所謂主觀、客觀是從人
的心靈主體的活動來說的；事實上唐氏的心靈九境論，基本
上都可以這樣看，主體心靈相應於客觀世界，就產生九境中
的前三境：萬物散殊境、依類成化境及功能序運境，前三境
可說是主體心靈運思活動於外在客觀世而產生的；但若主體
以自身為運思及反省對象，則產生唐氏所謂中三境：感覺互
攝境、觀照凌虛境及道德實踐境，這中三境都是主觀攝客觀
所成之境。簡單來說，前三境是依主觀而覺客觀，中三境則
是主觀之自覺，如果依能所關係言，前三境所涉及是所知，
而中三境則涉及能知，而在能所結構中，主觀客觀是相對的
兩橛，超越此一對待則成就出唐氏所謂超主觀客觀境、絕對
真實境或形上境，何以是超越呢？就不黏滯於主觀面或客觀
面言，故為超越；何以是絕對呢？就不析離主客，滯於相對
言，是為絕對。唐先生進一步將這個超主觀客觀境界細分為
三境：歸向一神境、我法二空境及天德流行境（即盡性立命
境）。

　　簡單來說，這個超主客境指的主要就是基督教、佛教及
儒家。對唐氏來說，儘管這三教（唐氏視儒家為人文教，故
可稱為儒教）使用不同名義指稱這超越實在，它們其實都是

---

9 有關唐先生心靈九境的介紹，簡明的可參考劉國強著 *Creativity and Unity : The Relationship Between the World and the Divine in Whitehead and T'ang Chun i*, pp. 139-140；張祥浩：《唐君毅思想研究》（天津：天津人民出版社，1994），頁 346-391；黃冠閔：《感通與迴盪：唐君毅哲學論探》，新北：聯經出版事業股份有限公司，2018。特別是頁 158-168

指向一超主客而統主客之形上的絕對真實（Absolute Reality）。唐氏曾明白的說：[10]

> 如東西思想中之天、帝、元、真宰、太極、太虛、太和、道體、太一、至無、至寂靜者、梵天、真如、如來藏、至真實者、有一切者、絕對者、完全者、至大者、至微者、無限者、永恆者、最究竟者、最根原者、至美至善者、絕對公正者、為一切愛、一切德本原者。此諸名之義，雖不同，然其所指向，為一超主客而統此主客之形上實在，則無不同。

這樣的論斷非常重要，實無異肯定世界不同宗教的終極關懷（Ultimate concern）都是名異實同，不同名稱只是扮演著不同指標功能，而其所指則恆是一「超主客而統主客之形上的絕對真實」。[11]那麼為甚麼有這麼多不同名稱呢？唐先生以為主要原因在人對這同一實在，可有不同的理解，人對絕對實在可以採取不同思想進路，而且即使採取同一思路的人，他在不同階段也會有不同領會，[12]所以在不同階段便以不同名稱指稱這絕對真實者。這種看法的根本立場是肯定超越為一，而以人類之差異來解釋宗教之差異，這種立場有類於 W.C.史密夫與英國宗教哲學家約翰・希克[13]；這種看法是

---

10 唐君毅著：《生命存在與心靈境界》，下冊，頁四。
11 唐君毅著：《生命存在與心靈境界》，下冊，頁四。
12 唐君毅著：《生命存在與心靈境界》，下冊，頁五。
13 參希克著，何光滬譯：《宗教哲學》（北京：三聯書店，1988），頁275。

區分了實在自身，以及與對此實在自身的思想與體驗的差別；而將宗教差異視為人對同一實在之不同感知與回應。就此而言，唐先生的見解與多元主義的觀點，非常接近。在解釋宗教多元主義之時，希克的重點並非不同宗教在信仰對象上的差異，反而強調人對信仰對象的不同回應，[14]希克主張要有一個跨宗教的神學方面的「哥伯尼革命」（Copernican revolution），放棄「基督教中」（Christianity-centered）或「耶穌中心」（Jesus-centered）模型，但接納更開放的宗教多元主義的典範。[15]

　　但是唐氏更進一步明白表示一切人間語言都不足以窮盡絕對真實者的意義。[16]可能因為這個原因，唐氏並不特別注意上帝、天、佛、道等概念之差異。因為對唐氏來說，不同名義只是表示同一實體的不同面相、不同階段而已，它所指的其實還是同一個絕對真實者、絕對精神實在。事實上也正是這種存異求同的調和主義的論學精神，使唐先生的哲學體系堂廡宏闊，氣象博大。

---

14 John Hick asserts, "Let us call the ultimate object of religious worship, experience, and contemplation the Eternal One." Accordingly, religious pluralism is "the human response to a transcendent divine Reality." See John Hick, *God has Many Names*, p. 22 and p. 42.

15 John Hick, *God has Many Names*, p. 18.

16 《生命存在與心靈境界》，下冊，頁 5-6。唐君毅並非指終極實在是不能表達的，而只是說不能窮盡地表達。

# 三、唐先生對儒、釋、耶三教衡定的理論基礎

　　不過，這超越境中的三教倒不是佔同樣的地位，我們在這裡並不打算詳細交代唐先生對三教教義的具體看法。[17]現在我們要看的是這樣的一個系統性理解的判準何在。

　　《生命存在與心靈九境》這一本書，在一定的意義之下是可以視為對人類經驗整體加以理解及說明，對於複雜的人類經驗，唐先生所重視的是人類因應這些經驗而產生的不同心靈境界。而因應實存經驗而產生的各類宗教境界則在他的九境論中最後三境加以處理，他統稱這三境為超主客境。唐先生運用分判的方法，將不同的精神資源納進一個統一的大系統中。在佛教來講，這一種做法稱為「教相判釋」，或簡稱判教。在佛教原來的用法裏面，判教是對於不同佛法加以分類及評量，以使不同的佛教宗派，能夠既顯出高下，又並容於一統一的佛教體系中。當然判教的結果往往取決於誰在進行判教。而隨著不同而相互競爭的解釋傳統的出現，對於那一個經典或那一教派應被衡定為至高無上的教法自然也無定論。這是對於佛教教內不同宗派的一整合。但是判教可以用於不同宗教之間，也就是說判教也可用於非佛教的傳統，宗密（780-841）的原人論就是典型的代表。就此而言，我們可以將唐先生的系統建構視為現代版本的儒學判教。

---

17 參 William Yau-nang Ng, *Tang Junyi's Idea of Transcendence* (Ph.D. Dissertation, University of Toronto, 1996)。簡明的可參考吳汝鈞：〈唐君毅對儒、耶、釋的判教法〉，收入氏著：《儒家哲學》（臺北：臺灣商務印書館，1995），頁 243-272。

　　教相判釋在佛教教內要求衡定不同宗派的高下已經不容易做了，何況還要判不同宗教。僅在佛教內部，還易找到較為被接受的標準，譬如說對佛教徒而言，佛陀的原義就是一個沒有人能夠反駁的標準，當然到底誰夠代表佛陀的原義，自是人言言殊。但是離開單一宗教體系裏面的內部，而把判教擴充為其他不同宗教的判定高下，這一種系統的建立就很更困難了。我們知道不同的宗教所關心的原始問題並不一致，而他們發展的脈絡也不相同，因此很難找到一個共同的標準去進行判教的工作，我們明白到假如判教要進行一個最後的判定，意圖要把其他的宗教收攝在你的系統裏面，這個工作不但是艱難的，而且幾乎是不可能的。那麼唐先生的判教又呈現甚麼重點呢？

　　唐先生的判教系統主要包含世界三大宗教－儒教、佛教、基督宗教，雖然他也提到道家，但是沒有多所著墨。唐先生相信三教終極來說都是朝相同的目標邁進－絕對者。唐先生所做的判教系統並不判正統與異端，反而盡量展現不同宗教的境界，顯示出唐先生採取多元主義的觀點。而唐先生在衡定三個宗教之時有四個考慮的重點：

### （一）生命及存在的本質

　　對於此世眾多存有之存在，唐先生一概視為不應否定的既與（Given），所以他反對基督宗教因視上帝為必然存有，而將一切世物視為偶性存有的看法。他認為這種看法是基督宗教過份強調上帝的結果，因為將上帝之存在視為必然而把

其他存有之存在視為偶然，即使一切存在仰仗上帝的意志。[18]
對於把此世的存在完全取決於獨斷的上帝這一看法，唐先生
是完全無法接受的。因為假如世界只是偶性的，人們很容易
漠視它、貶抑它，甚至徹底否定它，對於唐先生來說，這種
傲慢會帶來對眾生的漠視。人們可能會這樣想，既然這個世
界以及這個世間一切，終將隨風而逝，大家只需要究心於來
世的真實世界。從這一方面講，唐先生認為佛教是比基督宗
教殊勝的。因為對佛教徒言，倘若執著於此虛妄的世界，固
屬無明，但是因此執著而生之苦痛及煩惱卻是再真實不過
的。而真正的佛教徒不應漠視眾生苦痛。事實上，感眾生之
苦正是佛教慈悲的重要基礎。但是對唐先生來說，佛教還不
如儒家，因為佛教固然不可以漠視此世，但儒家卻進而要求
讓這個世界生產出意義。

## （二） 對此世的態度

　　三教都同時承認實存現況是不完滿，都需要某種超越。
身為新儒家，唐先生自然也肯定超越實存生命的必要性，但
是唐先生卻不主張為求超越而逃避此世的態度，換言之，不
能為了擺脫不完滿的現世，而終日究心於來世他生、天國樂
園，放棄積極改變實存世界的努力。唐君毅極力反對這樣一
離世的態度，而基於這個理由，唐先生批評基督宗教。[19]

　　從這個角度來看，唐先生又認為大乘佛教比小乘佛教殊
勝，因為大乘佛教強調普渡精神。普渡精神以菩薩的理想最

---

18 唐君毅：《生命存在與心靈九境》第二冊，頁 12-13。
19 當然唐先生對基督宗教這方面的理解肯定是片面的。

具代表性，菩薩的特殊處是延遲取得佛位，以便將其功德與眾生共享，從而謀求救渡更多苦難眾生；大乘的菩薩與小乘的阿羅漢顯然不同，因為阿羅漢只關心自我的解脫，而菩薩則關懷眾生的救渡。唐先生的理解沿習了國人一般對小乘、大乘之理解，我們且把這一點是否正確的評價留給佛教史專家，我們在這裏要關心的是，根據這種理解，唐先生認為大乘佛學對於此世展示出真正的關心，而這正是唐君毅先生認為大乘佛教較為殊勝的地方。

就對於世界的態度這一點而言，唐先生最欣賞還是儒家，因為儒家最關心之處，是在人類因存在而可能產生的價值。他教導人們正視此生之真實不虛，而同時以尊嚴及意義渡此一生。儒教之精義是在此一生使人成為一個仁人，成為一個真實的、有意義的人，而不是為來世他生做任何準備。因此，個人內在生命的完善、人際關係的改進，以及天下之整頓、宇宙之諧和都是儒家的重要工作，而正是儒家這一個基本的此世性使儒家更形殊勝。非常佩服唐君毅先生，並將其著作獻給先生的杜維明教授杜維明先生指出「孔子從人類文明中提取生存意義做為反思人生計畫的實存決定，使儒家不能自外於這個世界。儒家需要通過在這個世界的奮鬥……這使得他們不得不然。」[20]

---

20 杜維明教授與新儒家淵源極深，Tu, Wei-ming, *Confucian Thought*: *Selfhood as Creative Transformation* (Albany: SUNY, 1993)一書自一九八五年起已再版七次，該書正是獻給唐君毅先生的。上面摘引杜教授的話取材於氏著 "The Way, Learning and Politics in Classical Confucian Humanism," in his *Way, Learning, and Politics: Essays on the Confucian Intellectual* (Albany: SUNY, 1993), pp. 1-12，引文見頁 9。

## （三）人性及救贖的觀念

唐先生認為人性內具自我轉化的動力，也相信人的可完美性。因此也自然不滿基督宗教強調人的罪性，及人的救贖須仰賴神的恩典。依唐先生之見，這一種由上而下的救贖，貶抑了人的自我救贖能力，也未能穩立自我轉化的基礎。反之，佛教對眾生的救贖是從肯定眾生皆有佛性立言的；而儒家所言的良知，不但提供自我救贖的基礎，也提供自我轉化的動力，這也是唐先生比較肯定儒佛的原因。

## （四）絕對真實的本質

相對來說，唐先生認為基督宗教的上帝是麻木不仁的，因為造化顯主榮是一極度「自私」的看法。[21]而且世界既充滿罪惡，上帝創造此罪惡世界，來榮耀自身，豈非漠視眾生於此罪惡的世界受盡苦難嗎！[22]相對而言，唐先生欣賞佛教同情眾生苦難的立場，稱揚佛教普渡眾生的慈悲精神。但是唐先生認為在重視佛教普遍的愛之同時，應該注意愛的等差性與相互性。我認為唐先生對佛教與基督宗教的批判是類似孟子對楊墨的攻擊的。

# 四、唐先生判教系統的特色與理論基礎

我們已經初步交代唐先生的判教工作，現在我們要進一

---

21 參唐君毅《生命存在與心靈九境》第二冊，頁 82-83。
22 唐先生的觀點顯然是對特定立場的不滿，但未必真能批判基督宗教的論點。譬如約翰・希克苦難視為靈魂陶鑄的過程，從這個觀點看來，苦難是為了救贖人類，不能指斥上帝麻木不仁。

步談這個判教系統的特色及其理論基礎。

## （一）論學精神：廣涵的特色

唐君毅先生的哲學非常重視廣泛的涵蓋不同精神資源，[23]他的弟子曾昭旭先生曾將他的哲學喻為螞蟻式，這比喻是相當貼切的。螞蟻一直往上爬，經過的地方相當多，正如唐先生的哲學建構是通過對不同哲學傳統的處理，以層層無盡的方式展現出來。

這一種廣涵性是從那裏而來的？唐先生是一個新儒家，而新儒家是旨在繼承、開創先秦儒家精神取向的一個當代哲學傳統，儒家的大學理想當然是唐先生論學的核心。不過他也非常重視致中和，重視和諧關係的建立。唐先生重視人的自我內在的和諧，這包括身心的和諧、理欲的和諧、自我精神世界的和諧等。另外一個層次是人與周遭的和諧，這包括人與家庭、社會乃至整個宇宙的和諧。這一種和諧關係展現為通貫的精神秩序。再進一層次則有人與超越界的和諧，即人與超越根源、祖先、神明之間的和諧關係。統合的說，這裡有三層次或三維度─個人內在層次、人與世界的層次及人與超越界的層次。[24]這種多層的和諧關係，展現出高度相關性或關係性的宇宙觀，同時也構成唐氏哲學廣涵性的特色。而這個背後就是一個感通的仁愛心靈，唐先生常說「同情共

---

23 參 Willam Yau-nang Ng, "Comprehensiveness and Open-mindedness: A Preliminary Reflections on Tang Junyi's Philosophical System."發表於 1996 年加拿大多倫多大學主辦之中國哲學與西方價值國際研討會。

24 我曾於 1996 年國立新加坡大學主辦的儒學與世界文明國際學術研討會提出唐先生哲學的三向度，參吳有能，〈唐君毅先生的愛情哲學〉。

感」這四字，正因為同此情、共此感，因此能夠產生一種強烈的感通關係，讓人與人，人與世界的關係，構成一種內在的關聯。《周易·咸卦》彖辭說：「天地感，而萬物化生；聖人感人性，而天下和平。觀其所感，而天地萬物可見矣。」這正足以說明這一種內在的感通互動關係。

值得注意的是這一種廣涵性使唐先生在建構他的判教系統時展現出多元文化的特色，也就是說他的哲學理念和取向導致他能夠與多元文化世界相容的結果。剋就唐君毅的判教理論來說，這裡有三個相關的問題需要討論：定性問題、評價問題與前景問題。

## （二）定性問題：多元文化的視野

第一「定性問題」，我們可以鎖定在他們怎樣理解儒家與其他宗教之間的關係，也就是說儒學如何建構在多元文化環伺之下的地位及角色。我們知道當一個宗教面臨不同的信仰體系的時候，通常會有幾個不同的顯著的反應模態，在這方面的討論，約翰·希克（John Hick）的觀點，最有代表性。[25]身為基督徒，似乎理應承認基督教是唯一的真信仰；但面對世界不同宗教，希克在 1973 年出版的 God and the Universe of Faiths 提出典範轉移，希克認為不同宗教就是人類對唯一神

---

25 希克是宗教多元主義的重要代表，本文在呈現宗教多元主義觀點之時，多以他為主，但不以他為限。因為多元主義並非只有希克一人，參考 John Hick and Paul Knitter, *The Myth of Christian Uniqueness: Toward a Plualistic Theology of Religions*, (N.Y.: Orbis Books, 1988). 此外，筆者也知道希克的說法，並非人人首肯，譬如其終生論敵 Gavin D'Costa 教授就提出非常嚴屬的批判。本文使用希克的三分法，因其頗富代表性，也足與唐君毅觀點比論。

聖真實者的不同回應，[26]於是，希克區分宗教為三大類型
（Threefold typology），即排他型(exclusivism)、併攝型
（inclusivism）及多元型（pluralism）。[27]

　　第一種類型是排他型，這是一種獨特主義（particularism）
的立場，它基本上肯定自己宗教是唯一的真理，其中極端的
更把任何不同的信仰都看成是錯誤的甚至是邪惡的，因此所
有異教都是異端邪說。古往今來，類似的說法層出不窮，例
如在 1302 年天主教教皇公告就曾說：「教會之外既無拯救，
也無罪的赦免。」[28]而 1970 年基督新教徒的法蘭克福宣言也
明白重申：「只有在祂裡面才有許諾他們的永恆的拯救。」[29]
而同時「必需讓非基督徒從他們的宗教和世界觀的束縛與虛
幻的盼望中解放出來，以使得到信仰的承認並在基督的身體
內受洗。」其實，這些論點在基本心態上還是教會之外並無
救贖（extra ecclesiam nulla salus）的升級版。抱持這種心態
的人在面對不同文化的時候，是比較簡單而輕鬆的，因為他
可以根本充耳不聞，從不考慮別人的問題，只要單純的肯定
自己的信仰就是了。

---

26　Hick suggested that each of world's religions should be viewed as
　　"different human responses to one divine Reality." See his *God has*
　　*Many Names*, London: Macmillan, 1980, p. 5-6.

27　John Hick, *Problems of Religious Pluralism*, (London: Macmillan, 1985).

28　Danzinger ed. *Church Dogmas*, (St. Louis, 1955), pp. 153-154。

29　It is stated in the Decalartion that "we therefore challenge all
　　non-christians, who belong to God on the basis of creation, to believe in
　　Him and to be baptized in His name, for in Him alone is eternal salvation
　　promised to them." See "The Frankfurt Declaration," in Christianity
　　Today, Volume 14, No. 19, (June 19, 1970). Available online: June 19
　　1970 | Christianity Today Magazine Archives

　　主流基督新教，特別是福音派多主張排他的獨特論，當然部分非福音派也持類似立場；這方面的神學家有 Karl Barth（1886-1968），Hendrik Kraemer（1888-1965），Emil Brunner（1889-1966）及 Lesslie Newbigin（1909-1998），他們的排他程度又有強硬與柔軟之不同。[30]

　　第二種立場是併攝型，這種立場稍稍能夠肯定不同信仰也有她們的價值，但我們需要注意，依照這樣的立場，異教之所以被肯定，自然是因為異教所信仰的部份內容是正確的，但是這正確的部份，卻恰好也是他們自己所信仰的宗教已經闡揚過的，甚至是說得更週備的；譬如天主教教理：「天主離他們並不遠，因為是祂賜給眾人生命、呼吸和一切，並願眾人都得救。因此，凡在其他宗教內所發現的任何真和善，教會都視之為接受福音的準備，也是天主的恩賜，以光照每人，使他獲得生命」。[31]也就是說，別的宗教之所以被肯定，乃是因為他所看到的問題、處理的方法，甚至所提供的答案，恰好與本教所宣揚的教義不謀而合。正因為「英雄」所見略同，所以異教也被肯定了。至於異教思想中與本教不相符的地方，還是被看成是一肩未達，或者根本被完全否定。那麼這種肯定異教的工作，其實只不過是間接的肯定本教而已，它並不真能給不同的信仰一個對等而獨立的尊重。從前傳教士讚賞儒家的「己所不欲，勿施於人」，稱之為銀律，這是因

30 David Pitman, *Twentieth Century Christian Responses to Religious Pluralism: Difference is Everything*. London and NY.: Routledge, 2014, esp. pp. 11-24.

31 《天主教教理》，843 條，（香港：香港公教真理學會出版，1996），頁 209。

為這銀律有類於基督教的金律，當然銀律是較消極，而基督教的才是真正積極的。[32]這種嘗試可說是具體而微的展示了併攝型的取向。當然這其中卡爾‧拉納（Karl Rahner）的隱名基督徒（anonymous Christian）論點是非常著名的，它承認非基督教信仰中仍然可以找到真理。而一九六二年至一九六五年間羅馬教廷舉辦的梵諦岡第二屆大公會議，更標誌著羅馬天主教會在本世紀最重要而且最全面的改革，隨著凱旋主義與完滿主義的放棄，教皇雖然堅稱天主教擁有「全部的、圓滿的上帝的和人的真理」，[33]但是其他宗教都反映了「真理之光」，都是「救贖之路」。[34]一九六五年梵諦岡公布的〈教會對非基督宗教的態度宣言〉中明白表示：[35]

---

32　See Wing-tsit Chan, "The Evolution of the Confucian Concept Jen," in *Philosophy East and West*, Jan., 1955, Vol.4, No. 4, pp. 295-319, esp., pp. 299-300. Chan rightly observed that "It is often contended in the West that the Confucian doctrine of love is negative because it taught "Do not do to others what you do not want others to do to you" (XII. 2; XV. 23; the Doctrine of the Mean, 13). But followers of Confucius have never understood it as negative...we see that the Golden Rule of Confucius has both a negative and a positive aspect."

33　《教會憲章》，第十六節。參考傅樂安編：《當代天主教》（北京：東方出版社，1996 年 6 月），頁 36。

34　《教會對非基督宗教態度宣言》，第二節；《教會憲章》，第十六節。參考傅樂安編：《當代天主教》（北京：東方出版社，1996 年 6 月），頁 35。

35　中國主教團秘書處翻譯：〈教會對非基督宗教態度宣言〉，收入《梵諦岡第二屆大公會議文獻》，台北：天主教教務協進會出版社，1974。網址：教會對非基督宗教態度宣言（hsscol.org.hk）檢索日期：2021.12.3

天主公教絕不摒棄這些宗教裏的真的聖的因素，並且懷著誠懇的敬意，考慮他們的作事與生活方式，以及他們的規誡與教理。這一切雖然在許多方面與天主公教所堅持、所教導的有所不同，但往往反映著普照全人類的真理之光。…因此，教會勸告其子女們，應以明智與愛德，同其他宗教的信徒交談與合作，為基督徒的信仰與生活作見證，同時承認、維護並倡導那些宗教徒所擁有的精神與道德，以及社會文化的價值。

　　這樣看來，現代天主教不但承認不同宗教都可以反映真理之光，所以應該尊重、交流、合作，甚至維護與倡導他們的精神與道德。這反映是一種盡量包容的立場。

　　第三種型態是多元型，它把不同的信仰看成為各有優缺、互有強弱的競爭體系。因為大家都沒有掌握到全面的真理，因此我所長的很可能是別人所缺的，別人所長的很可能正好補足我所不夠的、不充份的，站在這樣的立場，「對話」、「溝通」便變得非常的重要。

　　上述排拒型、包容型和多元型三種不同的型態，如果從文化勢力爭衡這一個角度來看，我們可以說第一種可說是文化強勢者最常用的態度，第二、第三種都可說是當單一文化強勢不能維持，或是面臨到不同的文化體系，而這不同的文化體系也有相當勢力的時候，勢必不容被兼併，則第二、第三種立場最容易出現。換言之，第一種可說是最堅持的，第二種是稍作讓步的，第三種是作更大的讓步。

　　倘若用這個模式來看檢視新儒家們對於不同的信仰體系

的立場，[36]我們清楚的看到排他型完全沒有出現過。這當然可以理解，因為清末以來我國文化力量的衰弱，中國學人基本上不可能採取這種文化霸權的心態，來否決其他不同的信仰體系。事實上當時不少學人甚至希望能夠全盤否定傳統，徹底追隨外國文化。漢唐時代把中國文化自居為世界文化中心的態度早已是不合時宜了。但是第二、第三種型態在第二代新儒家們都曾出現過，而如果容許我們作最寬鬆的類比的話，牟宗三先生的判教體系比較接近第二種型態，而唐君毅先生則較為接近第三種型態。當然我們這是泛說，因為二人的著作很多，而且他們的思想也不斷地在演化，有時候會呈現不同的面貌。不過大致來說，我們確可作以上的分判，即牟先生近包容型，而唐先生近多元型。

　　牟宗三先生的《圓善論》基本上是歸宗孟子、陸王此一系統來統攝釋道兩家，釋道兩家雖然可以和儒家相比擬，不過就是否圓實這一層來講，牟先生還是肯定儒家是最高的。而「基督教如果能轉化，進來以後還是一樣可以講上帝。」但先決條件是能夠肯定儒家的人人都可以為聖人的前提。[37]唐君毅先生的態度就比較不同，當然唐先生也認為儒家是比較周延的，用他常引用的話就是「極高明而道中庸」，儒家既有高明面，也有博厚的一面，既兼顧超越界，也心存眾生，既內聖又求外王，合內外、通人我、齊萬物而一天人，這樣

---

36　新儒家的範圍還有爭論餘地，本文所指是從熊十力、梁漱溟、唐君毅、牟宗三，杜維明及他們的弟子們。

37　牟宗三：〈談宗教、道德與文化──答臺大中文系同學問〉，見氏著：《時代與感受》（臺北：鵝湖出版社，1984），頁 180。

的境界是唐先生心最嚮往之的。不過，他並沒有說基督宗教和東土佛學是完全沒有價值的，他也沒有說基督宗教的長處是儒家可以完全取代的，換言之，基督宗教裏面至少有部份的長處是儒家所沒有的。尤其是一個超絕型「上帝」的觀念，與中國的「天」是很不同的展現，就最高的絕對者來講，當然唐先生認為儒家的「天」既超越又內在是比較殊勝的，但是這個比較殊勝的體系並不能夠徹底的取代超絕型態的天或上帝這樣的信念。對某些眾生而言，基督宗教是較適合的。就此而言，我們可以看到唐先生肯定儒家之餘，並沒有認為儒家可以徹底取代別的宗教，但是他之所以能肯定其他的宗教，並不是說別的宗教所被肯定的東西是儒家所兼備的，就像基督宗教裏面講超絕的上帝，是儒家所沒有的東西，但是一樣被唐先生所肯定，這就顯示出唐先生離我們上面所講的包容型較遠，而比較接近多元對話形態。也就是說，既肯定自我的宗教信仰，同時也能夠正視別人的長處，而希望截長補短，綜合起來成就一個更完美的多元文化信仰體系。

為甚麼唐先生會有這樣一個哲學思想產生呢？我們也許可以這樣去理解。中國哲學家在談基督宗教之時，往往停留在形而上學，存有神學等方面的探討；而談佛教的時候，也很容易究心於因明邏輯、形上系統。唐先生則不然，唐先生採取一個實存主義的進路，所以他重視佛教裏面的苦業意識，也重視儒家裏面的同情共感。感此苦、同斯情，都指向他哲學的基礎點──一個實存的感受，一個對生命的感受，而不是究心於一個形上系統的精巧。

相對來說，牟先生的哲學很容易讓人進入形上探索，我

們可以看到牟先生思路的嚴謹、系統的精巧；但是唐先生的哲學卻更容易看出來一個仁者心懷，這是一種重視眾生生命實存感受的仁者型態。研究新儒家的長輩們談到唐、牟兩位先生，常以「仁者」、「智者」二種典型來區分，這是確有所見。

　　唐先生的思想是以實存的生命感受為出發，是從情出發的；而牟先生是從邏輯分析、知識體系，是從理出發的。牟先生呈現出相當不同的哲學型態，就判教系統的建立言，較傾向於撿別分別相；而做為一個仁者的唐先生，他以感受為出發，因此重視到眾生的苦難，眾生有苦、業、悲、不足，這馬上喚起同情共感，指向我們的使命。而哲學的使命不是形上系統的建立，不是精巧論說的架構，而是如何使眾生的苦難得以解脫，這一種類宗教的情懷，使唐先生把他哲學的重點，擺在如何真正解決人類實存的生命的苦難上面；而人類生命的限制既有不同，因此也需要不同的教法、不同的法門。唐先生這一種想法，明顯地看出佛教對於他的影響，這一種「法門無量」的思想，在唐先生的哲學體系中充份的顯示出來。換言之，唐先生不排拒任何可以救渡眾生的法門，這一點我們可以從他的哲學的根本立場看出來，是一個「成教」為目的的思想，而不是一個「成學」為目的根本考量，他所要的不是一個學術成就而已，他所要的是一個人格成就，要的是一種生命的救贖，就這一點而言，唐先生實不愧為一個具有典型的宗教性格的儒家信徒。

　　進一步講，正因為佛教「法門無量」的觀念影響，才使得唐先生也能夠掙脫觀念論的限制。依照黑格耳精神辯證的

方式，可以把不同的宗教看成為同一精神的不同表現。統一的是絕對精神，雜多是精神的不同表現，「一」、「多」是相容的，「多」只不過是「一」辯證的呈現，因此雜多都可以收攝於這個統一裏面，唐先生受黑格爾的思想影響很大，但是在這個層次而言，他並沒有被黑格爾辯證的思想所限制，原因在於唐先生根本的出發點，是一個實存的道德感情；這一種實存的道德感情使他能夠通過同情共感，體會不同眾生的實際苦難，因而相應的重視不同的眾生需要，所以也就容易肯定適應不同眾生需要而產生的不同宗教法門。因此唐先生能夠突破霸道的、併吞性的精神辨正，而能夠重視不同生命個體；他雖未放棄了超越界的統一性，但卻能夠同時重視個體性的不同需求，這其中重視統一性與兼容個體性的差異，可以看出來他的哲學與黑格耳唯心論非常不同的特色。

## （三）一元與多元

　　我們現在進一步談另外一個問題：多元和一元。唐先生的哲學系統，重視不同的宗教信仰的長處，但這是不是代表多元主義呢？而主張多元主義是否就必然陷入相對主義呢？

　　約翰希克是一個典型多元論的神學家，他著有《上主有多名》；另一位美國神學家也以《別無祂名？》（No Other Names？）呼應。[38]這些神學家的立場，都反映著多元論。而包容型的形上系統比較傾向一元論，所以雖然不排拒其他宗教，但卻希望盡量將不同宗教收攝在同一信仰型態內。無論

---

38 Paul Knitter, *No Other Name?:A Critical Survey of Christian Attitudes Toward the World Religions,* Orbis Books, 1985.

獨特論或包容論都跟多元主義不同，而他們常以為多元論必然陷於相對主義。

首先應該在概念層面上澄清，一元與多元，相對與絕對這是分屬兩組概念；同時，「一元與絕對」以及「多元與相對」並不構成必然的組隊連結；當然，某些排他論者，會把宗教一元論與絕對真理連結起來，於是一元與絕對就組成一對概念，並攻擊多元論者陷入相對主義。為甚麼會這樣呢？因為有些學者將一元關聯到一神論，而多元就是多神論；[39]此外，也有論者主張只有一個真神，而此真神擁有絕對真理；於是很容易就將一元、一神與絕對主義連結起來。相對的，多神、多元就陷入相對主義了。[40]

但這是筆者所不能同意的，首先，必須說的是一神（monotheism）與多神（polytheism）這一組概念，不一定跟一元與多元相干；所以將多神與多元掛勾並非合理。讓我從兩點分析；第一點可就宗教對象與宗教信徒而言，舉唐君毅判教為例；從宗教信仰的對象來說，唐君毅採取一元論立場，

---

39 多元主義本來是政治或社會的概念，但也常借用在宗教與文化的討論上，於是有人將多元與多神連結起來，譬如李玉昆就因為考察到泉州寺廟供奉不同神祇，就提出結論云：「綜上所述，泉州寺廟雜祀多神神祇，反映泉州多元文化在宗教方面對不同宗教兼容不歧視，各宗教和平共處。」這結論正好反映出作者認為崇奉多神，就是多元宗教文化的表現，直接將多神與多元相提並論。這種觀點在文化研究、宗教調查等方面，並非獨見。參考李玉昆：〈泉州寺廟奉祀神祇與多元宗教文化〉，《泉州師範學院學報》，第 31 卷，第 5 期，2013 年 10 月，頁 15-19。

40 其實，獨特與包容或一元與多元的問題比較複雜，譬如從基督論立言，很容易強調獨特性而並非普遍性，那更不容易接受多元論。但從上帝中心看，則容易表現出包容態度；至於從教會中心立言，則甚至有人主張教會是啟示與救恩的唯一場所，所以提出教會之外無救贖。

所以主張各教相信的是同一超越實在;但從宗教信徒的層面來說,各教對此一元的理解及表達,可以極不相同;而唐君毅都加以肯定,所以他是採取多元主義的立場。

換言之,所謂一元,並不一定指一神論;而可以指各宗教殊途同歸,都是相信一絕對的超越;既然相信的是同一絕對的超越者,這就有反對相對主義的意思;換言之,這種信仰對象上的一元論,可以同時表現為不同宗教在理解與表達方面的多元主義。而多元主義則不必然反對絕對真理;多元也不必然表現在信仰對象方面必須超過一個;反之,它可以表現為宗教信眾回應的差異性;而就這差異性言,就是一種多元主義。譬如希克就曾建議稱不同宗教信仰對象為「永恆之一」(Eternal One),作為永恆的一,自然是無窮與圓滿,根本非人類思想、語言及經驗所能盡知;但不同民族使用不同語言及模式去回應同指而異名的對象,而這正反映出宗教的多元主義。[41]就此而言,希克理解的宗教多元主義正好就是一方面肯定不同宗教有共同或共通的信仰對象;但另一方面,則肯定人類對此一對象,產生不同的反應,並使用不同的宗教表達。簡單來說,信仰「對象可以會歸而一元」,但「人類反應可以差異而相對」。

第二,多元主義者儘可以主張某一個宗教掌握最後的絕對真理,但是他卻不一定主張這個宗教能掌握全部真理。最

---

41 John Hick suggests to refer "the ultimate object of religious worship, experience, and contemplation, the Eternal One." This One is encountered by different peoples and, naturally, is expressed differently by different peoples in different cultures. See John Hick, *God has Many Names*, p.22.

後的真理與全部的真理是不同的概念。對於一儒教信徒來說，也許他會說四書是最終極的真理，但是他不必說人類所能認識、掌握到的真理都在四書之中。譬如幾何學與邏輯學的真理，顯然不能在四書中找到。因此這位儒者盡可堅持儒家握有最終的真理，而這是絕對的；但他仍可以接納不同的真理，而不必陷入相對主義；因為這些真理跟最後真理屬於不同層次。

總而言之，「一元和多元」、「一神與多神」以及「絕對與相對」才分別是相應的對比項，不應隨便連結，混為一談。不過，參考希克的多元主義的理解，唐先生傾向於多元主義的看法，因為他一方面，認為不同宗教指向共同的真實（Reality），或稱為超主客境。但他認為心靈回應此共同的最後真實，卻因把握與理解不同，而相應展現不同境界，於是不同民族就形成歸向一神，我法二空或天德流行等境界。

再進一步來看，唐先生這一種對不同宗教的肯定，我們可以看出對話和溝通的必要性。正如盲人摸象，不同宗教或各引一端，而非能把握全貌；就此而言，不但需要尊重彼此，更應進一步進行宗教交談與對話。

從近代的對話理論來看，有兩種不同型態的對話，即辯證性的對話與互補性的對話，辯證性的對話比較傾向於取得統一的辯證結論，互補性的對話則所重是在對話的過程裏，讓各自不同的個體貢獻他們的看法，以共同逼進真理。唐先生是通過對話的邏輯，讓各種不同宗教教義在他的著作裏面中呈現、對話、溝通、協進到更高、更完美的境界。

# 五、結　語

　　唐先生的判教，固然立足於東方的哲學，特別是儒家的哲學，但是他展現的是世界宗教文明的胸襟，他所構築的哲學藍圖，是多元文化世界的哲學藍圖，同時他已經從僵硬的啟蒙理性主義鬆動出來，而從實存的道德感情出發，來掌握不同宗教，由此來衡定高下，也因此能夠重視、肯定不同宗教的長處，建立無量的法門，來利渡眾生。

　　此外，他的判教肯定了不同宗教呈現真理的不同方式，但亦同時沒有落入到相對主義的泥淖。唐先生在肯定超越界的同時，也接納在回應超越界方面，不同民族文化呈現差異化的形式；這種多元文化主義色彩，筆者認為類近約翰·希克的觀點。

　　最後，唐先生的判教並不將儒家判定為高於他教的宗教；不同宗教反而承認不同宗教的精神資源，從而開啟出對話與溝通互補的可能，因此也就打開了中國哲學與世界思潮裏面一個良性互動的橋樑。簡而言之，唐先生的判教哲學是由跳脫出獨尊儒術的危險，而邁向於重視平等對話的多元文化立場，他也使得良性的溝通、對話取代了惡性的競爭與排斥，就此而言，唐先生的儒學詮釋非常符合眼下的二十一世紀的儒學文化、中國文化的發展。因為從中國內部言，中國幅員廣大，民族眾多，多元的襟懷讓我們能夠理性的面對差異，共創未來。而從世界看，如果說二十世紀的世界是地球村時代，那麼二十一世紀的世界應是網路村時代了，地理間

距的不便必將因為資訊交通的發達而被克服，科技的發展、資訊的流通，特別是網路的普及，將全球化過程急速加劇。在這樣一個世界中，沒有一個國家可自外於其他國家，更沒有一個文化可以自絕於世界文化之外。面對這樣一個形勢，今天我們在走向二十一世紀的過程中，就必須有國際的視野，全球的關懷，而多元文化觀最足以開展我們的視野，拓深我們的了解；因為多元文化觀，讓對話替代獨白，以溝通打破宰制，通過這樣的歷程，不但文化的異同得以彰顯，更重要的是大家都可以擴充視域，豐富所見。這樣一來，我們不但可了解對方，更可以進一步在對比中深化自我的了解。知己知彼，一定大有助於我們在下一世紀中走出中國人的康莊坦途。同時，也讓華夏文化在溝通對話的過程中參與世界文化的創造，促進人類的文明。

# 第六章　唐君毅先生對自由主義民主觀的反省
## ——兼論其社群主義色彩

## 一、導　言

　　儒學面對現代西方政治思想的挑戰，歷經不同階段的回
應，從早年天朝大國不屑一顧的立場，到晚清的中體西用觀，
已經顯示出對西方文明的受容；但最初也只限於肯定西方科
技，特別是船堅炮利而已；當時很多儒家士大夫始終認為在
價值思想及社會政治方面，中國還是卓然自立,無需假借外
求。[1]但隨著列強的入侵，中國岌岌可危，再加上日俄大戰，
立憲的日本竟然戰勝強大的帝俄，更激起部分國人對西方政
體的信仰，所以日後無論主張維新抑或革命，都基本上肯定
西方政體。最後甚至出現全盤西化論，徹底肯定西方民主自

---

1 參考郭廷以 (1979):《近代中國史綱》(香港:香港中文大學出版社)，頁
　187-264 及 299-326。See also Immanuel C. Y. Hsu (2000): The Rise of
　Modern China. New York: Oxford University Press, 'Periods of
　Self-strengthening-the first period, second period and third period',
　p282-296 and 'Reform and Constitutionalism at the End of the Ch'ing
　Period', pp. 408-418.

由的思想。當然新儒家也反對全盤西化論，但比時賢進步
之處，在於他們並不盲目反對西方。基本上在西化論調高唱
入雲之際，新儒家已經努力匯通中西文化，而並非反對民主
自由；他們試圖本中國文化之精神資源，批判地融攝民主與
自由的觀念，而不是全盤將西方民主自由直接移植到中國土
壤之上。所以無論唐君毅（1909-1978）、牟宗三（1909-1995）
或徐復觀（1904-1982）等，儘管對民主自由各有看法，但基
本上都努力回應西方民主與自由的思潮。[2]

　　一九五八年，新儒家發表〈為中國文化敬告世界人士宣
言〉，其中就直言：「中國政治制度中，僅由政府內部之宰相
御史等君主權力所施之限制，必須轉出而成為；政府外部之
人民之權力，對於政府權力作有效的政治上的限制。僅由君
主加以採擇與最後決定而後施行之政治制度，必須化為由全
體人民所建立之政治制度,即憲法下之政治制度。將僅由篡竊
戰爭始能移轉之政權，必須化為可由政黨間作和平移轉之政
權，簡言之，中國政治必與取消君主制度，而傾向於民主制
度之建立。」[3]這是新儒家代表人物聯名發表的宣言，足見新

---

2 譬如唐君毅（1980）：《文化意識與道德理性》（臺北：學生書局）、牟
　宗三（1980）：《政道與治道》（臺北：臺灣學生出版）、牟宗三（1984）：
　《時代與感受》（臺北：鵝湖出版社）及徐復觀撰；蕭欣義編（1979）：
　《儒家政治思想與民主自由人權》（臺北：八十年代出版社）等。其中
　徐先生對自由主義頗多商榷，參〈為什麼要反對自由主義?〉，收入氏
　著：《儒家政治思想與民主自由人權》，頁 283-293，而唐先生對民主政
　治也有保留，譬如在《文化意識與道德理性》等書都曾對西方民主自
　由思潮提出批評。
3 唐君毅（1978）：《說中華民族之花果飄零》（臺北：三民書局股份有限
　公司），頁 163-164。

儒家肯定民主價值的根本立場；特別是牟宗三先生，他甚至認為「就政治型態來說，民主政治是最後的（final）型態。」[4]

　　但新儒家雖提倡在中國建立民主制度，但卻認為不能複製西方經驗，而應該本中國思想，加以批判地吸收，所以唐君毅說：「如果我們要取西方民主思想之民主制度之長，以補我之所不足；我們亦要有一番抉擇……中國如要有真正的民主思想，必須在中國思想中生根，但不能在中國思想中之先秦法家思想中生根，而須在中國之儒家思想及道墨二家思想之一部份生根。中國民主思想，所依之最高概念，當即為——或包含——中國古所謂人性之實現與人文之化成。」[5]唐先生試圖立足於儒學，而轉化西方民主與自由的立場是明顯的。

　　所以儘管新儒家也談民主自由，但跟近代以來，政治自由主義實有本質上的差別。廣義的自由主義是支持民主社會的信仰，譬如胡適（1891-1962）等就持守這種想法，[6]而新儒家雖講自由民主，但並不贊同這些民主自由思潮，甚至批判這些自由民主想法。因此，客觀上需要進一步梳理新儒學與民主自由的關係。而無獨有偶，八十年代以下，社群主義也對自由主義展開嚴厲的批評，譬如沈岱爾（Michael Sandel, 1953-）、麥金泰爾（Alasdair MacIntyre, 1929-）、泰勒（Charles Taylor, 1931-）、貝爾（Daniel Bell, 1919-2011）等，[7]

---

4 牟宗三（1984）：《時代與感受》（臺北：鵝湖出版社），頁 387。

5 唐君毅（1988）：《中華人文與當今世界補編》（臺灣：臺灣學生書局），下冊，頁 168-169。

6 譬如胡適：〈自由主義是甚麼？〉，殷海光：〈自由主義底蘊涵〉，收入張忠棟、李永熾與林正弘主編（1999）：《甚麼是自由主義》（臺北：唐山出版社）。胡文見頁 215-218；殷文見頁 225-245。

7 有關社群主義的中文的優質簡介，應該參考俞可平（1988）：《社群主

都從不同面向對政治自由主義（political liberalism）提出批評。[8] 其中儒家與社群主義在批判自由主義的立場上，又共享不少觀點，值得對比。由於新儒家幾位大師各有不同發揮，自然不容易在一篇短文中完整處理；本文目標有三，其一，以唐君毅先生觀點為主，說明他對民主自由觀的批判；其次，分析其所以然的深層立論基礎，並提出唐學所映現的儒學五維關係性自我（Confucian five dimensions of a relational self）其三，何信全教授籠統的提到：「以當代自由主義政治哲學的眼光觀之，唐君毅此一自由哲學，實與社群主義的自由哲學,頗多合轍之處。」[9]本文嘗試細部說明唐君毅的民主論述在確實反映出社群主義的色彩。當然本文無意論證儒家思想就是社群主義，也並非主張新儒家就只有社群主義色彩，而是要說明新儒家在包含其他思想特色之同時，也呈現部分社群主義的色彩。

## 二、唐君毅先生對西方自由主義民主政治的反省

### (一)反省轉化以求更加完滿的立場

　　當代新儒學並非只是將西方民主自由理念加以引介並全盤接收，換言之，新儒學並非進行一種不加揀別的接枝工作，

---

義》（北京：中國社會科學出版社）。

8當然有些人會拒絕這個社群主義的標籤。但不少著作都把他們視為社群主義代表性人物，如 Stephen Mulhall and Adam Swift (1996), *Liberals and Communitarians* (Oxford: Blackwell)

9何信全（1996）:〈唐君毅論儒學的自由精神〉，收入氏著:《儒學與現代民主》（臺北：中央研究院中國文哲研究院籌辦處），頁 128。

而是既要引入西方民主概念，亦本於自身的立場加以反省進行批判，他們的想法並非單純將西方民主自由加以調整，以便適應中國土壤本色化的運動。而是本於人性及道德的要求，試圖將西方民主自由的傳統加以豐富甚至達到完滿。[10]從這個角度看，當代新儒學是運用儒家精神資源以進入世界哲學的主要舞台，所以新儒家不是西方哲學的消費者，而是世界哲學的對話者及生產者。論者早已發揮新儒家追尋民主自由的觀點，特別是牟宗三的外王說，就有很多發揮。但這並非本文論述焦點，本文將集中於唐先生如何反省西方民主自由觀的問題。

## (二)從價值主體的平等性肯定民主

對於西方民主自由的反省，新儒家有頗多貢獻，學者如徐復觀及錢穆（1895-1990），對西方自由都提出反省與批判，而本文集中分析唐君毅對西方民主自由的反省。從唐先生的哲學來看，他首先重視個人作為理性主體之身分，也就是一能不斷反省自覺，甚至對反省進行反省，對自覺本身能反思自覺，這是一種「覺覺」的主體；[11]這種進路是從能夠進行理性反省的主體入手，肯定主體能自覺自新，並進而肯認他

---

10 這方面的論述，早年的可參考杜維明，近年自成一家之言的有李明輝的著作。參考李明輝（2008）：《儒家視野下的政治思想》（臺北：臺灣大學出版中心）。

11 唐君毅在《人生的體驗續編》等書就曾提到所謂「覺覺的活動」，參考William Yau-nang Ng, (2003), "Tang Junyi on Spirituality: its Foundation and Contemporary Relevance," in *Confucian Spirituality*. Edited by Tu Weiming and Mary Evelyn Tucker. New York: Crossroad Pub. Company. PP.377-398.

人亦為一能反省自覺的價值主體，而不是可以駕馭或支配的對象，從而肯定個別主體價值平等，並共同組成國家主權。唐先生說：「於是吾人不肯定承認他人之政治活動則已，吾人一肯定他人之政治活動，亦同時必然當肯定他人之有某一種主權。而主權之所有不屬於個人，而屬於全體國家人民，……則以個人政治活動中所要求之主權，乃依他人之肯定而有主權。而個人之政治活動中所要求之主權，亦只能要求他人所能肯定之主權。由是而主權在表面上無論在一人或一部份人，而實際上皆為一大群人『肯定他人政治活動』之集體之產物。……即表面屬於特定之任何人或一部份人，而實際皆當言屬於全體之國家人民。[12]」所以，從肯認價值觀點來看，它不只是肯定個別主體的價值性，而是肯定各別不同主體之價值。既然一體肯定各別主體，於是便產生了政治平等的理念。從人的平等性的肯定，又必進而反對君主專制或貴族獨裁，而倡議人人平等，主權在全國人民的民主政制。

同時又因肯定人為理性主體，所以又重視人的自決權，這一點是明顯反對黑格爾（Georg Wilhelm Friedrich Hegel, 1770-1831）對東方民族的討論及意見，黑格爾認為東方只有君主擁有自由，只有君主能決斷事實[13]。相反，在西方民主

---

12 唐君毅（1975）：《文化意識與道德理性》（臺北：學生書局），上冊，頁 207-208。

13 In his book *The Philosophy of History,* Hegel mentioned: 'From all this it is clear that the Emperor is the centre, around which everything turns; consequently the well-being of the country and people depends on him.' G. W. F. Hegel (2001), J. Sibree trans., *The Philosophy of History,* Kitchener, Ontario: Batoche Books, p.144.

體制下，人人都有權參與決斷，例如是普選，通過選舉機制來表達人民的意志。所以，黑格爾認為東方只有皇帝一人是自由的，整個東方精神發展歷程只處於一個蒙昧的神權專制階段，而西方才是理性主體發展的高峰。[14]唐君毅梳理出儒學亦重視人的價值與尊嚴，重視道德理性主體的建立，這些肯定都是唐君毅先生認為儒家足以涵容並發展西方民主政制的精神資源。

### (三)私利化的問題

但是，唐先生不僅僅重視西方的民主政制的平等性及理想性而已，他認為平等性與投票制雖然很關鍵，但並不充分。其實，正如瓜寒（Gordon Graham）也提出民主的建制（institutionalized），並不代表民主的實現（realized）。[15] 就算擁有投票等民主建制，也不代表民主已然實現。譬如金權勾結，讓選舉變成富人遊戲，自然不能讓民主真正得以實現。唐先生說：「民主政治之實踐，……如不依於人對政治人物本身之才幹道德之差別之辨識，則必然只能依於候選者之供宣傳之金錢之差別，及善於宣傳與否之差別，及其他之偶然的不相干的差別，以為決定；而使民主政治之實踐中，並無真實的人與真實的人之政治關係之存在。此是民主政治之實

---

14 卿文光指出：「黑格爾有言，處於國家形態發展的第一階段的東方王國是『自然國家』……是神權專制的國家……本質上是家長制的……」，而近代的日耳曼王國〈即近代資產階級民族國家〉才屬高級的發展階段。卿文光 (2005)：《論黑格爾的中國文化觀》，(北京：社會科學文獻出版社)，頁 266。

15 Gordon Graham (1999), "Liberalism and Democracy," *Journal of Applied Philosophy,* 9: 156.

踐上最大的困難。」[16]這是十分有洞見的，民主選舉要宣傳，而這就讓民主競爭變得不平等，有大金主的支持，使得政商關係密切，以及宣傳需要媒體，而媒體正正在資本家手中。這就讓平民無法得到公平的競爭，甚至無法參與競爭其中；凡此，都是常見的民主政治弊病。

唐先生的睿見，並不停留在政治制度層次，而追求制度背後的文化意識與道德理性。首先，政治上的自由本身並非只是主張個體不被限制的意思，當中更涉及公眾權責的安排；就此而言，個體自由在民主制度下仍有衝突的可能性。譬如民主若是實行多數決的機制，則多數意志固然得以貫徹，但個體權利也可能隨時被公意所侵害，這在多數決的機制下依然無解，而必須反省民主自由背後的理論預設與價值預設。也就是說民主體制隱含一套價值理想，反映著一種文化意識和道德價值觀念。要落實民主，還是得探究民主政治的價值基礎。

對唐先生來說，要真正實現民主，還得落實道德價值。唐先生認為在平等自決原則之外，尚須追求政權施政的合理性；具體來說，民主制度的目標在於保障主權在民，但不能保證自決的民眾會充分發揮正向價值；於是擁有權力的人民，其未免受私利所限，而難以公益為重，於是民主制度往往淪為各為己私的爭權奪利舞台。而實則上，在民主國家中，實不乏可以印證唐先生的觀察實例。

筆者認為民主政治當然比貴族政治或君主專制合理得

---

16 唐君毅（1980）：《中華人文與當今世界》（臺北：學生出版社），下冊，頁536。

多，因民主政制試圖給予所有民眾應有之權利。可是，民主制度雖然保障了民眾自決的權力，但卻無法保障民眾自決的品質。

　　同時，自由主義過度重視個人權利，而不能限制人們不斷爭權的意識，遂使人人為爭取自身權利，而置他人或整體的權利利益於不顧。徒制不足以立，而必有待於人。所以若人的素質不高，則民主政治的素質也堪虞。從這裡也看到自由主義的限制，因為自由主義關注權利意識，所以自由民主制度強調的是民主授權而來的合法性，但這並不足保障結果的合理性。合法的選舉盡可以有不合理的結果；希特勒(Adolf Hitler, 1889-1945) 也是合法選舉出來的，但其當選卻是德國，甚至世界人民災難的開始。顯然我們在追求政治合法性之外，需要追求政治合理性。而真正使民主得以落實，在合理政治之外，還是得兼顧人民的教育水平。而在這脈絡下，唐君毅的道德論述就更能發人深省。依唐先生之見，道德理性追求普遍容觀化，使得個人的考慮漸次能兼顧他人，於是能離開私心之限制，以更求普遍的公共利益。這種儒家式的思路，重點不是將公私對立，或理欲分流，而在即事而顯理，超私而達公，也就是說人當發揮道德理性，擺脫己私的限制，而成就大公之心；民主協商之所以可能就在於不僅僅考慮個人權利，而能超越自我，兼顧他人之欲求與權利。而當超越層次越高，則必然愈加考量超越個人之公眾利益。

　　更重要的是民主制度講究權利，卻未必講求道德；而民主政制下雖人人有權，卻未必人人爭取公益，因為有權未必有德，自然不能免於私慾的影響。人民有權也未必選賢與能，

反而多數爭取個人利益，自由主義的民主制度不免成為不同權力及興趣之間的角力與妥協，而人民為了各自推動各自的意慾及私利，便不免結黨營私，置大局於不顧。自由主義民主的缺點，不在於不能考慮不同人事的權益，而在於立足於權利。這種權利心態往往在不自覺中，就將民主協商視為權利爭奪的合縱連橫，今日許多民主大國，常常陷於黨派以私害公的計算而不能自拔。所以要充分實現民主，還得強化民眾的道德意識，挽救私心自利的毛病，以優化民主的實現。政治問題不能只靠道德，但政治素質卻真不能少了道德。

## (四)平庸化的問題：平等原則與差異原則

其次，民主制度下一人一票的投票機制中，不論選民知識及道德的高下，每票等值。可是，現實社會中才德兼備的人只佔少數，無論參選與投票的選民都不見得具備比較高的道德與識見；依此看來，民主選舉不免使得社會更平庸化。所以唐先生在反省之後，還提出差異原則。唐先生說：

> 「民主政治之實踐，根本是一選舉的抉擇。此抉擇只能依於差別原則，而不能只依於平等原則。依於平等原則，只能說一切人皆有選舉權和被選舉權或被選出之可能。以此原則，可以推翻一切特權階級。此無問題。然如一切人皆同只有此可能，則一切人皆可被選出，一切人亦皆可不被選出。如果無「差別原則」之加入，則積極的民主政治之實踐，仍不能成就。[17]」

---

17 唐君毅（1980）：《中華人文與當今世界》（臺北：臺灣學生出版社），下冊，頁536。

綜合唐先生之見，可分消極與積極兩面說明，消極方面，唐先生質疑民主只是一種決定機制的想法，並點出民主多數決的投票，若無道德價值以輔助，則民主難免為私心所敗壞，甚至形成多數暴力。同時，積極方面，唐先生點出平等原則的毛病，往往流於平庸化，而不能真正選賢與能。

## (五)從人性與道德入手以優化民主政治之表現

話雖如此，唐君毅雖然認為民主制度有其局限，但也並不主張棄而不用，因為民主政制，至少保障了人民的政治權利，但民眾擁有權力，卻未必能善用權力。所以如何提升權利主體的能力與條件，就成為優化民主的重要關鍵。例如在如何使到人們行使自決權時盡量減少其受私慾牽引或情緒的限制，這或許需要發揮人性的光明面，以提升選民的素質。所以唐君毅說：「中國民主思想，所依之最高概念，當即為——或包含——中國古所謂人性之實現與人文之化成。[18]」

其實，除了以法律防止黑金破壞民主之外，理想的選民確實需要具備道德意識及民主意識，才能有效保障民主的落實與深化，而這就指向民主政治的植基或育苗工作了，所以道德文化等協進群眾民主素質的工作，才是優化民主之重要奠基工作。唐先生說：「在民主制度下，主權在民，人人皆是君主，則我們亦必須要求一切人民，同有尊賢與能之道德與器度。此只是一個道理之擴充的應用。而這種政治組織所依

---

18 唐君毅（1988）：《中華人文與當今世界補編》（臺灣：臺灣學生書局），下冊，頁 169。

據的原理不再是單純的依於『諸分別依特定之共同目標，而分別結合成，分別表現人我心之間接統一』所成的現代西方社會的政治模式。」[19]唐君毅的結論是：「最善良之政治必為由承認民主政制，而又在制度之外求改進其下之人民之社會政治生活之民主政治。此即為一種兼以道德文化之陶養改進人民之政治意識之民主政治。」又說：「由始而欲補救民主政制之所不及，所以必然有賴於人民道德意識之提高，而此則教育文化之事。教育文化為政治之基礎，亦毫無疑問者。」[20]總而言之，唐先生對民主制度的反省，主要是希望透過道德教化，用禮治、仁治、德治來提升道德，協助民主政治優質化。

## 三、唐君毅反省自由主義民主政治的深層基礎

如果要追問，唐先生批判自由主義民主政治的深層基礎，本文認為可以從自我及制度兩方面說明。

### (一)自我層面的基礎

1. 原子式自我(Atomistic self)與關係性自我(relational self)

在自我方面，社群主義者多數批評自由主義者的自我觀，譬如泰勒就認為自由主義所設想的自我，是受到笛卡兒

---

19 唐君毅（1978）:《中國人文精神之發展》（臺北：臺灣學生書局），頁199-240。
20 唐君毅:《文化意識與道德理性》，下冊，頁283-284。

（René Descartes, 1596-1650）到康德（Immanuel Kant, 1724-1804）的影響，他們認為自我是一獨立於世界的主體，泰勒稱之為原子主義（atomism）。[21]泰勒認為自由主義所設想的主體，是一抽離具體社會脈絡的孤立主體，或稱為一了無關涉的主體（disengaged self）。[22]相對而言，古典儒家思想並沒有這種將人抽象化去理解的主張，唐先生也說：「孤立的個人，棄人文以返自然的個人，與消極的不受一切人倫規範之自由人，非儒家之理想人物。如果照應著現在時代說，則英國洛克式之「個人為一獨立之實體」之個人主義哲學（洛克之政治制度論乃另一問題），或斯丁那（Rudolf Steiner, 1861-1925）易卜生（Henrik Ibsen, 1828-1906）早年之個人主義，與其他主絕對放任之自由主義者，依儒家精神即不能贊成。」[23]其實，儒學最重視將人放置於具體的脈絡中，所以儒家談人，多從倫理關係入手，譬如五倫，就是從關係中掌握個體。這一種個體，筆者認為可以稱為「關係性自我」（relational self）。儒家的核心思想是仁，仁從字義上來說，就是顯示出一個人與人的關係。如果說仁者愛人，愛必有其對象，亦即展現出愛的對象性，而不是抽離具體、原子式般理解個人。

**2.** 自足式自我與發展的自我（Self in self-contentment

---

21 Charles Taylor (1985), "Atomism," in his *Philosophy and Human Sciences*, Cambridge: Cambridge University Press, Vol. 2, pp. 187-210.

22 Charles Taylor (1989), *Sources of the Self: The Making of the Modern Identity,* Cambridge: Harvard University Press, p. 21. 泰勒的分析隨處可見，但比較集中的可參考其對笛卡兒的討論。

23 唐君毅（1974):《人文精神之重建》(香港:新亞書院研究所)，頁 190。

versus Self in Process）

在關係中的個人的另一層意義，即重視個體在具體脈絡中的成長，一種抽離於脈絡、孤絕於世界的原子式主體，在儒家思想脈絡中也是難以想像的。事實上無人能否認主體需要在具體脈絡中成長，也就是說任何的主體都具備社會性，必須依賴具體的社會脈絡才能成長，從儒家的理想講，就是講從個體的道德倫理發展，追求盡倫盡制，以便盡性成己。在《人文精神之重建》一書，唐先生認為：「儒家論個人之人格之至尊無上，必自個人之仁心之無所不涵蓋，能成就潤澤他人或群體上說。他講個人自由，必自個人由盡倫常之道，以盡性成己，而真有所自得上說。」[24] 人之人格尊嚴是可貴的，此一尊嚴又非憑空而來，而必須在一具體之群體中發展圓熟，因此儒家一方面肯定自我尊嚴，一方面又肯定社群就是此一尊嚴得以發展與實踐的條件。[25]

就此而言，儒家思想中的自我與西方自由主義所設定之原子式的自我，可說是背道而馳。總結以上兩點，我們必須展現儒家思想，特別是唐君毅先生所詮釋下的儒家思想的關係性面向。

---

24 唐君毅（1974）：《人文精神之重建》（香港：新亞書院研究所），頁 190。
25 美國儒學研究泰斗狄百瑞正確的指出儒家傳統中的個人與社群是相互依靠的。Wm Theodore de Bary writes that "the actual fate of Confucian communitarian institutions, in their historical development, can be instructive with respect of the long-term struggle of the Confucians to affirm the mutual interdependence of the community and the individual." See his "Confucianism and Communitarianism," in 陳榮照編（2003）：《儒學與世界文明：國際學術會議論文選集》（新加坡：八方文化企業公司），頁 919-932。

3. 關係性及儒家的關係向度：

(1)關係性：

　　一般對關係的印象多數是負面的，如以為討論關係便代表有損公平，但是關洛維特教授早已在其經典名著中指出關係是人類社會正常的現象，對有關係的人大家會多一分信任度與親切感，所以，人類社會脫離不了關係，在缺乏制度的環境中，人與人之間的社會網絡與信任關係，讓經濟活動得以展開。[26]台灣黃光國教授有《儒家關係主義》一書[27]，討論儒家思想與人類行為的具體關係，開啟了對儒家關係性的研究，可惜多限於社會面的考察， 而缺乏在儒家哲理層面上的剖析。

(2)儒家的五維關係性自我（Five Dimensions of the Confucian Relational Self）：

　　唐先生詮釋的儒家哲學在宇宙論、道德論及社政哲學方面都呈現關係性，並摒棄孤絕的原子論形態的思想模式。在唐先生映現的儒家哲學中，至少可以找到五大關係性向度[28]，筆者提出「儒家的五維關係性自我」以說明之：

　　第一、自我的深度：儒家思想主張開發道德自我，講求成聖成賢的理想，唐先生明白的說：「中國先哲言立志，必期

---

26 Mark Granovetter (1985), "Economic Action and Social Structure: The Problem of Embeddedness," *in American Journal of Sociology,* 91, 481-493.

27 黃光國（2009）：《儒家關係主義》（臺北:心理出版社股份有限公司）。

28 參考吳有能（2007/6）〈從實存現象學談儒家人學精神——以唐君毅先生為中心〉，《鵝湖學誌》，第 38 期，頁 173-195。

於成聖成賢。」[29]這種希聖希賢的理想，就展現出儒家精神
性的深度；唐先生的《人生三書》，最能展現這一理想，依先
生之見，道德生活是自覺的自己支配自己之生活，這一道德
生活不同一般生物，而是人的生活；而道德問題是人格內部
問題，即：「因我深信道德的問題，永遠是人格內部的問題；
道德生活，永遠是內在的生活；道德的命令，永遠是自己對
自己下的命令，自己求支配自己、變化自己、改造自己。人
必需要在自己真切的求支配自己、變化自己、改造自己時，
才能有真正的道德意識之體驗。」[30]唐先生所言之自作主宰，
轉化生命之主張，正是儒家精神深度的闡發。

　　第二，超越的高度：儒家思想亦展現與超越界複雜而深
邃的關係，所以有天人合一的理想，拉出人與天地相比的精
神高度；唐先生講求的精神發展，並不停留在自我的層次，
他的道德自我的建立，基本上是從精神發展的高度去把握
的。所以從自我意識，談到身心合一，乃至到肯定自我以外
的世界，貫通物我，和合人己，而通向形上的精神。[31]所以
唐先生的道德自我的建立，基本上就是一不斷自我超越，自

---

29　唐君毅（1960）：：〈精神的空間之開拓〉，見氏著：《青年與學問》（香
　　港：人生出版社），頁31。
30　唐君毅（1978）：《道德自我之建立》（臺灣：學生書局），頁2。
31　唐先生說：「由人自覺其人格之存在，而自覺其身體之活動乃其人格
　　之表現，又由自覺其人格通於已實現未實現之善，而通於形上的人我
　　一體之精神實在，於是人有真正之自尊。人有自尊，於是似重新在實
　　際上視人我為二，然而以形上之人我一體，兼通於我與他人之人格，
　　於是人一方自尊，一方尊人，而於同時尊人與自尊上，體現人我之一
　　體。自尊是自覺自己之人格通於善，通於真實的形而上之精神實在；
　　尊人則是覺人之人格通於善，及通於真實的形而上之精神實在。」見
　　唐君毅（1978）：《道德自我之建立》，頁128。

求發展的精神，他肯定精神與世界的關係，[32]而精神必不停留在自我內在的世界，而求有所實現，故而洋溢於天人之際，也潤澤於社會之中。其實，唐先生從精神發展看，深層道德自我的把握與建立，必轉而排除自我的限制，而求建立對他人與對世界的正面關係。換言之，就在精神上求立人極之同時，展現出愛人以德，肯定世界，並追求不斷升進，補缺求全，以期圓滿。就此而言，超越的高度，成為唐氏儒學立足於人文德性，而追求整全關係的生命目標與動力。

第三，社會的廣度：儒家思想講求在社會政治參與，而不停留在個人層次的德性之提升，於是又開拓出個人的修身之外，尚要講求的齊家治國平天下的社會關心，這就展現儒者精神生命的廣度。

第四，歷史的厚度與未來的長度：除了橫向的社會參與及弘揚之外，儒家也有縱向的時間性承傳，這也可以說是一種保守，唐先生說：「凡此一切於『親者無失其為親，故者無失其為故』、『久要不忘平生之言』、『不忘其初』、『不失其本』之事，今之心理學家、社會學家、歷史文化學家，或以為不過習慣，此是保守。但我可正告世人曰，此決非只是習慣，此乃人所以得真成為人，我所以得真成為我，之實然而又當然之理。如說此是保守，此即是人之所以保守其人，我所以保守其為我，而人類不能不有、亦當有之保守。此保守

---

32 唐先生說：「我們既瞭解精神之必須表現于現實世界，我們要發展我們之精神，便當肯定此現實世界，而努力於其中表現我們之精神。所以我們不當求脫離現實世界。」見唐君毅（1978）：《道德自我之建立》，頁 140-141。

之根源，乃在人之當下，對於其生命所依所根之過去、歷史、及本原所在，有一強度而兼深度之自覺。人由此自覺之強度與深度之增加，即必然由孝父母而及於敬祖宗，由尊師長而敬學術文化，以及由古至今之聖賢；而我若為華夏子孫，則雖海枯石爛，亦不忘其本。由是而我之生命存在之意義與價值，即與數千載之中華民族、歷史文化、古今聖賢，如血肉之不可分。我生命之悠久，於是乎在；我生命之博厚，於是乎存；而我乃為一縱貫古今、頂天立地之大人、真我。」[33]儒家的歷史文化的傳承，並非盲目的繼承，而是講求繼承與轉化，儒家的保守並非安足於過去，而重視開展未來，所以一方面重視向上的反省性繼承，另一方面則講求向下的批導性啟蒙，故而孔子（前 551-前 479）講因革損益，承先啟後，任重道遠，仁以為己任，這就不但展現了歷史的厚度，也同時呈現未來的長度。

　　總括而言，筆者提出從唐先生的筆下，儒家思想呈現五維度的關係性自我（relational self），筆者認為儒家的五維度的關係性自我，包含反省自我的深度，追求天人合一的高度，心憂天下的廣度，傳承歷史文化的厚度，與肩負未來的長度。就此而言，儒家思想明顯地顯示出一種鑲嵌性（embeddedness），亦即是說儒家思想從鑲嵌於具體脈絡與關係之中的人來展開它的論述；儒家理想的人在唐先生的描畫下，就是在這些多維關係網絡中，得到資源，追求發展，並得以圓成的關係性自我。這一點非常重要，特別是從關係性

---

33 唐君毅：《說中華民族之花果飄零》，頁 16。

去反思當代原子論式的自由論述，更能顯示儒家思想的重要意義。

## (二)制度：中立取向與道德基礎

在國政的制定方面，有中立觀（Neutralism）與完美觀（Perfectionism）之爭，當代自由主義理論的重要特點就是強調中立觀，[34]所謂中立觀就是主張國家不可假定某些善的理念比其他好，而完美觀的支持者，則認為國政應該依據善的概念的指引，以求發展完滿。其實，中立觀本身已經預設了某種價值，本就並非真的只是提供運作框架而已。

回過頭來說，唐先生對於理想的民主社會不採取中立或價值真空的看法，反對迴避道德取態而處於價值中立的看法，他認為一個理想的民主社會應該是有道德的基礎。從這個立場看來，唐先生並不同意中立民主論的看法，而認為在成熟的民主社會的基礎上，應有一提升選民素質的價值引導，所以他重視道德教育、價值教育以及文化教育的理想。

唐君毅說：「吾人既言今之民主政制下之社會政治非必即最善良之社會政治，而又言民主政制為原則上較優於君主專制，則最善良之政治必為由承認民主政制，而又在制度之外求改進其下之人民之社會政治生活之民主政治。此即為一種兼以道德文化之陶養改進人民之政治意識之民主政治。此種民主政治，當為一種人民之願寄其信託於賢能之政治精神

---

34 See Will Kymlicka (1992), "Liberal Individualism and Liberal Neutrality," in Shlomo Avineri and Avner de-Shalit ed. *Communitarianism and Individualism* (N. Y.: Oxford University Press), pp. 165-185.

不相悖者。」[35]而各行各業各集團在建構的同時，亦因應著它的集團的特殊需要或社群需要而發展出各自的道德要求及價值理想，於是就成為一個講求道德理性而又尊重多元的社群哲學。

綜合而言，在自我與制度兩方面看，唐先生若堅持儒家思想，就一定不會輕易同意自由主義，而其思路跟社群主義也足以相互呼應，甚至彼此印證。

# 四、民主社群主義的色彩

## （一）社群主義

學界現在仍然沒有對社群主義提出一個共同認可的定義，[36]幸而貝拉（Robert N. Bellah）在晚年發表了深入淺出的一篇短文，可以展開我們的討論。貝拉歷任哈佛大學福特社會學教授及加州大學柏科來分校 Elliott Professor of Sociology，是公認的世界級重量級教授，其著作 *Religion In Human Evolution*，*Habits of the Heart*，*The Broken Covenant*：

---

35 唐君毅：《文化意識與道德理性》，下冊，頁 283-284。

36 社群主義迄今仍無簡單而公認的定義，但論者主張社群主義思考如何平衡個人利益權益與公共利益的問題，而相關問題之一就是道德主體如何建立，麥金太爾認為透過個人在家庭、鄰里及國家所經歷的「活傳統」建立富具體內容的道德主體，而解決利益平衡的問題。貝拉重視家庭單位重要性，使家庭成為一種公共機制，成道德主體實現倫理價值的場域。而泰勒認為個人的自由淪為自我實現的手段，忽視了公共利益的考慮，建立個人與社會的關係才能使自由的抉擇變得有意義。參考卜松山（1998）：〈社群主義與儒家思想〉，載《二十一世紀雙月刊》（香港：香港中文大學中國文化研究所），頁 99-106。

*American Civil Religion in Time of Trial* 等也是當代社會學經典；筆者在本文引用的是貝拉 "Community Properly Understood：A Defense of Democratic Communitarianism" 一文，該文發表於社群主義重要的代表性期刊 *Responsive Communitarianism*。[37]筆者認為該文反映貝拉對這一問題的核心看法，也是其晚年定見，具有高度代表性。貝拉曾提出民主社群主義 （Democratic Communitarianism）的價值觀，具體而言有四：第一是個體的神聖價值；第二是肯定團結的中心價值；第三是居間團體的互補性；第四是公民參與是權利，也是義務，社會應盡可能由較少的社群規模來解決。[38]我們依據貝拉的主張比論儒家思想，以說明儒家與社群主義的親和性。

　　第一，在自我方面，社群主義尊重個體的神聖性，自然反對對個體的迫害，個體既不存在於真空狀態中，而孤立自存；也非沉淪於市場與國家之內，而失其自我，反之，個體

---

37 參看 Robert N. Bellah (1995-96), "Community Properly Understood: A Defense of Democratic Communitarianism", 當中他提及了 four values of "Democratic communitarianism": 1) sacredness of the individual, 2) affirming the central value of solidarity, 3) complementary association, and 4) the idea of participation as both a right and a duty. 原文見於 *The Responsive Community*, 6, No. 1, (Winter, 1995/96). 筆者參考的是網路版,On line: 12 December, 2012. Available at：http：//aladinrc.wrlc.org/bitstream/handle/1961/584/bellah-community-1995.pdf;jse ssionid=AA4F67311C8E1D21A7215BEBAD298BF2?sequence=1

38 關於這幾點簡明的介紹，中文的著作可以參考關啟文（2002）：〈評自由主義與社群主義之論爭〉，載《社會理論學報》（香港：香港理工大學應用社會科學系－八方文化企業公司)，頁 320-321。

是在關係脈絡中存在發展。[39]

　　儒家重視人的價值，唐先生在《人文精神之重建》一書說：「儒家未嘗不以個人人格為至尊無上」[40]，「人皆是平等的能為聖之道德的主體，因而人亦皆當平等為政治社會之主體，以主張民主。」[41]足以看見唐先生如何認為儒家重視個體的神聖價值，此一神聖價值源於個體對實踐德性的自我要求，人之尊嚴就在於能源源不絕，不息不止的創生價值，此所謂：「天行健，君子以自強不息。」唐先生先從肯定善入手，而講民主公義等，跟自由主義先肯定個體權利之入路截然不同。

　　個體的價值與尊嚴，雖可體現於君子慎獨，不欺暗室，但在群己關係中儒家所講的個體價值與尊嚴，又最容易體現出來。《孟子》一書提到孔子講三種勇敢之時說：「自反而不縮，雖褐寬博，吾不惴焉？自反而縮，雖千萬人吾往矣！」所謂雖千萬人吾往矣是指「吾」這一個體若經自省而知有理，就應該尊理重道，就算面對違理的千萬人的群體，個體也不止不應妥協，反而要擇善固執，守死善道。孟子（前372-前289）本著這一精神，而展現「大丈夫」的儒家道德人格典型——「富貴不能淫，貧賤不能移，威武不能屈」。從認知層面的尊理重道，到實踐層面的擇善固執，再再展現儒家的頂天立地的個人人格尊嚴的神聖性。就重視個體神聖性之立場

---

39 Robert N. Bellah, "Community Properly Understood: A Defense of Democratic Communitarianism", pp. 4-5.

40 君毅（1974）：《人文精神之重建》（香港：新亞書院研究所），頁190。

41 唐君毅（1980）：《中華人民與當今世界》（臺灣：臺灣學生書局），下冊，頁500。

而言，唐學與社群主義實可東西互映。

　　另一方面，儒家思想重視個體，自然反對對人的壓迫，所以指斥苛政猛於虎，同時又倡導王道仁政，這都有保障個體的精神。但儒家在思想並沒有西方自由主義那種抽象的自我，自由主義所肯定的自我是抽離具體的社會內容，將自我抽離於具體社會脈絡，想像成一個脫離脈絡的理性主體。相對而言，儒家思想並沒有將人抽象化去理解，它將人置於具體的脈絡中，儒家的核心思想是仁，仁從字義上來說，就是顯示出一個人與人的關係。如果說仁者愛人，愛必有其對象，亦即展現出愛的對象性，而不是抽離具體、原子論式般理解個人。同理，儒家重視教育，即重視主體在具體脈絡中的成長。因此，一種抽離於脈絡、孤絕於世界原子論式的主體在儒家思想脈絡中是難以想像的，筆者在上文提出儒學之五維度的關係性自我，正是要講明儒家道德主體需要在具體脈絡中成長，它必須依賴具體的社會脈絡才能成長。就此而言，儒家思想中的自我與西方自由主義所設定原子論式的自我所以是背道而馳。

　　其實，相對於個人主義重視保障個人自由的權利，儒家更重視個人自由之外的「個體責任」與「公共承擔」。推大學之旨，儒家強調發揮個體之心志，以貫徹於修齊治平，而此一貫徹也就是一種明德之表現，相對於佛教的內明，儒家的明德，是合內外的通貫實踐。唐先生對《大學》就有此理解：「然大學之明明德于天下，則可說為從事大學者之開始點上之一心願或心志。此一心願或心志，則兼有極大之廣度，同時有極高之強度，以貫徹于次第之由修身，以至齊家、治

國、平天下之事之中者。由此而吾人即可本此大學之義，以直下說此大學中之齊家、治國、平天下之外王之業，即所以成就此開始點之一心願、心志，而成就此自己之明德之明者矣。」[42] 是則個人完善化與充量的實現，並非停留在自我的內在修持，而必表現為修齊治平的承擔精神，也就是說儒家式的個人修身，必須通過從家庭、國家，乃至天下的社群參與，才能得以完成。

同理，個人也不是憑空而來，而必有其淵源，這一點在唐君毅詮釋下的儒家三祭，最明顯不過。[43]從生命源起來講，儒家對天生講報本返始，從血脈來源講，儒家重父母祖先，於是祭拜祖先，所以講「追養盡孝」；而從文化而言，必有聖賢才德之士，創造文化，發展文明，然後今日才能燦然大備，所以要講「崇德報功」，以追懷文明創造者的恩德。唐先生在「與青年談中國文化」一文提到：「中國先哲所謂仁之最高表現，從橫面看是極于民胞物與之精神。自縱面看，則是慎終追遠，上承祖宗之心與往聖之志，而下則求啟迪後人，以萬世之太平為念。」[44]儒家的家族與傳統的重視，就常表現天地、祖先及聖賢的三祭之上，因為我斷非孤懸天地外，獨立無所承的虛空中人，人必存於社群中，而家庭、鄉里，聖人傳統，乃至歷史文化，都為培育個體，提供其養成的種種精

---

42　唐君毅（1976）：《中國哲學原論——原道篇(貳)》（臺灣：臺灣學生書局），頁 73。

43　參唐端正（1996）：〈唐君毅論宗教之價值及三祭的意義〉，收入《唐君毅思想國際會議論文集：宗教與道德》（香港：法住出版社），頁 1-12。

44　唐君毅：《青年與學問》，頁 61。

神及物質資源。當然，無論家族還是傳統，都可能帶來包袱，所以孔子也講因格損益之道，而不墨守成規，一成不變。其實，在理論上肯定社會歷史文化影響個體的成長，本來也可以同時肯定個體有能力超越個人所處的社會與歷史的限制；換言之，在理論上肯定社會的形塑性，並不等如主張社會決定論；儒家肯定人存在於社會歷史文化積澱中，並非採取決定論立場，所謂鑑往開來，或以史為鑑等說法，其實已經肯定主體有反省並超越歷史限制的能力。無論如何，這一觀點強調個人並非處於真空狀態，而從社群脈絡中發展成長的觀點，實與社群主義可謂若合符節。

　　第二，貝拉認為民主社群主義肯定團結的價值，所謂團結是指社會中社群中人與人的關係，而貝拉認為團結其實就是承認人是通過不同關係脈絡而塑造自己，甚至圓善自己，而相互性、忠誠以及擇善固執都是完整人生的基本特徵。[45]儒家既重視社群的價值，當然需要保守著社群，通過認同與委身，而讓社群得以穩定發展，從而讓各別個體，得以領受社群的支持與培育。所以儒家對於不同社群，都會理性的支持，譬如以孝道以支持家庭，以忠恕來維持社群的合宜關係等等。在《文化意識與道德理性》中，唐先生指出：「由家庭道德至社會道德，乃同性質之道德生活範圍之擴大與順展，其根據唯在吾之生命來自父母，兄弟乃吾降生此世界之一路上之先後之人，吾之道德自我仁心仁性必先通過孝弟以表現……而吾對吾家庭之責任，乃他人不能代吾而盡，亦吾之

---

45 Robert N. Bellah, "Community Properly Understood: A Defense of Democratic Communitarianism", p.5.

無旁貸之責，故吾更不得不先盡對我家庭之責。」[46]值得注意的是儒家的道德責任是相互性的，所以不會講求盲目的忠誠。所謂「君使臣以禮，臣侍君以忠。」可見儒家的倫理是相互性倫理，在所涉各方都應實踐相對的義務，而並非只有片面的倫理主張。同理，父慈子孝，兄友弟恭，夫唱婦隨等話語，都要求各方各盡其基本義務，然後才可能講相應的權利，君主對臣下要待之以禮，臣下才需相應而盡忠，就算親如父子，其倫理權責也並非絕對的，理想中，天下無不是父母，但現實下，失德無義的父母也並非罕見。所以儒家雖重視孝道，但也不主張愚孝，起碼小杖受，大杖則走。所以，雖然儒家肯定家庭與國家這不同社群的價值，卻要避免在認同社群變成盲從社群，人在團體中成長，但人不能在團體中失去自我，所以要求團體中各自應有相應的理分，人人依理而盡份，讓彼此權責得到合理的安頓。同時，在認同社群之餘，也要理性反省，慎思明辨，擇善固執之。譬如親如家國，自然應該忠於家國，但若有合理之原因，則移孝作忠，破家救國，也是無虧道義的義舉。所以人當忠於所屬之社群，但也要保持清醒的理性的反省與判斷。

第三，貝拉認為民主社群主義主張對不同社會團體譬如家庭、地方社區、文化及宗教團體，乃至經濟組織、貿易商會、專業團體及國家，應該有一定的認同、參與及承擔（commitment），我們或可稱為對社群的參與精神與承擔意識。

---

46 唐君毅（1975）：《文化意識與道德理性》（臺北：學生書局），上冊，頁 84。

　　當然個體可以同屬於不同社群；其實，全世界也可以視為一大社群。社群主義認為多元的隸屬，可視為正向的，且在潛能上及原則上是補充性的。[47]

　　儒家對社群講求認同與承擔，所以摒棄門雪自掃的逃避心態，也批判只求權利不講求責任的卸責意識。儒家對大群人生的承擔意識，對家人，產生愛護宗族的家族意識，對地方，產生愛護故里的鄉土關懷；對國家則產生認同與愛護的愛國精神，儒者對家國天下的關懷,展現為心憂天下的胸懷，而其中范仲淹的「先天下之憂而憂，後天下之樂而樂」更成為儒家士大夫的人格典型。這種對不同層次的社群的認同、參與甚至承擔，都跟上述社群主義的認同意識與參與精神若合符節。

　　儒家也包含對居間團體的肯定，展現出「公民社會」的特色。儒家的社政參與固然可以是表現在參與政治的，但從歷史去了解，儒家的知識份子並沒有都嚮往加入統治集團，反而以知識份子的方式批判時政，從漢代的太學清議，到明代的東林書院，都能顯示出儒家知識份子的公共關心，所謂「風聲、雨聲、讀書聲，聲聲入耳。家事、國事、天下事，事事關心。」正顯示出儒家知識份子心憂天下、關懷社稷的處世風骨與承擔精神，而儒家的書院制度也正是在國家「鄉學、縣學、太學」政府教育體制之外的一種公民社會，宋代的儒家書院除了部份仍以考科舉為目標之外，宋明的大儒其實是不主張只著重科舉考試，出仕為官，而更重視公共知識

---

47　Robert N. Bellah, "Community Properly Understood：A Defense of Democratic Communitarianism", p.5.

份子的責任。而創建書院，正體現了儒者參與社政營造公民
社會身份的方式。書院就是在國家體制以及市場之外的教育
體制，希望發揮著成就個人道德、糾正社會風氣，甚至批評
時政的社會功能。有見及此，儒家思想確是成就與承擔了一
種在個人與國家之間的中層社團的要求與角色，以參與社會
政治。唐君毅也主張日後必需以各種社團去鞏固中國的民主
政治，唐說：「我年來作文，總是屢次說中國之政治社會，要
有真正之民主自由，必須從成就各種客觀性的社會文化經濟
之事業團體下手。(參考拙著人文精神之重建一書)因唯此可
以客觀化民主自由之理想，為民主自由真實存在之基礎。而
我們要說整個自由世界，有甚麼可以戰勝極權世界的地方，
亦即在整個自由世界中之所開出之各種客觀性之社會經濟文
化之事業團體，所具的潛力。這是以政府之力量，控制一切
社會文化事業的極權世界中，所莫有的。極權世界中之富在
政府，力在政府，而在自由世界中，則根本上是藏富於民，
力散在整個社會。」[48]這一種展開不同事業團體的說法，其
實，也就包含公民社會的理念[49]，唐先生明白的說：「我在以

---

48 唐君毅（1980）：《中華人文與當今世界》（臺灣：臺灣學生書局），下
   冊，頁 506。
49 Philipp Alvares de Souza Soares, "To sum it up civil society can be
   described as that part of society that isn't a direct part of the state nor it
   can be considered as private and thereby serving profit interests. It
   consists of organizations which are taking care of certain needs of
   society and which operate in the interest of the common good. " See his
   "Civil Society in Modern Democracies: Definition, Impact on
   Democracy and Critical Assessment." Available at http://www.
   hausarbeiten. de/faecher/vorschau/122483.html

前數年，只看到中國之民主自由之理想，如不以客觀社會之組織事業為基礎，決不能實際之實現。我在現在則同時看到，只由現代式之社會團體之組織，亦可使人陷於平面的物化。中國之民主之理想的實踐，必與重肯定傳統之價值差等之觀念，而以中國傳統式社會組織之原理，為一根據。因唯此方可真實成就中國之民主政治之實踐，而亦可將現代式之社會組織與民主政治，再向前推進一步，以開拓人類社會政治之更高遠的前途。」[50]從這段話看來，唐先生不但在觀念上肯定價值理念為民主的基礎，更明白必須要有中層的社會組織，以開拓民主社會政治的前程。

第四，貝拉認為社群主義主張社政參與既是權利也是義務，[51]這一點又跟發揮儒家義理的唐君毅的主張，有足以相互發明之處。其實儒家的社會政治理想正顯示出公共知識份子對「共善公益的理想」及「公共領域的承擔」。實則上，儒家所謂「國家興亡，匹夫有責」的觀念，不但肯定公民參與的權利，更認為是參與公共領域是為實現公共的善，故而也就是公民應有的義務。這種權責意識，顯示儒家式中國公共知識份子的基本態度，也符合社群主義的基本價值認定。[52]

---

50 唐君毅（1975）：《中華人文與當今世界》（臺北：學生書局），下冊，頁 534。

51 Robert N. Bellah, "Community Properly Understood: A Defense of Democratic Communitarianism", p. 5.

52 當代社群主義更偏重於對於社會共善的責任與義務，而並非個人的權利；當代社群主義可說是不滿自由主義而重新發揮的政治主張，所以很多主張都是針對自由主義的。對比自由主義很容易看到社群主義的特色，自由主義是權利優先的，而社群主義則多重視公共利益或共同的善，所以反而強調個體對群體的義務及責任。對比自由主義強調個

# 五、結　語

1. 本文指出新儒家在受容西方民主自由理念之時，確實有其先進性。新儒家之中固然有全然不贊同西方民主自由的學者，但就算欣賞西方民主自由政制的，也能提出反省批判，而試圖轉化圓滿之，絕非盲從之人。在消融民主自由政治之同時，新儒家運用儒家思想資源，而提出轉化。就此而言，新儒家之吸收民主政治，並非採取全盤西化論者的路線，而能發揮儒學義理，以求創造轉化，一方面讓儒學開出民主論，另一方面，也試圖本儒家思想，以補救民主自由思潮，就此而言，新儒家並非西方哲學的消費者，而能本儒學之根本，試圖跟西方哲學對話，並貢獻當代世界哲壇。

2. 以往不少人將新儒家視為保守主義者。這固然未必錯誤，卻容易因保守一詞而引起負面的聯想。同時，也未夠精確。當代政治哲學中，社群主義也是保守思潮之一，本文嘗試指出儒家思想也包含社群主義的特色，所以若運用社群主義去把握新儒學，足以彰顯儒學乃至新儒學部份重要的理論特徵。

3. 新儒家唐君毅早已經從人性、道德與社會，反省西方

---

體的自決原則，對於有利於國家，但違反個體意願的做法，自由主義是反對的。但對於自由主義的立場，貝拉是反對的，他就曾舉當兵為例，說明保家衛國是追求共善，而群體的共善應該凌駕於個體的意願，否則個體的權利也不保。所以相對於權利，社群主義更重視共善。自由主義與社群主義的重權利與強調共善的差異，不少學者認為正是兩派的基本分歧。

部分民主自由思潮之不足。現代政治自由主義往往假定民主以中立為特色，而價值是人們運用民主機制做出決議之後才出現的；唐先生則認為民主應該有更深層次的道德意識為基礎。

4. 本文以為新儒學是一立足儒家的人學，發揮道德理性以圖奠立政統的新努力。在建立體系之時，新儒家也呈現出對抗政治自由主義的特色。尤其是明顯揚棄自由主義的中立觀，更清楚顯示出其道德人文主義的立場。

5. 貝拉曾提出民主社群主義的價值觀，具體而言有四：個體的神聖價值、肯定團結的中心價值、社群的互補性及公民參與是權利，也是義務。從以上四點的比論唐君毅儒學的觀點，則本文認為儒家思想資源確實展現出的社群主義的基本特徵。當然這一比論，只是取資於貝拉與唐君毅兩人，難免以管窺豹，難得全貌；但由於兩人分別在社群主義及儒家思想中都有很高代表性，則儒家與社群主義的選擇親和性，似亦值得進一步考察。

# 第七章　道德人文主義下的死亡觀

## ——一個新儒家的詮釋

## 一、導　言

　　宗教安頓人心的力量之一在於對人生的問題提供答案，因此宗教傳統在反省人生的問題的時候，莫不觸及生死亡議題。而世間的事物，有生就必有死；沒有死的生是不存在的，生死可說是自然生命的起點與終結，是同一光譜的兩端，所以不談死亡的人生觀是欠缺的。實際上，如果要充分理解人生，就必須同時掌握死亡。

　　文化人類學奠基者愛德華・泰勒（Edward Burnett Tylor）是早年研究原始宗教文化的權威，他認為宗教就是對神靈的信仰，而對神靈的信仰是從對生死的解釋而來的。早期人類從夢境而漸次發展出靈魂在死亡後能繼續存在和生活的想法，而這種來世信仰可分為兩部份：第一是靈魂轉世，第二是死後靈魂的續存。[1]然而，宗教是否必然就涉及靈魂轉世與

---

1 Timothy Larsen, "E. B. Tylor, Religion and Anthropology," in *British Society for the History of Science*, 46(3), September 2013, pp. 467-485. A very brief introduction of E. B. Tylor's idea, see Divine Abalogu and

死後續存的議題呢？今天哲學與宗教的分類，其實源於西方的學術傳統。而東方儒學傳統，性質比較複雜多面；有人視之為哲學，也有人理解為宗教。無論如何，不少現代學人至少認為儒學具備一定的宗教成分，或表現出宗教功能或宗教性；那麼具備宗教面向或特性的儒家，又如何看待生死呢？儒學是否如泰勒所言，必然討論靈魂存在與死後生命呢？

但是季路曾問孔子事鬼神及問死，孔子回答：「未能事人，焉能事鬼？」「未知生，焉知死？」[2]孔子這個說法成為儒家對生死問題最重要經典表述。於是不少學者認為孔子（甚至是儒家）是不談死亡的，甚至直指儒家逃避死亡問題，或者是對死亡缺乏深刻了解等等。[3]

---

Ekenedilichukwu A. Okolo, "An Assessment of the Early Theories of Religion by Edward B. Taylor, James G. Frazer, Sigmund Freud and Their Nexus with Cognitive Theorizing." In *International Journal of Religion and Human Relation*, Volume 12, No, 1, 2020. pp.48-66, especially pp. 52-55.

2 （魏）何晏集解，（宋）邢昺疏，（清）阮元校勘，《十三經注疏・論語正義》（臺北：大化書局，1982 年 10 月影印清阮元校勘本），下冊，卷11，頁 43 上。

3 這些評論有些出自外國學者知名的死亡學研究，外國學者不了解中國文化者甚多，本不足為怪，例如 Jacques Choron wrote, "Confucius resort that 'we do not know anything about life what can we know about death?……is a simple evasion and misses the point." Jacques Choron, *Death and Western Thought* (New York: Collier Books, 1963), p. 271.但因近二十多年，華文學圈曾經出現過死亡學熱潮，出版了林林總總探討死亡的專著。而就在這些國人所寫的專著中，類似上述的意見依然充斥，其氾濫的程度甚至可說是一種「共識」，這就值得注意了。譬如鄭曉江根據「未知生，焉知死」一語，認為孔子「對死取一種存而不論的態度。」而這句話「實際上大大削弱了自身對死亡的深刻體認，從而也降低了自我在死亡過程中及面對死亡時的心理調適能力。」參氏著：《中國死亡智慧》（臺北：東大圖書股份有限公司，1994 年 4 月），

　　其實，歷代大儒雖然對死生大事的看法並不一致，但是生死問題確實構成儒學重要的議題，有人甚至將生死問題視為至關緊要的工夫關口，如明儒王守仁曾說：「學問功夫，於一切聲利、嗜好，俱能脫落殆盡，尚有一種生死念頭毫髮掛帶，便於全體有未融釋處。人於生死念頭，本從生身命根上帶來，故不易去。若於此處見得破，透得過，此心全體方是流行無礙，方是盡性至命之學。」[4]唐君毅先生以儒者自居，也以復興儒家文化自許，當然依著儒學的思路，深切反省死生之大事。本文嘗試展示唐君毅先生對死亡的看法，或有補於當代儒學之研究，及當前國人對儒家死亡觀的認識。[5]本文的設定的工作目標則是從唐先生的作品中，試圖較全面地整理出相關死亡議題的重要論點，同時，也嘗試清理出唐先生的論旨的主要輪廓，藉以彰顯唐先生死亡觀的體系，並反省

---

頁 2-3。張志偉、馬麗雖然肯定「未知生，焉知死」這句話的積極意義，但是「這種生死觀有一個致命的弱點，那就是它把生與死看作兩回事，而且是毫不相干的兩回事，這就使它對人生的思考缺乏深度與力度。」參張志偉、馬麗：《生與死》（河北：河北人民出版社，1996 年 12 月），頁 25。趙有聲等也評論道：「總之，孔子是在通過各種手段來逃避死亡。」見趙有聲、劉明華、張立偉《生死・享樂・自由》（北京：國際文化出版公司，1988 年），頁 74。

4 陳榮捷著：《王陽明傳習錄詳註集評》（臺北：臺灣學生書局，1983 年 12 月初版），卷下，黃省曾錄第 278 條，頁 334。

5 就筆者所知，陸達誠先生是最早撰文探索這一議題，陸先生曾從游於唐門，所撰專文已頗能展現唐先生大旨所在。陸達誠著：〈唐君毅的死亡哲學〉，見載於《哲學年刊》第 10 期（1994 年 6 月），頁 43-58；及《哲學與文化》第 21 卷第 7 期（1994 年 7 月），頁 608-619。此外僅有施穗鈺曾撰寫從事這方面的探索，參氏著：《唐君毅論道德理性與生死觀之研究》（國立成功大學中國文學研究所碩士論文，1997 年 7 月 2 日）。施氏的探索主要見於該文頁 52-113，對唐先生的資料有彙整的貢獻。

其理論特色。

## 二、死亡問題的提出及其重要性

中國人大多忌諱談死，但唐君毅先生卻認為人不但不應逃避死亡問題，反而更應將死置於目前，將死置於生之中：

> ……果死為人生必至必遇之一事，則吾人實不能置死於不顧。……而人之能常置死於目前，在未死之時先期迎接死，而置「死」於有生之中，正人之所以得超死而永生之一道也。[6]

實際上，死亡議題是唐君毅非常關切的議題，從他青少年時代，到他晚年得病，撰寫《病裡乾坤》，都在反省生死議題。先生早年的日記多已散失，但從殘存的早年詩文，仍可以看得到死亡的議題一直困擾青年唐君毅；先生早慧，其個人對生死的體悟也非常早；他曾說：「吾年十四五時，即已有為學以希賢希聖之志。年二十歲左右，自負不凡，乃時歎人之不我知，恒不免歸於憤世嫉俗之心，故煩惱重重，屢欲自戕。然此時吾對人生之事之悟會，亦最多。」[7]他初到南京，就曾賦詩抒懷：「江南二三月……吾心反淒然……我生何不

---

6　唐君毅著：《人生之體驗續編》第六篇〈人生之虛妄與真實〉（臺北：臺灣學生書局，1984 年全集校訂版），頁 128。
7　唐君毅：《病裏乾坤》收入《唐君毅全集》，卷 7 之二，（北京：九州出版社，2016，頁 3。

辰，飄泊同浮羽，狂飆振林木，吾身何所止？我欲登高山，懸崖高難躋，我欲臨深池，泉水深無底，我欲禦波行，狂濤安可駛，我欲坐如癡，荒原誰與椅，我欲臥如屍，大地皆冰矣，乾坤莽浩浩，容身不吾許，中心愴以摧，俯仰淚如雨，吾聞古人言，艱難唯一死，吾身既如此，留戀空複爾，躑躅陟山側，荒塚累累列，草任縱橫，螢火隨明滅，愚智同枯骨，堯桀誰能別？顯赫與沈淪，冥冥不相識，千秋萬歲後，碑碣渾無跡，沒世名不稱，何足縈胸臆。」[8]甚至在二十歲時，就夢到死於二十歲：「我本峨嵋采藥仙，赤塵不到白雲邊，為緣意馬無人管，遊戲人間二十年。死中滋味耐君嘗，舊恨新愁兩渺茫，此去不知何處好，彩雲為被嶺為床。為報親朋莫浪哀，他年無事要重來。」[9]

後來，唐先生先後有喪父[10]，跟未婚妻分手等經歷，心裏痛苦，身體也得病，對生死的體會更深刻。所以，筆者認為唐先生對死亡的觀念，並非僅從抽象概念或系統哲學去理解，反之，他是從其具體生命存在的真情實感之體驗，進行深刻的反省；所以發而為文，多的不是知識性的抽象論證，而是實存的深刻體驗。

除了主觀的體驗外，客觀上唐先生也認為人類對死亡問

---

8　唐君毅：《早期文稿》中收錄唐先生少年詩作十五首，參考《唐君毅全集》中《早期文稿》，卷1，頁3。

9　唐君毅：《唐君毅全集》中《早期文稿》，卷1，頁3。

10　唐先生提到「吾二十二歲，先父逝世，吾更自念：吾身為長子，對吾家之責，更無旁貸，吾一身之病，乃自此而逐漸消失。」參考唐君毅：《病里乾坤》收入《唐君毅全集》，卷7之二，（北京：九州出版社，2016），頁3。

題的探索，自有其內在原因及重要價值，在他早年的著作《中西哲學思想之比較論文集》中曾經提到：

蓋水火無知，人則有覺，水火可不問其始終，人則不能不問也。若謂人應求自然，不越自然所加於吾人之限制，則吾將曰：自然真加限制於吾人，則不應使吾人復生追索生前死後之心；吾人既有追索生前死後之心，則自然未嘗加吾人以限制可知。若謂即此追索生前死後之心亦即自然所賦與而加於吾人之限制，則吾人追索生前死後之心亦即自然限制中之正當活動；追索生前死後，正所以順自然也！[11]

分析這一段的意思，我們可以知道唐先生認為人非草木瓦石，是有知覺的，順著覺知的發展，人們自然會探尋生前死後的始終問題，人能提問生死問題，則反見對於生死問題的討論，並不受自然所限制。當然唐先生已經公開宣示放棄這本早年舊作，[12]但是有關死亡議題的探索，唐君毅先生卻始終認為是人類古今共同的大問題，也正因為這個持之以恆的重視，唐先生在一九五八年二月又就死生的問題，加以系統的探索，在文中唐先生明確的說：

人死了，究竟其精神是否即莫有？如有，到何處去？此是古往今來，無論野蠻民族文明民族，無論智、愚、賢、不孝，同有之一疑問。[13]

---

11 唐君毅著：《中西哲學思想之比較論文集》（臺北：臺灣學生書局，1984年全集校訂版），頁 439。

12 參唐君毅著：《中國文化之精神價值》（臺北：正中書局，1953 年 5 月臺初版，1984 年全集校訂版），〈自序〉，頁參-玖。

13 唐君毅著，〈死生之說與幽明之際〉，收在氏著《人生之體驗續編》，頁 101-115；引文見頁 102。案：該文之作是因為唐先生的友人丁文淵

　　由此可見，唐先生自身的哲學立場雖然改變，但是他探索死亡問題的興趣並未稍易。其實在稍早一篇介紹海德格的論文中，唐先生已經間接地旁涉死亡的議題。他在〈述海德格之存在哲學〉一文中甚至說：

　　人生之全體，必須包含死來了解。最高的哲學智慧，必須包含死之智慧。……孔子說未知生焉知死。海氏則另說一相反相成的道理，即人如不真知死，則亦不能知生。海氏之說，可為基督教之由死以求生，作另一註解。

　　我們說死是人生之終結，然而每一人亦正必須走向此終結，才成一段落的人生。一段落的人生，才是整個的人生。[14]

　　就此而言，可知唐先生認為死生問題不只事實上是古往今來人類共同的疑問，更主張死亡是最高哲學智慧應有的成份。學界對唐先生晚年的力作——《生命存在與心靈境界》在超主觀客觀境中，綜述基督宗教、佛教與儒家，而力陳儒家天德流行境勝義，應不陌生。而從唐先生對死亡問題的重視，將死亡問題推到最高哲學智慧的高度，我們對先生在天德流行境這一部份，特別設置一整節談論死的智慧這一做法就應該視為理所必致，勢所必然。[15]

---

　　先生的死，有感而發，時為一九五七年十二月三十一日。參唐君毅著：《日記》上冊，（臺北：臺灣學生書局，1984年全集校訂版），頁305。

14　唐君毅著：《哲學概論》下冊（臺北：臺灣學生書局，1984年全集校訂版），附錄，頁82-83。唐先生在一九五二年四月十一日去信徐復觀先生提到自己想撰文介紹海德格思想，而在這篇文章是在一九五二年六月開時寫，七月二十五日完成並寄到新思潮社刊登。參唐君毅著：《書簡》（臺北：臺灣學生書局，1984年全集校訂版），頁71-73。及唐君毅著：《日記》，上冊，頁121-123。

15　參考唐君毅著：《生命存在與心靈境界》（臺灣：臺灣學生書局，1984

　　雖然死亡問題是必須討論的，但是如何才能夠討論死亡問題卻有理論上的困難。因為嚴格的說，我們沒有體驗死亡，既死則不能談生，而仍然生存者則沒有死亡的經驗，古代伊壁鳩魯（241-270 B.C.）就是從無感覺的角度論證「死對我們毫不相干，因為凡是消散了的就沒有感覺，而凡無感覺的就是與我們無干的。」[16]所以在提出死亡觀之前，必須先處理談論死亡問題所遭遇到的理論困難。

## 三、討論死亡問題的進路

　　唐君毅先生了解死亡問題雖然是人類非常關心的問題，但是對死後的世界人似永遠無法提出絕對的答案。所以唐先生認為「純從知識的立場，我們對此問題，最穩妥的辦法，是自認無知。」[17]而有關討論死亡問題的困難，唐先生特別注重兩點，第一是知識論的挑戰，第二是他所謂的唯物論偏見。

　　從嚴格知識論的立場看，死亡問題雖然是人類非常關心的問題，但是對死後的世界人似永遠無法提出絕對的答案。所以唐先生也認為「純從知識的立場，我們對此問題，最穩

---

年全集校訂版），下冊，頁 164-175。

16 Death, Epicurus argued, cannot touch us because "while we exist death is not present, and when death is present we no longer exist." Epicurus, "Letter to Menoeceus," Principal Doctrines, Library of Liberal Arts, Russel Geer, tr., 1978. p. 54.另外參考波伊曼著，江麗美譯：《生與死——現代道德困境的挑戰》（臺北：桂冠圖書公司，1995 年），頁 40-41。

17 唐君毅著：《人生之體驗續編》，頁 103。

妥的辦法，是自認無知。」[18]他的解釋是「因死後之世界，如一黑暗中之無涯的大海。……此黑暗之大海，原不拒絕人作何種之想像與思慮的推測……然而人亦似永不能有一絕對的標準。」[19]換言之，因為對死後的認知無法建立確定性，所以不如存疑或主張不可知論。

其次，唐先生特別注重對唯物論的反駁。唐先生認為唯物論主張「人之身體之停止呼吸與肉骨朽壞後，人之精神即一無復餘。」[20]所以死後種種亦無可討論。

對於上述兩個否定或懷疑的態度，唐先生提出他的回應，並連帶提出他對於幽冥世界的存在與溝通幽明兩界的基礎的兩問題的看法。

首先，讓我們看看唐先對唯物論的回應。他說：「在生前已超乎生死之上的精神，是斷然不能有死的。」[21]唐先生認為人既然能夠規劃身後的情事，可見人的精神可以超越死亡。

唐先生並沒有自限於知識論的立場，他說：「人對於人生之真了解，與對死者之真情實感，卻展露出一條由生之世界通到死之世界、由現實世界通到超現實世界，由光明通到死之黑暗的大路。此之謂通幽明的大路。」[22]所以唐先生在談及如何證明可以徹通幽明等問題時又說：「則此非世間之一切思慮推測與想像之所及，而仍唯有由自人之所以生此大哀大

18 唐君毅著：《人生之體驗續編》，頁103。
19 唐君毅著：《人生之體驗續編》，頁102-103。
20 唐君毅著：《人生之體驗續編》，頁103。
21 唐君毅著：《人生之體驗續編》，頁104。
22 唐君毅著：《人生之體驗續編》，頁103。

惑中之深情厚意中領取。」[23]在這裡，最值得留意的是所謂在「深情厚意中領取」，這是重視情意上感取，而不從認知上證立。實際上，唐先生談到感情與意志兩面，我們不妨合稱為情志層面。

　　唐先生從正面的情志上著眼，而認為死者雖往，但其正面的精神情志，身後仍然得以長垂；而同時，生者又能感念死者遺留於世間的恩義、情志等等正面精神成分，於是在此一精神世界中，生者與死者的相接相感。

　　但是談生者與死者的相接相感，必須先肯定人死後仍然以某種形式或狀態存在，然後才可以說生死相接。唐先生曾用不同辭彙指示這肉身死後而仍然存在的形式或狀態，包括精神、心、心靈等等。因之，我們知道唐先生的死亡觀是從區分身體與精神兩者立言的，這在古代中國哲學傳統稱為形與神的區分，形指身體，神為精神，讓我們在下一節轉到這個問題上。

## 四、從形神關係反省死亡問題

　　用中國古代哲學的語言來看，唐先生曾就形與神反省死亡問題。這主要圍繞著形神二者的關係來立說，他的論述焦點有二：其一，形滅而神存，其二，形非神的工具。當然唐先生也曾運用身與心或精神與肉身這些兩兩相對的概念立說，他試圖說明人的心靈、精神具有獨立性，不隨肉身乏之

---

23　唐君毅著：《人生之體驗續編》，頁107。

死亡朽壞而消滅。

一般人常會設想身心是相互依存的，所以身死則靈滅。但是唐先生認為人對身後能夠有種種規劃，所以可見「此心思與精神，即是已超出其生前的身體的心思與精神了」[24]，既然心對外界能有所認識，則心靈必然不限於肉身之中，因此他認為將心靈限於肉身實在是自小之說。[25]同時，既然心思精神可以超出身體，則心思精神亦應不隨肉身之死亡而消滅。事實上，在身與心的關係的判斷上，唐先生認為：

身與心二者只有函數關係。吾人之心非在身體中，若心在身體中，應只思五臟六腑，隨而識外界為不可能——至多亦只能認識外界對於身體之影響。然吾人心確能認識外界，故心決不在身體中。心之所在，據「能」「所」不離之理，應即在其所思之境。心之所思不隨身體俱滅，故心亦不隨身體俱滅。身體所留於心中之印象者亦屬心，故身體亦有隨心不滅者。人之全人格即等於其心之經驗全部。[26]

為了說明心靈不會隨肉身之死亡而消滅，唐先生在《心物與人生》一書中，曾以登山作譬，他說：

生命的活動雖似乎消滅了，然而他會轉化為其他將來之生命活動。猶如我們遠遠看見一人在繞山走，漸漸看不見，這只因為他轉了彎，暫向另一進向走去，如果我們只以山之橫面為唯一真實，我們會以為他已死了。[27]

---

24 唐君毅著：《人生之體驗續編》，頁104。
25 唐君毅著：《道德自我之建立》（臺北：臺灣學生書局，1985年9月），頁111。
26 唐君毅著：《中西哲學思想之比較論文集》，頁445。
27 唐君毅著：《心物與人生》，頁82。

　　登山客因轉彎而不復為我所見，我們只能說他在另一段路途之上，但我們並不能因為我不能再看見他而說登山客已經消滅。依唐先生之見，人的死亡只是在生命的「轉化為其他將來之生命活動」，不能便說消逝無存。

　　其次，心靈不但不隨肉身之消逝而消滅，唐先生更認為心靈的發展與成就恰好是建立在肉身的消耗上。當然肉身有要求延續的欲望，但是「我們從來不曾為身體之存在而求身體之存在。」反之，人們希望成就生活，成就精神活動，而這種種成就是依靠肉身消耗的。唐先生明白的說：

> ……我們之精神，通常只向著我們之身體以外的東西，而後成就我們的生活，而後我們希望我們之身體存在。我們從來不曾為身體存在而求身體存在。我們只是憑藉身體之存在，以成就我們之生活，與我們之精神之活動。然而我們多活一天，我們之依于物質的身體之自然生命的力量，即多用一分。每一種生活之成就，都依于物質身體中之能力之耗費，即自然生命力之耗費。每一耗費，即使我們更進一步迫近死亡。[28]

　　因此精神活動而來之生活成就，實際上是以建立在形軀之死亡上的，也就是說人藉肉身之存在，以成就精神活動。唐先生認為：「我們之精神，通常只向著我們之身體以外的東西，而後成就我們的生活，而後我們希望我們之身體存

---

28　唐君毅著：《人生之體驗續編》，頁 105。

在。」[29]分析唐先生的想法，實際上就是將精神發展與形體延續視為一組此消彼長的活動：

> ……人的生活與精神活動之逐漸成就，而由不存走向存在；即依于人的身體與自然生命，由存在以走向不存在之上。此二者是一切人生所同時具備。而方向相反，並相依並進之二種存在動向。[30]

換言之，精神世界的從無到有的創造，是依靠自然生命從有到無之消耗。再順這條思路往前推進一步，假定精神或心靈是人生或人生的一部份，而精神或心靈又可以離開肉身而存在，則肉身的消滅，不代表精神消滅，因此人生也沒有消滅，唐先生導出這樣的結論：「死非人生之消滅，而只是人生之暫終。」[31]所以在說明了形神此消彼長的關係後，唐先生進而肯定的提出「人之精神本無死」、「非精神真有死之謂也」[32]等判斷，實際上認為精神不死。唐先生並且認為：

> ……吾人之思想行為蓋皆在變中求常。一切科學藝術政治宗教之可能，無不本於此。吾人既無往不於變中有常，則吾人之求吾人人格之常於變中，亦自吾人理性上應有之權。吾人人格若果一死即煙落銷沈，化為異物，則實為有變無常也。故吾人求其不朽不角斷

---

29　唐君毅著：《人生之體驗續編》，頁 105。
30　唐君毅著，《人生之體驗續編》，頁 106。
31　唐君毅著，《人生之體驗續編》，頁 106。
32　唐君毅著，《人生之體驗續編》，頁 106。

滅，實為論理上之應然。[33]

　　既然肯定人之精神不會隨肉身之死亡而消滅，那麼何以人又會懼怕死亡呢？唐先生認為這是「因人之欲留此身體，以更成就其生活與精神活動」[34]，而人之關心身體之死亡，唐先生認為：

> ……此乃由人之心靈在其現實的存在上，乃恆是懷抱種種目的、理想、志願，欲憑藉吾人之身體之動作，加以實現於客觀世界者。[35]

　　人的精神生活依靠形體才得以在客觀世界實現，但肉身又不免死亡、這是永恆心靈與短暫的肉體的矛盾，是無限精神與有限人生的矛盾，唐先生說這是「吾之人生內部之大矛盾」。[36]而此矛盾如何解決呢？唐先生說：

> 欲解決此問題，須先知吾人之志願有二種。一為直接自吾人之超越的心靈之本性發出之無盡的成己兼成物之涵蓋的志願。……其另一種志願，則為吾之心靈直接望吾之身體，就其力之所及，以作其理當由吾而

作之事之個人的志願。[37]

　　唐先生認為就天下「公願」的實踐言，本來就不是一人一時所可完成，所以一方面不必求長生不死，另一方面則可寄望他人完成。其次，所謂「望吾之身體，就其力之所及，以作其理當由吾而作之事」，自然是扣緊依理盡分的義旨來立說的，人對依理而來的種種責任義務，自然都應該一一照應，但是肉身畢竟有限，我們也只能在能力範圍內盡份而已。但唐先生並未滿足於此，他參考法國存在主義哲學家馬塞耳（Gabriel Honoré Marcel, 1889-1973）的說法後，又從身心關係補充這一議題：

　　　……因身體如只為工具，則目的理想未達，吾必執著此工具，不忍捨離……實即已使其自己陷落於身體之中。[38]

　　唐先生擔心人們將身體僅僅視為實現心靈之工具，則易生執著之心，唐先生以為釜底抽薪的關鍵在於不將身心關係視為工具關係，而轉而看成為一呼應關係，唐先生有一段非常精彩的說明：

　　　……即當使人之心靈與身體之關係，如一呼一應，能直下圓成者。呼是心願，應是身行。心所願者，直下

---

37　唐君毅著：《人生之體驗續編》，頁130。
38　唐君毅著：《人生之體驗續編》，頁130。

只是此身之行，另無外在目的。則心身之關係，才呼
即應，才應即止。處處道成肉身，處處肉身即道。肉
身化往，此心此道，即合為神明，存於天壤，寄於他
生。[39]

　　呼應一語點出身體的非主客對待下的物質工具，而是能
夠主動回應的主體。這使身體由役使性的工具，一轉而為能
相呼應主體。這其中根本的重要性在於點出主體性，身體本
來就兼有 being 及 having 二種特性，我既擁有身形體，我也
是這個身體。更重要的是身體與心靈合成主體，則身體的價
值不應再僅僅被視為實現心靈的工具，反之，價值的實現就
是身體的自我實現，因此，肉身的死亡並非破滅虛無，因為
身體在自我實現中，創造價值而能長存於心，而心不滅，故
身將與心永恆地共存，所以唐先生說：「身體所留於心中之印
象者亦屬心，故身體亦有隨心不滅者。」[40]

# 伍、打通生死的大道
## ——由對待性的認知到實存的感格

　　唐先生在〈死生之說與幽明之際〉提到世人對於鬼神的
認知：

世俗之為學者曰：死者不可知。遂任死生路斷，幽明

---

39 唐君毅著，《人生之體驗續編》，頁 131。
40 唐君毅著，《中西哲學思想之比較論文集》，頁 445。

道隔，而聊欣樂于人生之所遇，宗教哲學家形上學家
之措思于此者，恆謂死者之靈魂自存于形上之世界，
或上帝之懷，或住煉獄以待耶穌之再來，或由輪迴以
化為他生。是皆各可持之有故，言之成理。[41]

　　世俗學者以為死者不可知，宗教哲學家形上學家則認為
可知，面對死後有種種說法，唐先生認為「皆各可持之有故，
言之成理」。但可知或不可知，是認知論的提法，而唐先生的
想法則試圖超越知識論的限制，因為他根本反對將鬼神視為
認知對象：

　　……而化鬼神之狀，為知識之對象，以成被知；終將
　　不免陷吾人之明知，以入幽冥而不返；此非所以敬鬼
　　神而成人生之大道也。凡為此類之說者，皆不知凡只
　　為知識之對象者，皆在能知之心之下，無一能成為我
　　們之所敬；而人之念死者之遺志，與未了之願而受感
　　動者，皆覺死者之精神，如在其上，如在左右……故
　　我必先覺死者之如出于幽以入于明，而後乃有我之明
　　之入于幽，以為回應，而成其互相之感格。[42]

　　認識對象必然是主客對待的，所以唐先生說「凡為此類
之說者，皆不知凡只為知識之對象者，皆在能知之心之下，
無一能成為我們之所敬」，但鬼神是人們所敬的，所以對待性

---

41　唐君毅著，《人生之體驗續編》，頁109。
42　唐君毅著：《人生之體驗續編》，頁109。

的認知進路，「非所以敬鬼神而成人生之大道也」。既然重視對鬼神的敬意，人們便應該由對待性的認知導轉成為實存的感格，我們從實存的進路，先打開感受鬼神的遺愛與遺願，召喚與感動，然後再以一顆誠敬的心回應，由實存的心靈感受，到實存的感動。「故我必先覺死者之如出于幽以入于明，而後乃有我之明之入于幽，以為回應，而成其互相之感格。」認知對待指向能主動的能知主體與被動的所知客體，感格呼應則指向主體際之互動。亦即必須有雙向的主動－死者的主動與生者的主動。

從死者言，死者雖然離開此世，但是對人世間的餘情不斷、遺志未了，就必然對世間產生種種的寄望，用唐先生的話來說，就是「不能決此塵世而無餘情。」[43]

而從生者言，生者對死者之不忍其死，自期盼其存在。唐先生說：「人有其概念觀念之常在，並有對死者之追念之情，必不忍於見其所愛敬之生者之自身之一死而無餘，故宜當依理以信鬼神之存在，方足慰人之情。」[44]馬賽爾也曾說：「去愛一個人，就等於對他說：你，你不准死。」生者對死者的深情常讓生者要求死者的恆住不滅。[45]

同時，死者的遺願、企盼，深情偉志，又常能感動生者，於是生者轉生紹述繼承的願力與行動，上繼往聖先賢的偉志

---

43 唐君毅著：《人生之體驗續編》，頁 110。

44 唐君毅著：《生命存在與心靈境界》下冊，頁 171。

45 參關永中著：〈愛與死亡──與馬賽爾懇談〉，見《哲學雜誌》第 8 期（1994 年 4 月），頁 116-142。該文後收入關永中著：《愛、恨與死亡──一個現代哲學的探索》（臺北：商務印書館，1997 年 4 月），頁 479-515。

宏願，光大天地祖宗的潛德幽光，這就構成種種呼應，而「一切足以直接間接上應合于死者生前之所願望者，亦皆足以成死者之志，而遂死者之情，足以慰其在天之靈。」[46]

綜合的說，生死之不離就在於情感上的割捨不下與志向上的感動人心，所以通陰陽，接生死，就在順遂情志。即讓體情遂志的深情與誠敬，溝通生死之隔，唐先生有一段明白的話：「此道亦無他，即直下斷絕一切世俗之思慮推測與想像，唯以吾之超越吾個人之誠敬之心與深情厚意，以與死者之精神直求相接而已。心誠求之，誠則靈矣。」[47]

## 六、心靈與生死之相接

通陰陽的基礎既然在情志，在死者言，情志常表現為死者對世間的餘情與遺志，而在生者言，則常表現為生者對死者的懷念、誠敬及由是而生之繼述之心，凡此都建立在實存感受上，都建立在生死幽明之間的深情厚意之上。

唐先生在這個論點上，帶出兩個問題，第一個問題是，假如生者與死者互不認識，又如何有感情基礎來溝通陰陽二界。既然今古異世，人我異心，古人何以能知百世以後的我們能夠紹述其志？同理，古人志業多湮沒無聞渺不可知，百世以下之人又如何能上繼其志呢？第二個問題是，實踐有價值、有意義的志願，不必等待死者的召喚，人本道德的要求，自身就應自行努力，如此，又何須有待於回應鬼神的期盼。

---

46 唐君毅著：《人生之體驗續編》，頁 111。
47 唐君毅著：《人生之體驗續編》，頁 110。

　　對於第一個問題，唐先生是用心的直接感知來回應的，因為能使我心有所感應者，並不一定是我所知的，我所不知的人士一樣可以感動我們。所以前人所能感動的不一定是他所認識的，而後人之可能被感動者也不一定為其所認識。從前一種情況來說，如作者之能感動讀者，就不一定需要作者認識讀者；而從後一種情況看，我們之所以被遠方不識的受災者所感動，則又可見能感動我之人，不必為我所認識。唐先生要建立的論點是，我們心靈之能感動不一定是我們所知的，就此而言，能感動我們的古聖先賢就不一定是我們所知的。所以唐先生說：「是見人心之所通與所感，本不限于一一皆知其為誰為誰。」[48]人們對於不認識的人產生感情本是極為自然的事，對知其名性的先聖先烈的崇敬自不在話下，但人們也會對不知名的災民產生同情，又對本不認識的作者能夠感通，這些都顯示人對其所不認識的人自會產生感通。

　　對於第二個問題，唐先生的答案是這種說法「盡美」而不「盡善」，[49]唐先生說：「我相信我心之本體是恆常、真實、清明、與無限廣大、至善、完滿。」[50]心靈既然是無限廣大，無限至善，所以人當求其心靈的充量發展，而充量發展的心靈是一含藏萬物，通徹宇宙的大心，唐先生指出兼盡他人之心：「……亦正所以大吾之自盡其心之量，以兼盡古先之祖宗忠烈聖賢之心為心，而高吾之所以為後人之德者。是又何傷

48　唐君毅著：《人生之體驗續編》，頁 112。
49　唐君毅著：《人生之體驗續編》，頁 113。
50　唐君毅著：《道德自我之建立》，頁 110。

于自盡其心、反求諸己之教乎？」[51]所以能盡一己之心固然是美的，但假如未能兼盡他人之心，則不免自小自限，而上述第二種說法未能盡善的原因正在於未能兼盡他心，所以自亦未能充量的發展本心，因之，是未能盡善的。

也許人們會問說祖宗先人所作所為未必全善，那麼又當如何面對先人之惡行惡願？唐先生在《中國人文精神之發展》一書提到儒家的躬自厚而薄責於人，主張發揚恕道精神：「而依中國之儒者之教，則吾人對於已逝去之古人及父母，皆只當思其功業德行，而忘其一切不德之處。」[52]依唐先生之見，這樣一來可能感格死者使其超升向上，至少可以涵養吾人之寬恕而忠厚的精神，而最關緊要的自然是「人誠以此精神觀世間，以互恕他人之罪，則人之罪，亦即漸在人之互恕其罪中相忘，而歸於各自求超拔其罪過之事。」[53]如是則開拓人皆可以為堯舜的康莊坦途。

## 七、生死相接與死亡之正面意義的開發

根本上，對唐先生而言，整個宇宙通體就是一偉大的精神人格的生命，個人能充量發展一己之心，則能紹述古聖先賢之德，上繼天地祖宗之心，如是則一方面成就一己的德性，另一方面又能將個人的精神生命融入宇宙的精神生命：

---

51 唐君毅著：《人生之體驗續編》，頁 113-114。
52 唐君毅著：〈宗教信仰與現代中國文化〉《中國人文精神之發展》（臺北：臺灣學生書局，1979 年 5 版），頁 396。
53 唐君毅著：《中國人文精神之發展》，頁 396。

懷念誠敬之意者，肫肫懇懇之真情也。真情必不寄於虛，而必向乎實，必不浮散以止于抽象之觀念印象，而必凝聚以著乎具體之存在。既著之，則懷念誠敬之意，得此所對，而不忍相離。事死如事生，事亡如事存者，「如」非虛擬之詞，乃實況之語。[54]

心光相照，往古來今，上下四方，渾成一片，更無人我內外之隔。肫肫其仁，淵淵其淵，浩浩其天。是見天心，是見天理。[55]

從見天理天心的層次，可見究死生之際，就是究天人之際，而大我與小我既心光互映，光光相照，則它指向天人之合一。從這裏我們看到唐先生的存有論，但是唐先生更重視這個天人合一的存有論在價值層次的展現。換言之，天人合一是從天人合德的角度看，將人的踐仁成德，創造價值，上提而關連到超越界的層次，這一種合一是天與人合作共同創造價值[56]，於是天人合一亦即天人合德，而所謂合一也就是就實存主體的價值創造而言。值得注意的是唐先生不但認為生存在世的種種創造是價值創造的唯一的表現，更進而認為死亡也是創造價值的機緣，甚至死亡也可以是善的。

當然從殺身成仁、捨身取義的路子，人們可以輕易談自願接受死亡所展現的價值，唐先生也說：「此生命存在之可自願接受死亡，亦即其自願超拔其對生命之執著之證。此一自

---

54 唐君毅著：《人生之體驗續編》，頁 114。
55 唐君毅著：《人生之體驗續編》，頁 115。
56 參考唐君毅著：《人文精神之重建》（臺北：臺灣學生書局，1984 年全集校訂版），頁 25-29。

願超拔其對生命之執著之要求，即存於此生命存在之自身之中。」[57]我想這不需要太多說明。但值得注意的是唐先生認為死亡的不必為毀滅不善，這一點與唐先生的形上學有關。基本上，他相信形上精神或宇宙精神的存在，所以各存在基本上是此一精神的顯現，而存在之「消滅」則為精神之隱退。所以死亡是由顯現變為隱藏的過程，精神本身並不壞滅。所以死亡不必然為不善之事，甚至可以開發正面的價值。唐先生說：

　　然在中國思想，則物之由隱而顯，如果之開枝生葉，此固表現價值。物之由顯而隱，則如花謝成果，葉落歸根，此仍為表現價值。由此而死亡與消滅，在他方思想，視為大患者，中國思想中並不全如此看。緣此而中國思想恆視人之死亡，物之消滅，只為一人之終，物之終。……而此終，則儘可為表現價值，而可無死亡消滅之義者。[58]

　　而唐先生到了晚年，更進一步說明死亡自身所可能展現地正面價值。他認為自然生命的壽終，本身就等如開發宇宙繼起生命的生機，因為假如所有自然生命都能長存於世，那麼後起的生命就沒有生存與發展的空間了。所以唐先生說：「此自然生命之命終，乃自然生命存在之所向，而於其中可見有一正面之本性之善在，則為中國思想之一大慧所存。」[59]他也明白指出從「……自然生命之有命終……見一善德善

---

57　唐君毅著：《生命存在與心靈境界》下冊，頁 166。
58　唐君毅著：《哲學概論》下冊，頁 1092。
59　唐君毅著：《生命存在與心靈境界》下冊，頁 169。

性。」[60]而這一善德善性，具體表現為仁德、義德與智德。[61]

總之，通常人們都習慣將死亡看作苦痛與不善，但唐先生則試圖點出死亡的正面意義。而在他的論述中，再再反映出替唐先生常能超越個我，而替他者設想的仁者胸懷，這是因為唐先生的死亡觀已經展現廣函萬物、心包宇宙的超越的宇宙精神。林安梧先生說得很精到：「由於精神是超越於軀體之上的，因此可以上而通極於道，下而入於幽冥之際，前而溯及於祖宗聖賢，後而延續於子孫來者。」[62]

# 八、祭　祀

禮為儒家之重心，但在不同的禮中，唐先生又認為「儒家之禮實以祭禮為中心。」[63]因為通過祭禮，人們可「以通

---

60 唐君毅著：《生命存在與心靈境界》下冊，頁171。
61 依唐先生的說法，死亡可使後人得以生存，可謂仁德；死亡就讓出種種成就的機會，可謂義德；而死亡就不執著於形軀，可謂智德。唐君毅說：「……自然生命之自向於命終而有死，正見自然生命之不自覺的具一「由其死以使繼起之生命存在，得有其世間之位」之一自然之仁德，與禮讓之德之表現；亦「使其自己之生命存在與其他生命存在，分別得其在時間中之位」之一義德之表現；而其中亦可說有一不自覺的求自超越其生命之執著之一不自覺的智德之表現，而使其後世之生命存在之超升成為可能者也。」參唐君毅著：《生命存在與心靈境界》下冊，頁171-172。而陸達誠先生曾特別處理這一問題，參氏著，〈唐君毅的死亡哲學〉，頁612-614。
62 林安梧著，〈邁向儒家型意義的治療學之建立──以唐君毅《人生之體驗續編》為核心的展開〉，收入氏著：《中國宗教與意義治療》（臺北：明文書局，1996年4月），頁115-137，引文見頁130。
63 唐君毅著：《中國人文精神之發展》，頁397。

天地鬼神，而澈幽明之際。」[64]正如上文所述，唐先生認為心靈是會超越於個人形軀之外的，所以順心靈之發展，就自然及於對鬼神的祭祀與崇敬，所謂「吾人生命之擴大，心之性情之流行等，要不能安於此限制之內，而終必將洋溢出於其外……即達於另一種形而上的及宗教性之境界。此即對天地、祖宗、歷史人物或聖賢之祭祀崇敬的心情。」[65]而祭祀與崇敬中，唐先生又認為三祭最為重要，[66]不過因為政體的改變，中國人已經廢棄君主制度，所以唐先生將三祭改為祭天地、祖宗、聖賢。

當然祭天地是為報本返始，祭祖宗是為追養盡孝，而祭聖賢是為了崇德報功。而三祭能夠安頓自然生命，但更重要的是「開拓人之純粹的精神文化之生活」。[67]何以祭祀能夠開拓精神生活？綜合唐先生的意見，可分兩方面說明，第一方面是從天地鬼神對後人的提振說，而第二方面則就後人在祭祀中的心性的純化立言。讓我們先看第一面，唐先生說：

祭祀時，吾所求者，乃吾之生命精神之伸展，以達於超現實之已逝世的祖宗聖賢，及整個之天地，而順承、尊戴、祖宗聖賢及天地之德。則此中明有一求價值之實現與生發之超越的圓滿與悠久之求之呈現，乃視死者亡而若存，如來格

---

64 唐君毅著：《中國人文精神之發展》，頁 397。
65 唐君毅著：《中國人文精神之發展》，頁 381-382。
66 唐氏十分重視三祭，有關這方面的討論可看唐端正著：〈唐君毅論宗教之價值與三祭之意義〉，及鄭志明著，〈唐君毅先生的宗教觀初探〉，分別收入《唐君毅思想國際會議論文集－宗教與道德》第 2 冊（香港：法住出版社，1990 年），頁 1-12 及頁 13-28。
67 唐君毅著：〈中國人之日常的社會文化生活與人文悠久及人類和平〉，收入氏著：《人文精神之重建》，頁 506-521，特別是頁 515。

生者，以敬終如始，而致悠久，使天地與人，交感相通；而
圓滿天人之關係。[68]

　　換言之，將死者視為仍然存在，而在順承其德之時，就
產生了「如來格生者」的果效。也就是說，祖宗聖賢與天地
呈現為道德呼喚，端正（格）後人的德行，所以祭祀天地，
祭祀死者自然在溝通天人的活動中，引發後人的道德生活，
提振後人的精神生活。[69]

　　就第二方面而言，唐先生曾說：「中國傳統之宗教性之三
祭，則因其不重祈求而特重報恩，故此祭中之精神，為一絕
對無私之向上超升伸展，以達於祖宗、聖賢、天地，而求與
之有一精神上之感通。則此中可不生任何流弊，而其使人心
靈之超越性無限性得表現之價值，則與一切宗教同。」[70]分
析唐先生的話，其意旨在於點出人們祭祀天地鬼神，並不是
為祈求回報，所以內心自然滌除種種私念。在無私的虔敬的
心懷中，人們就將自我純淨化。此時，心靈自展現其超越性
與無限性，而構成自我超升的動力，遂是上接天地聖賢，而
溝通天人。所以祭祀雖然以天地鬼神為對象，而三祭更特別
針對天地、祖宗與聖賢為對象，但是不離人間，關注的視野
還是以道德人文精神世界為本，曾子說：「慎終追遠，民德歸

---

68 唐君毅著：《中國人文精神之發展》，頁383。

69 曾昭旭先生著眼於孝道的探索，也特別伸言孝道、祭祀等觀念跟個人
　　德性生命與超越宇宙精神的接連。參考氏著：〈試論孝道之本源及其
　　陷落〉、〈孝道與宗教〉、〈孝經與孝道〉，收錄於氏著：《道德與道德實
　　踐》（臺北：漢光文化公司，1983年4月1日初版，1989年8月15
　　日4版），分別見於頁211-233，頁234-246及頁247-257。

70 唐君毅著：《中國人文精神之發展》，頁385-386。

厚矣。」這其中就已透顯儒家的祭祀觀，最終還是對教化的重視。唐先生的想法可說延續了儒家這種重視教化的祭祀觀，它超脫世俗對因果福報的迷執，而上提到道德價值世界的生生不息，止於至善。[71]

# 九、唐氏死亡觀之反省

## （一）從生者之情志面對死亡

分析唐先生的論旨，可知他對死後存在構想所重者不在於外在客觀存在的證立，而是生者的感格上；即從生者之感通之情中推求鬼神之存在。所以唐先生說：「則鬼神果在思念與祭祀之禮之中，為人之感通之所及，自然存在于此感通之中。」[72]所謂存在於感通之中，其實是從不忍心已斷滅無存看待死亡，這是從生者的感情的不容已，轉求感性上的安頓，於是自然地設想死者的存在：

凡吾人所嘗確知其為存在者，若無說其不存在之理由，則吾人恆自然的思其為存在，應用于此人亡之後，其生命心靈精神或其鬼神是否存在之一問題；則吾人亦只須無決定之理由謂其不存在，即可任吾人之自然的依此原則，以思其為存在，而無任何不當之處。而此一思其為存在之思想，即正為合乎人對死者之至情，不忍謂其一死而無復餘，而必有之

71 參王邦雄著：〈儒釋道的心靈世界〉，收入氏著：《緣與命》（臺北：漢光文化公司，1985 年 8 月初版，1992 年 12 月 44 版），頁 65-71。

72 唐君毅著：《中國哲學原論：原道篇》（臺北：臺灣學生書局，1984 年全集校訂版），卷 1，頁 142。

思念之心，祭祀之禮，以對鬼神求生命上心靈上精神上之感通者也。[73]

唐先生的話雖然說得頗為繁複，但是沒有證明能夠獨立自存的鬼神存在，不過，也許唐先生並沒有意圖嚴格的證立鬼神的客觀存在。但是宅心仁厚的他，不像一般哲學家只講求理性的論證，唐先生正視人的深厚情感，因此深情，人也自然容易產生推求鬼神的存在這一迫切的主觀期盼，這一不忍人之仁心，正是唐先生論學的要旨所在，而就死亡觀而言，唐先生所論也真能與儒家古義相契。《禮記·祭義》說：「致愛則存，致慤則著，著存不忘乎心，夫安得不敬乎？」[74]因為本愛敬之心事鬼神，則不唯不敢輕易否定鬼神之存在，反而更加以禮敬之，所以唐先生也極重視祭祀。所謂禮記所謂「事死者如事生，思死者如不欲生」，而中庸也言「事死者如事生，事亡如事存。」這都指向事死如生的深情與敬意，唐先生倡言祭祀中的虔敬，追蹤先秦儒學的遺緒，接續儒門學脈，足見唐先生不愧是儒學大師。

### （二）從創生價值面對死亡

但是唐先生的死亡觀更反映著儒家創生的哲學精神。子曰：「未知生，焉知死」，這並不是教人不必探究死亡問題，「未能事人，焉能事鬼」，也並非說不必侍奉鬼神。不然儒家的重視祭禮就變得不可解了。在孔子之意，他是要指出不了解生

---

73 唐君毅著：《中國哲學原論：原道篇》，卷 1，頁 140。
74 （漢）鄭玄注：《禮記鄭注》（臺北：學海出版社，1979 年 5 月初版景印宋紹熙建安余氏萬卷堂校刊本），頁 596。

命，是無法了解死亡的，而連事人都無法做好，又何能事鬼神。這是一積極的態度，他要將死亡擺在生命中了解，將事鬼神之道轉到事人之人倫大道中把握。唐先生的死亡觀一本儒門大旨，也從精神價值的創造，道德價值的成就中把握。

所以唐先生不認為人死如燈滅，一切復歸於無，反之，死亡不但不是息止，而是以上提到精神世界，以偉大的精神參與天地生生不息的創造力，心憂天下則感動寰宇，志存正道則啟迪來茲，死亡不再是毀滅而是創生，個人生命形體雖然消滅，但精神人格與人類歷史文化的大生命結合，小我消融於大我，而生生不已，創造不息。「夫大人者，與天地合其德，與日月合其明，與四時合其序，與鬼神合其吉凶。」[75]偉大的人格生命，是能與宇宙的生命結合，上下與天地同流。唐先生通過祭祀對精神生命的開發，通過心光互照、通徹幽明的進路，使人們對死的世界的了解不再停留在毀滅的層次，反之，唐先生試圖讓我們看到死生大事那積極的、正面的教化功能，更要我們的個人生命接上歷史文化精神的大流。

孔子是偉大的人文主義者，他並非不重視生命之來源與死後的歸宿，但他教人首先重視生死之間的整個生命歷程。儒家是立足在現實人生來面對生死問題的，而生命的價值絕不在乎生命的久暫，而在於生命的意義。所以重視自強不息的奮進精神，從消極面說不可倦怠，子貢曾向孔子表示對人生諸事感到厭倦，孔子一一加以駁回，子貢當下領悟：「大哉

---

75　（唐）孔穎達撰，（清）阮元校勘：《十三經注疏・周易正義》（臺北：大化書局，1982 年 10 月影印清阮元校勘本），上冊，卷 1，〈乾卦〉，頁 17 中。

死！君子息焉，小人休焉。」[76]從積極面說，生命乃是一段任重道遠的實踐過程，所謂「士不可不弘毅，任重而道遠，仁以為己任，不亦重乎？死而後已，不亦遠乎？」「君子疾沒世而名不傳焉」，死對君子來說是自然生命的終結，但是透過價值的創造，意義的實踐，卻可使人的精神生命不死。正因為人的生命是有限的，所以儒家所重視的「成德之教」，正是以道德實踐產生的意義和光輝，突破生命有限的限制，進而擴大延續生命至無限不朽。

　　唐先生理解到形軀生命的有限性，所以能夠徹底破除對小我的執著，並思以德性生命、精神生命的創造，奠立永恆和不朽，這再再顯示了唐學肯定德性的無限超越的地位和價值，他是從精神生命、德性生命創生不已的義旨去面對死亡的問題。所以林安梧先生也說：「我們發現唐先生啟導了一條人生宗教之路……生命之所須求的不是他界彼岸永恆的安頓，而是此界生生不已的投入，這樣的投入即是創造，即是參贊化育。」[77]

## （三）從深情厚意溝通生死

　　唐先生從人心深切的反省，體悟到人生的深情厚意，從而一方面說明死後之不斷滅，試圖安頓死後靈魂的繼續存在，另一方面則以情志之相接，溝通陰陽幽明兩界。曾昭旭先生對唐先生曾有一段知言：「我們可以清晰的定位仁者型的

---

76 李滌生著：《荀子集釋·大略》（臺北：臺灣學生書局，1979 年 2 月，初版；1994 年 10 月，7 刷），頁 628-629。

77 林安梧著：〈邁向儒家型意義的治療學之建立——以唐君毅《人生之體驗續編》為核心的展開〉，頁 130。

生命形態，那就是：他的生命情調雖然是主情的，但這種情形一不是世俗依於感官的情（而當是超越普遍的宇宙情懷），二不是超離孤絕，歸宿於形上玄境的宗教之情（而當是流播人間，與斯人共處的庸常之情）。而兩者相合，自然便是即上即下，圓融博厚的道德情懷了。正是這種道德情懷貞定了唐先生的生命。」[78]

　　世俗宗教不免將人導致不可知的幽冥世界，但是唐先生以為這種由明入幽、一往不復的進路並不可取。反之，唐先生立基於人心，從倫理與感情點化鬼神信仰，他將死生鬼神的思考由他界導回人間，立足於人間實存的深情厚意，遂能慰生者之情，暢生者之志，在其中遂能兼盡死者之情志，亦暢死者之懷。於是將人世間的倫理與情感擴大、延伸到超人間的鬼神領域。所以唐先生重現生者對死者的感念、崇敬、追懷、繼承，另一方面，唐先生也交代死者對人間的期盼、關心。換言之，我們看到仁心遍潤，溫情洋溢，心光互應，交相暉映，照徹陰陽，存歿俱感。正如唐先生所說：「……人類唯由道德，乃能自其小我之私欲超出，而於其認識對人間之責任中，使其心靈日趨擴大，然後方能知天地之大，宇宙之真，而與形上之神明境界相接。」[79]換言之，一點靈明仁心，慰藉生死，溝通陰陽。這是本人道之不忍捨離而通陰陽之隔，本仁心之超越昇進而接鬼神之幾，遂與天合德，與鬼

78　曾昭旭著：〈論牟宗三與唐君毅在當代新儒學上之互補地位〉，收入氏著：《在說與不說之間——中國義理學之思惟與實踐》（臺北：漢光文化事業股份有限公司，1992年2月），頁127-140，引文見頁130。
79　唐君毅著：《哲學概論》下冊，頁1022-1023。

神相接。

## （四）從精神價值論不朽

　　鬼神不朽，上接鬼神的人又是否不朽呢？唐先生論不朽，著重在精神之不朽。而精神不朽首先可表現在子嗣的繁衍。《孟子‧離婁下》所說的「不孝有三，無後為大。」[80]一直是儒家，甚至中國文化中非常強調的，所以儒家對婚姻也強調：「昏禮者，將合兩姓之好，上以事宗廟，而下以繼後世也。故君子重之。」[81]儒學這種對後嗣的重視，也反映在唐君毅先生的論旨：

　　　　子孫之生命，自我之生命而來，則子孫之存在，即可視為我之生命未嘗朽壞之直接證明。[82]

　　但是唐先生對子嗣繁衍的重視，並非僅在乎生物的繁衍而已，保存種族固然是有價值的，但《中庸》云：「夫孝者，善繼人之志，善述人之事者也。」[83]這已經點出精神志業的傳承才是孝的重點，而這一祖宗聖賢的精神志業的繼與述，又轉而構成對個體生命死亡之安頓。王邦雄先生就曾發揮此義，指出儒家是用祖孫的三代傳承來安頓佛教的三世因果。

---

80　（宋）朱熹：《四書章句集註》（鵝湖出版社，1984 年 9 月），頁 286。
　　（清）阮元校勘：《十三經注疏‧孟子正義》（臺北：大化書局，1982
　　年 10 月影印清阮元校勘本），下冊，頁 2723 中。
81　（漢）鄭玄注：《禮記鄭注》（臺北：學海出版社，1979 年 5 月初版景
　　印宋紹熙建安余氏萬卷堂校刊本），頁 809。
82　唐君毅著：《中國文化之精神價值》，頁 440。
83　（漢）鄭玄注：《禮記鄭注》，頁 689。

因為對儒家來說，死就在代代相傳的生生不息中安頓，生生構成「生命的長流、歷史的長流、文化的傳統、家族的綿延」。[84]唐先生的死亡觀既重視保種續命的家族綿延，而更重視精神生命的朗照，與文化生命的完成。這在古代儒家具體的表現為三不朽。

徐復觀先生曾經反省叔孫豹立德立功立言為三不朽的說法，他精要的指出：「而魯叔孫豹則以立德立功立言為三不朽，是直以人文成就於人類歷史中的價值，代替宗教中永生之要求，因此而加強了人的歷史地意識；以歷史的世界，代替了「彼岸」的世界。宗教係在彼岸中擴展人之生命；而中國的傳統，則係在歷史中擴展人之生命。」[85]我認為徐先生這段話，很能夠充分的說明唐君毅先生的大旨所在，唐先生的死亡觀透顯出深刻廣袤的歷史人文胸懷，個人的死亡扣緊在超個人的價值世界中追求意義的完滿，個體的消逝則在整體的人類歷史文化的長河中得以安頓。所以在唐先生之意，死亡必然緊扣德性生命的覺醒與發展，它既求破除個別生命的執著，更求成己成物，通天地而徹陰陽。[86]

---

84 王邦雄著：〈說生死〉，收入氏著，《世道》（臺北：立緒，1997 年 12 月，初版，二刷），頁 55-82，特別是頁 71-73。

85 徐復觀著：《中國人性論史》（臺北：商務印書館，1969 年 1 月初版，1999 年 9 月初版 12 刷），頁 56。

86 傅偉勳先生也曾說：「中國固有的生死智慧與解脫之道，不但教導我們心性（實存本然性）的肯定與醒悟，也同時強調，我們如要了悟生死的終極意義，如要超生死而又任生死，則絕不能執著於我們自己的個別生命，因為終極解脫即不外是小我的徹底破除。」傅偉勳，〈生死智慧與宗教解脫〉，收入氏著：《批判的繼承與創造的發展》（臺北：東大圖書股份有限公司，1991 年 8 月），頁 187-196；引文見頁 195-196。

## （五）從永恆天理超越死亡

所以唐先生對死亡的看法雖然從人心人情出發，但是卻接連到形上的天理。從天理流行長存，唐先生對死亡作終極的安頓，或者更好說他超越了死亡。唐先生有一段極為精闢入裡的表述：

高攀龍死時唯曰：「含笑歸太虛，了我分內事」也。而中國先哲之所以能如此，亦非謂其真信人死之為空無所有，故於生後之事，無所容心；而唯是其信一生之始終之事，乃表現宇宙之太極陰陽之理之一顯一隱、或一動一靜、一往一來相應成和，以生化不窮之歷程。[87]

人的死亡只是回歸宇宙精神，但是這並不代表人生在世，不須努力。只有在盡了分內之事，人才能無憾的死亡。而盡分固可無憾，但是盡了分，卻不必然導致事必如理地完成，而人除了盡分之外，總希望事之能完滿。我們可以說盡分而無憾，是無責任的無憾，而盡分而事不成，則易生有期待的有憾。是則如何才能息懷無憾？唐先生說：「生無憾，則死無憾。由此而人即不須求永生，而亦未嘗不可死而無死，無而未嘗不有也。」[88]所謂「生無憾，則死無憾」是就已經盡份來說的，至於「死而無死、無而未嘗不有」則指向吾人對後人的深切企盼，以及天理長存的大信。因為人心之感通，後人當有能感格吾志，而繼續完成吾人未竟之志業，正因後繼有人，所以吾人將「死而無死，無而未嘗不有也。」

---

87 唐君毅著：《哲學概論》下冊，頁1093。
88 唐君毅著：《哲學概論》下冊，頁1093。

更根本的是吾人無論是未竟全功，抑或功敗垂成，只要自問是依理而行，循理而動，則吾人之志業固為人心之所寄，是亦天心之所寄，志業挫折，不能視為天理毀滅不存，而應視為天理之暫時隱藏。天理有隱藏之日，亦自有再現之時，此陰陽往復之理也。所以困頓挫折，終歸只是一時之事，只要抱持天理長存的大信，則吾人尤可寄望將來而息懷無憾，唐先生這一天理長存，精神恆在的形上智慧，超越死亡的斷滅無餘的憂慮。

# 十、結　語

死亡常指向寂滅的終止，所謂人死如燈滅，所以死亡議題容易將人的精神與注意力導引到離開人世的彼岸，但是唐先生將死亡的意義由寂滅轉化為創造，由終止轉化為不息，這一方面顯示唐先生對天德流行、生生不已的宇宙精神的體悟，但更加值得注意的是唐先生時時著眼於生命存在的思考，所以死亡的重點不在彼岸的探索，而努力於對此岸的關注與提振，努力於將小我與群體聯結，從而一面在日新又新的自我完善的歷程，開拓價值之不斷實現，一面以表現為深情厚意，虔敬無私的純淨心體，見證天心天理，貞定人間價值的精神根源。

唐先生在面對死亡時，破除個人對生命的執著，死亡不是威脅，而是一種挑戰。它挑戰吾人對個人生命的執著，但是放下一切，只能安頓個己生命的解脫問題，至於個人以外的生命存在的安頓則仍無交代。所以死亡的挑戰，對唐先生

而言，不應只是個人的安頓，他要對個人以外的整個生命存在都要求能有所安頓。從個我言，人對已死的先聖先賢之接合，實際上是將個我上繼大群人生之歷史文化價值根源，而死者對生者之期盼，實際是開拓以下世世代代的價值實現。死不是個人之事，反之，死接上大群人生，接上歷史文化，前者是橫向的拓展，後者是縱向的拓深，二者都指向人間價值與意義的實踐與生成。唐先生對個己生命的安頓，轉寄於人間的生命存在的安頓，亦即通過繼起的生生安頓死亡，所以死亡問題的安頓既不在天國，也不在冥府，而就在人間。

　　唐先生的死亡觀將他的儒家人文精神表露無遺，它既不沈溺於趨吉避凶的禍福迷信，又能護持人們對天地、祖宗、聖賢的情意與敬意，於是取得理性與信仰的和諧。既盡量安頓理性反對以鬼神存在的懷疑，也求順遂感性的要求。面對死亡時，唐先生沒有把人的心思導引到鬼神的崇拜，也不導人於神秘的幽冥世界，而是從人的情志的光輝與願力照徹並溝通幽明兩界，他運用倫理與情感的協調，德性與感性的相維，說明陰陽幽明的相接，照顧存歿兩方的情感；並進而表現依照儒家的精神，死亡並非只有消極的毀滅面，而可以觸發個人精神生命的升進，人類整體生命的發展，乃至宇宙精神的滿全。筆者認為唐先生的死亡觀透顯德性進路的立場，以及廣涵性人文精神的取向，確實充分發揮儒學精神，為死亡議題提出一種合情合理的安頓。

# 第八章 臺灣人間佛教的兩種淨土觀點
## ——以順法師與李炳南居士為例

## 一、導　言

　　儘管東亞佛教多姿多采，宗派林立，但是近世以下，淨土宗還是最普及的重要宗派之一，陳榮捷教授甚至認為華人佛教在最近數百年中已窄化為淨土宗而已，可見淨土教勢之盛。[1]而臺灣佛教雖非孤峰獨秀，但亦山巒有主，故而長期關注臺灣佛教的闞正宗先生也認為：「事實上，淨土宗可以說是

＊本文寫作前後歷經兩年，期間承蒙國立清華大學中文系李玉珍教授與李炳南居士紀念文教基金會林淑珍與張宜臻小姐提供大量資料，國立臺北大學陳俊強教授代查資料；臺南妙心寺住持傳道法師、雪心文教基金會鄭勝陽董事長等提供寶貴意見，又林振惠伉儷提供李炳南居士著作，並盛情接待，香港浸會大學宗教及哲學系黃平與吳湛雄同學幫忙影印資料及校對，特此致謝。

1 Chan Wing-tsit, *Religion Trends in Modern China*, N.Y.: Octagon Books, 1969, p.62.

目前臺灣佛教社會的主流。」[2]而陳兵與鄧子美教授在介紹現代中國佛教的專書中，特別提到「無論在大陸或港臺，二十世紀以淨土為歸的信仰都屬主流。」[3]筆者認為這些意見或許片面誇大了淨土的教勢，因為禪宗，或禪淨合流的宗派基本上仍然勢力龐大，譬如佛光山、法鼓山、慈濟、中臺禪院等重要臺灣佛教重鎮皆是；[4]但是民眾對部分淨土信仰的實踐，仍然非常普及，[5]就此而言，淨土信仰在臺灣的教勢，還是舉足輕重，不能忽視。

其實，從明鄭到日本殖民時期，在臺灣信仰的地圖上，是以混雜型態的民間信仰最為普及，其中觀音、媽祖信仰都十分流行，但淨土與禪宗也都相當普遍；[6]二次大戰後，日本

---

2 闞正宗：《臺灣佛教一百年》，臺北：東大圖書公司，1999 年，頁 227。

3 陳兵、鄧子美合著：《二十世紀中國佛教》，臺北：現代禪出版社，2003 年，頁 376。

4 有關這四大教團的簡單介紹，可以參考江燦騰：《臺灣當代佛教》，臺北：南天出版社，1997 年，特別是頁 8-47。英文方面有關佛光與慈濟教團的簡要介紹，可參考，Andre Laliberte, *The Politics of Buddhist Organization in Taiwan 1989-2003*, London & N. P. Routledge Curzon, 2004, pp. 66-85 and pp. 86-105. 此書雖然以臺灣佛教團體的政治態度與行為為研究主題，但在背景的部分，對各重要教團仍有非常簡明有要的介紹。See also Charles Brewer Jones, *Buddhism in Taiwan: Religion and the State, 1660-1990*, Honolulu: University of Hawaii Press, 1999, pp. 178-218.

5 譬如臺灣高雄縣鳳山佛教蓮社住持釋慧嚴教授就提到：「在臺灣，只要自認為是佛教徒，不論是顯密，宗派為何？平常見面總是以阿彌陀佛作問候語，往生時也以唸阿彌陀佛來助念，像似大家都是阿彌陀佛的信徒。」參考釋慧嚴：《從人間性看淨土思想》，高雄：春暉出版社，2000 年，頁 1。誠然，部分淨土的信仰與實踐已經非常普及，但淨土宗的教理，卻未必普及。

6 明鄭到日本殖民時代的臺灣佛教概況，自然不能一言蔽之，請參考江燦騰：《日據時期臺灣佛教文化發展史》，臺北：南天書局，2001 年；

人迅速撤離臺灣，而中國佛教則再度傳入，特別是在一九四九年，大陸易手後，大批中國僧人來臺，讓漢傳佛教在臺灣得以再度發展；雖然當時臺灣仍然以民間佛教最為普遍，但淨土宗很快就得到很大的發展，成為臺灣最重要的佛教宗派之一。這是由於戰後餘生、民生困苦，而西方極樂的信仰，最能滿足民眾離苦得樂、了脫生死的願望，而淨土提倡的念佛法門，容易普及，故而很快就得到民眾的信奉與支持；再加上李炳南居士（1890-1986）等奮力佈教之餘，又致力社會慈善救濟活動，特別是李居士與眾弟子，如于凌波（1927-2005）、朱斐居士等，贈醫施藥，救貧育幼，在貧困的五、六十年代，幫助了許多民眾，也樹立了佛弟子的正面形象。[7]後來，通過周宣德居士等努力，淨土在大專院校更得到長足的發展，所以一時淨土教勢大盛，信眾極多。

　　另一方面，自從太虛大師（1889-1947）提倡人生佛教以

---

至於簡單的介紹，可以參考闞正宗：《重讀臺灣佛教正編》，臺北：大千出版社，2004 年，頁 21-34。張曼濤著，〈臺灣の佛教〉，收入中村元等監修‧編集，余萬居翻譯，《中國佛教發展史》，臺北：天華出版事業有限公司，1984 年，中冊，頁 1023-1092。這原是《アジア仏教史：中国篇 IV》，而原書名為《東アジア諸地域の仏教：漢字文化圏の国々》，東京：佼成出版社，1980 年，有關明鄭到日本時期的介紹，請參看該書頁 129-164。 For a brief introduction in English, see Shih Heng-Ching, "Buddhist spirituality in modern Taiwan", in Takeuchi Yoshinori ed. *Buddhist Spirituality: Later China, Korea, Japan and the Modern World*, N.Y.: The Crossroad Publishing Company, 1999), pp. 417-434, esp. pp. 417-420.

7 有關李炳南居士早年在臺中與眾弟子朱斐、于凌波等的弘法與慈濟工作，參考于凌波：《曲折迂迴菩提路——于凌波七十自述》，臺北：慧炬出版社，1997 年，特別是頁 400-446。

來，[8]經過印順法師（1906-2005）轉為人間佛教，在臺灣就更影響深遠；而現代華人地區的佛教，多重視人間淨土的建立，特別是臺灣地區，更成為僧團佛教的主流理想；[9]譬如法鼓山聖嚴法師（1931-2009）的口號就是「提升人的品質，建設人間淨土」，星雲大師（1927-　）提倡人間佛教，[10]至於慈濟功德會的證嚴法師（1938-　），[11]與印順法師有其特別的師

---

8 太虛大師終生提倡人生佛教，早在一九二八年四月二十一日，即依據人生佛教的理念而倡導改革運動，到了一九三八年二月八日就提出「即人成佛」的理念。參印順法師：《太虛大師大師年譜》，臺北：正聞出版社，1992 年，修訂一版，頁 254 及頁 426。有關太虛大師的研究頗多，近年出版的專書有郭朋：《太虛思想研究》，北京：中國社會科學出版社，1997 年；李明友：《太虛及其人間佛教》，杭州：浙江人民出版社，2000；羅同兵：《太虛對中國佛教現代化道路的抉擇》，成都：巴蜀書社，2003 年 10 月。See Chan Wing-tsit, *Religion Trends in Modern China*, N.Y.: Octagon Books, 1969, pp. 118-126. Holmes Welch, *The Buddhist Revival of China*, Massachusetts: Harvard University Press, 1968, pp. 51-71. A very brief English introduction can be found in Donald Lopez ed., *Modern Buddhism: Readings for the Unenlightened*, London: Penguin Books, 2002, pp, 85-90.

9 See Stuart Chandler, *Establishing a Pure Land on Earth*, Honolulu: University of Hawaii Press, 2004). Chandler 對星雲大師及佛光山有非詳細之研究，這是迄今為止最有反省性之研究成果。而 Chandler 也有提及太虛到印順的發展，可供參考。然而，Chandler 繞過法鼓山僧眾的信願，而從世俗的思維進行理解，很多時候解釋都不免偏頗，甚至毫不相應。

10 參照陳兵：〈正法重輝的曙光——星雲大師的人間佛教思想〉，見《普門學報》，第一期。滿義法師：《星雲模式的人間佛教》，臺北：天下遠見，2005 年　，特別是頁 3-20。符芝瑛：《傳燈：星雲大師傳》，臺北：天下文化，1995 年，頁 163-177。符芝瑛，《雲水日月：星雲大師傳》，臺北：天下文化，2006 年。特別列出符氏新著，乃是因為這並非舊書新版，而是一新作。

11 有關證嚴法師的介紹，最為普及的是陳慧劍：《證嚴法師的慈濟世界——花蓮慈濟功德會的緣起與成長其次》，臺北：佛教慈濟文化志業

徒緣分，所以主要發揮無緣大慈，同體大悲的觀念；與重視思解不同，她強調行入，重點則放在醫療與慈善救濟兩大方面，實質上就是努力將人間化為淨土；至於本來就是印順法師直接傳承的道場，就更不例外了。所以皮特門（Don Pittman）教授認為印順法師、星雲大師、聖嚴法師、證嚴法師都是太虛的傳承。[12]其實本來在人間取向上，從太虛至印順兩位大師，方向是一致的；但印順法師在臺灣弘法多年，在臺灣的影響深遠，因此要明白臺灣佛教，又不能不了解印順法師。李炳南居士雖然也吸收太虛大師的人生佛教理想，但是與印順法師這一支的傳承，頗有不同；特別是倡導人間淨土的各大教團的淨土理念，實際上與淨土宗行者如李炳南等的詮釋與實踐存在著相當差異，所以不宜將臺灣重大教團重視人間淨土的情況，直接視為淨土宗的教勢大張。因為這不但過度簡化事實，更不能彰顯人間淨土的淨土，與淨土宗本身所提倡的淨土之間的同異所在。

---

中心，1997 年；近年旅美華裔作家雲菁也有一生平傳記，此書有黃芳田等中譯：《千手佛心：證嚴法師》，臺南：大千文化出版事業公司，1995 年。英文原著為 Yu-ing Ching, *Master of Love and Mercy: Cheng Yen*, CA: Blue Dolphin Publishing Company, 1995. 更新的是潘煊：《證嚴法師：琉璃同心圓》，臺北：天下遠見，2004 年，這兩本書都以淺近語言，以及文學性筆調，勾勒上人的生平與事業，基本上屬於信眾讀物，學術嚴謹度不足。介紹上人與慈濟最新的專書是趙賢明：《臺灣最美的人——證嚴法師與慈濟人》，臺北：印刻出版有限公司，2006 年，本書重點在慈濟工作，資料比較詳細。For a brief introduction to Cheng Yen, see David W. Chappell ed., *Buddhist Peacework: Creating Cultures of Peace*, Boston: Wisdom Publications, 1999, pp. 47-52.

12 See Don A. Pittman, *Toward a Modern Chinese Buddhism: Taixu's Reforms*, Honolulu: University of Hawaii Press, 2001, esp. pp. 255-298.

　　既然印順法師是臺灣地區佛教思想的權威，而李炳南居
士又是中興臺灣淨土的巨人，兩人在臺灣佛教的地位有如泰
山北斗，所以要理解臺灣佛教，不能不理解印順法師啟發的
人間淨土觀，也不能不理解李炳南一脈的淨土信仰，雖然部
份學人已經注意到印順法師對淨土的詮釋，[13]但是他們多從
印順法師這一面處理問題，甚至專門申述印順法師的觀點，[14]
而鮮少兼顧從淨土宗這一邊審視爭議，[15]所以似乎仍未有相

---

13 Charles Jones, *Buddhism in Taiwan: Religion and the State, 1660-1990*,
　esp. pp. 126-131. See also Charles B. Jones, "Transitions in the Practice
　and Defense of Chinese Pure Land Buddhism", in Steven Heine and
　Charles S. Prebish ed. *Buddhism in the Modern World: Adaptations of an
　Ancient Tradition*, N.Y.: OUP, 2003, pp. 125-142. 鍾斯的論文範圍從太
　虛大師、印順法師以下到慈濟都有處理，也提及淨土宗的印光大師與
　李炳南居士的觀點，但是並無評論印順法師與李炳南居士等的差異。
　江燦騰於《當代》發表〈臺灣當代淨土思想的新動向——思想史的探
　討〉，印順法師馬上發表〈冰雪中撒種的癡漢〉回應，而臺中王炯如
　居士等也聯名發表〈為李炳南居士辯白〉一文，為他們的師尊辯誣，
　現在三篇論文都收入江燦騰：《人間淨土的追尋——中國近世佛教思
　想研究》，臺北：稻鄉出版社，1989年。頁碼分別是頁187-220；221-225，
　227-228。江文及其他兩文後來又再收入江氏新著：《中國近代佛教思
　想的諍辯與發展》，臺北：南天出版社，1998 年，頁 619-657。江教
　授認為印順法師與印光反映緣起性空與圓覺的差異。另外相關的討論，
　還可以參考釋昭慧法師，〈印順法師對本生談與西方淨土思想的抉擇〉，
　收入釋昭慧法師、江燦騰編著：《世紀新聲：當代臺灣佛教的入世與
　出世之爭》，臺北：法界出版社，2002 年，頁 247-282。
14 Po-Yao Tien, *A Modern Buddhist Monk-Reformer in China: The Life and
　Thought of Yin-Shun*, PhD. Dissertation: California Institute of Integral
　Studies, 1995, pp. 235-254.
15 就筆者所知，唯一嘗試從淨土立場全面反駁印順的專著是釋修禪的碩
　士論文，參氏著：《臺灣淨土六十年》，臺中：圓淨出版社，2003 年。
　這本書的焦點不在印順，而是以介紹臺灣淨土宗重要代表人物，來
　呈現淨宗在臺灣的發展史，所以沒有呈現李炳南與印順在淨土教義方
　面的差異。但在淨土法門的發展的章節中，也用了十頁簡介並檢討印

對周延的論點。本文運用印順法師對淨土的詮釋為論文切入點，展示法師對淨土的批評；同時特別以李炳南居士為例，申述淨土宗的不同立場，並進而反省爭議所涉及的 意義。就結構言，本文在導言之後，將在第二節略述印順法師及其研究淨土的文獻，並簡述其對淨土一觀念的理解，第三節，說明印順法師對淨土的批評，第四節，分析印順法師立論的基礎，第五節，以李炳南居士為例，呈現淨土宗的相關理論與可能回應，第六節，反省其涉及的社會文化意義作結。

# 二、印順法師及其淨土研究

## （一）印順法師及其有關淨土的文獻

印順法師是當代華人佛教界最傑出的學僧之一，自然無須太多介紹。[16]有人稱之為宋代以來最重要的僧人，[17]一九九八年加洲大學黎偉倫教授譽之為「現存世上最重要的中國佛學專家」。[18]中國佛教史專家藍吉富教授說：「近四十年來，印順法師是在佛學思想上對臺、港等地華人佛教徒影響最深

---

順的意見，參照該書頁 25-36。

16 有關他的生平，可以參考釋昭慧法師：《人間佛教的播種者》，臺北：東大圖書公司，1997 年，又參照潘煊：《看見佛陀在人間──印順法師傳》，臺北：天下文化，2002 年。兩書基本上都是重述印順法師的立場，前者如實反映印順法師自身的意見，但後者則更加上對其他教團批評，其中意見，實見仁見智，爭議難免。

17 Po-Yao Tien, *A Modern Buddhist Monk-Reformer in China: The Life and Thought of Yin-Shun,* p.4.

18 Whalen Lai, "Introduction," in Yin Shun. Trans. Wing H. Yeung, The Way to Buddhahood, Massachusetts: Wisdom Publications, 1998, p. xv.

的出家人。他的著作是臺、港等地華人佛教徒在信仰方向上最重要的指引。」[19]所以藍教授認為二次大戰後的臺灣佛教其實是「印順法師時代的佛教思想」，[20]藍吉富的論點，確實點出印順法師在臺灣的龐大影響力，但是若求全責備，則似乎未能充分重視印順法師以外的高僧大德，故而未免有以偏概全之嫌；然而，大約在最近十年，有關印順法師佛學的研究已經不少，而學術研討會，更是經常舉行，[21]論者甚至宣稱創立了「印順學」。[22]印順法師本人雖非淨土宗，但是因為他在當代華人佛學界的崇高地位，一言一行，都容易引起注意，特別是他對淨土的批判性觀點，更引起不少爭議，值得

---

19 參藍吉富：〈臺灣版出版緣起〉，該文收入郭朋：《印順法師佛學思想研究》，臺北：正聞出版社，1992 年，頁 1。

20 藍吉富說：「印老在臺灣的寫作與弘法時間大約四十年。這四十年的臺灣佛教界，其發展狀況就像 臺灣的經濟發展一樣，從「未開發」水準進而成為「已開發」水準。而促使臺灣的佛學研究水準提昇到目前這一層次的，固然是很多人的共同成績，但是，無疑的，印老的研究業績當是其中最卓越的。而印老對佛學界人士的啟發、影響與導引，不論在質在量，也都是無人堪與比擬的。換句話說，光復後到 1994 年印老停筆的這一段期間，如果臺灣佛教界沒有出現印老的著作，那麼這一段佛教思想史或佛教學術史是要黯然失色的。因此，我把這一段思想史期間，稱之為印順法師時代。」，見藍著：〈臺灣佛教思想史上的後印順法師學時代〉，收入藍吉富：《聽雨僧廬佛學雜集》（台北：現代禪出版社，2003 年），頁 265-285。

21 研究專書有：郭朋《印順法師佛學思想研究》、邱敏捷《印順法師的佛教思想》（臺北：法界出版社，2000 年）、釋傳道《印順法師與人間佛教》（臺南：中華佛教百科文獻基金會，2001 年）等。至於研究論文則不可勝數，不能盡錄。會議方面，與印順法師思想相關的會議，大約有十場之多。有關印順的研究發展情況,簡明的可參釋昭慧法師：〈印順法師學已在成形〉，《弘誓》第八十期，2006 年 4 月。

22 釋昭慧法師：〈印順法師學已在成形〉，《弘誓》第八十期，2006 年 4 月，頁 7。

進一步研究。

　　印順法師著作等身，全面處理，勢必超過本文範圍，但跟本文直接相關的是一九五一年冬，講於香港青山淨業叢林的《淨土新論》；但印順法師的淨土研究，還有〈念佛淺說〉、〈求生天國與往生淨土〉、〈東方淨土發微〉、〈東山法門的念佛禪〉等，這些單篇著作後來跟〈宋譯楞伽與達摩禪〉放在一起，合成妙雲集下編的《淨土與禪》一書；另外比較相關的文獻還有一九六三年的〈往生淨土講記〉與一九八○年《初期大乘佛教之起源與開展》等相關資料。只此就足見印順法師關心淨土的問題，前後起碼達三十年之久。

　　印順法師處理淨土的原因，自然是因為淨土本來就影響甚大，所以特別重視此一法門；不過，他在香港提出新論，並未引起反彈，倒是當他到了臺灣，引起極大爭議；印順法師在教義上雖然勝義紛披，這自然是學界所重視；但是其分析精闢深入，本來就不是普羅大眾所容易瞭解，未必會引起一般信眾的注意；但是《念佛淺說》與《淨土新論》的部分觀點是建立在對傳統的檢討之上，而臺灣正是傳統淨土非常普及的地區，印順法師這種批判性強烈的觀點，自然引起當地淨宗的非議，甚至曾經導致火焚《念佛淺說》的抗議事件。[23]其實，以燒書的方式表示強烈的不滿，在臺灣佛史上

---

23 參考楊白衣：〈妙雲集的內容與精神〉，見印順法師編：《法海微波》，頁 154。近年學界有關印順法師的專書，很多提及印順著作被焚毀的事情；不過，邱敏捷誤將被燒的〈念佛淺說〉誤為《淨土新論》，參邱著：《印順法師的佛教思想》，頁 4。筆者曾經於二○○六年五月二十日親自向印順法師門人某住持請教過這件事，開始時法師說親眼看到焚書事件，甚至十分肯定是李炳南居士燒的，但經我再追問下，卻

也有前例，所以印順法師的書被燒，其實並不是絕無僅有的

發現其實法師只能肯定看到有人燒書，至於所謂李炳南居士在幕後指使燒書的事，則顯然是推測之詞。但他轉述印順法師的話，十分重要：「我聽說有人燒書，但沒有看到有人燒書。」顯然這問題涉及三方面，其一，到底有無燒書事件；其二，李炳南居士有沒有親自或指使他人燒書；其三，若有燒書，所燒的是否印順的著作。為了確定此事，除了印順法師傳人外，理應查看李炳南居士這方面的意見；筆者在江燦騰教授論文的註腳中，看到李居士門人紀潔芳教授的意見；她提到有軍人出身的信眾，曾經燒書。紀教授此話，是要為李炳南本人洗冤，但卻未能為李炳南門人撇清關係。筆者於二○○六年七月到臺灣收集研究資料，七月八日得晤隨侍李炳南居士近三十年侍者鄭勝陽先生，鄭先生表示若有燒書，當然是身為隨侍的他經手燒的，但他確定沒有燒過任何印順法師的著作，只有燒過扶乩、一貫道等書。筆者又曾於二○○六年五月參加臺灣某學術會議，並向發表人請教有沒有第一手資料，可以證明燒書事件；當時某教授正擔任這一場次的主持人，就義務代替發表人回答，大意是說兩位當事人都已經往生，應該為賢者諱，不必打破沙鍋問到底。筆者推許為賢者諱的初衷，但卻擔憂以這種態度的結果。因為既然事實真相未明，就無所謂隱諱問題；因為隱諱先假定李炳南居士與　書有關，假若該當事人根本是無辜的，就不需要後人隱諱。因此，若大眾不能善體為賢者諱的用心，反而造成流言不斷，在真相未明的情況下，就很容易讓李居士遭受含沙射影之冤屈。總的來說，就已知的文獻看，印順法師與李居士雙方的及門弟子都提到燒書事件，所以燒書事件非常可能確有其事，而且也有人看到所燒的書就是印順的作品，但是目前沒有發現任何直接證據證明李居士本人需要為焚書事件負責，是以筆者認為理應抱持存疑的態度，以免陷李炳南居士於不義。而筆者在二○○七年七月另一次參訪調查中，遇到熟知臺灣教界情況的朱斐居士，朱斐表示當時他親歷其事，也親自看到印順法師、續明法師與演培法師到臺中贈款給李炳南居士的事情；他跟筆者提到，焚燒印順法師著作確有其事，但另有其人。此人為高階軍人退伍的淨土宗僧人，駐錫於臺中北屯；當時人以訛傳訛，張冠李戴，讓李居士及門人蒙不白之冤。朱居士在告知上情後，表明不願意將自己與燒書者的姓名公佈出來，要等他往生後才可公開。從前筆者僅依照學術慣例，將訪查所得資料，紀錄於此，以便來者參考。此時，朱居士已經往生多年了，所以也就公開其身分。有關朱斐居士的資料，可以參考卓遵宏、侯坤宏訪問，周維朋紀錄的口述歷史：〈朱斐居士訪談錄〉，《國史館館訊》，第二期，頁 128-167。

個案，[24]巧的是這兩次燒書事件據傳都與淨土行者有關。

不過，有關爭議的原因，印順法師本人不從教理上解釋，卻突顯私人恩怨，譬如擔任善導寺主持與出席日本佛學會議等與人結怨，[25]但是本文認為不能忽視教義的分歧，因為印順法師的淨土新論具體而微的展現了其與傳統淨土宗的教義詮釋之爭，理應受到重視。

## （二）印順對淨土一詞的理解

淨土一詞的意義，表面看來，對佛學稍有認識的都能說出一些意義，但是若要認真講，則淨土一詞並非像表面看來的清楚，譬如，淨土不一定指極樂世界；甚至難以確認漢文淨土兩字，是哪一個梵文字詞的翻譯，[26]所以也有人主張淨土是華人自創的新詞。

印順法師自己的說法是：「土，梵語 Ksetra，或略譯為剎。剎土，即世界或地方。淨土，即清淨的地方。淨，是無染汙、無垢穢的，有消極與積極二義。佛法說淨，每是對治雜染的，如無垢、無漏、空，都重於否定。然沒有染汙，即應有清淨的：如沒有煩惱而有智慧；沒有瞋恚而有慈悲；沒

---

24 例如証峯法師一九二二年出版《真心直說自話註解》，就被新竹淨土宗某寺廟採購焚毀。參照李筱峯：《臺灣革命僧林秋梧》，臺北：自主晚報出版社，1991 年，頁 106。

25 許多研究都提到印順自己的意見，簡明的摘述可參照丁敏：〈臺灣當代僧侶自傳研究〉，收入江燦騰與龔鵬程主編：《臺灣佛教的歷史與文化》，臺北：靈鷲山般若文教基金會國際佛學研究中心，1994 年，特別是頁 188-191。

26 這方面簡明的討論，可以參照慧嚴法師：〈從彌陀淨土信仰的漢化到淨土宗的成立〉，《慧嚴佛學論文集》，高雄：春暉出版社，1996 年，頁 87-122。

有雜染過失而有清淨功德。這樣，淨的內容，是含有積極性的。所以淨是一塵不染的無染汙，也就是功德莊嚴。」[27]可見印順法師將「淨土」理解為形容詞與名詞的結合，亦即理解為清淨的世界，而所謂清淨則是從對比雜染來說的，並取得一價值上的肯定，所以就有去染求淨的積極意義。

　　土雖然是地方或世界的意思，但印順法師再細分為眾生與世界兩方面講，也就是要淨化眾生與世界。他說：

> 「淨土，即清淨的地方，或莊嚴淨妙的世界。佛法實可總結他的精義為淨，淨是佛法的核心。淨有二方面：一、眾生的清淨；二、世界的清淨。阿含中說：「心清淨故，眾生清淨」；大乘更說：「心淨則土淨」。所以我曾說：「心淨眾生淨，心淨國土淨，佛門無量義，一以淨為本」。……「如學佛而專重自身的清淨，即與聲聞乘同。從自身清淨，而更求剎土的清淨，（這就含攝了利益眾生的成熟眾生），才顯出大乘佛法的特色。所以、學大乘法，要從兩方面學，即修福德與智慧。約偏勝說，福德能感成世界清淨，智慧能做到身心清淨。離福而修慧，離慧而修福，是不像大乘根器的。有不修福的阿羅漢，不會有不修福德的佛菩薩。大乘學者，從這二方面去修學，如得了無生法忍，菩薩所要做的利他工作，也就是：一、成就眾生；二、莊嚴淨土。使有五乘善根的眾生，都能成就善法，或

---

27 印順法師：《淨土與禪》，頁 2。

得清淨解脫；並使所依的世間，也轉化為清淨：這是菩薩為他的二大任務。修福修慧，也是依此淨化眾生與世界為目的的。這樣、到了成佛，就得二圓滿：一、法身圓滿。二、淨土圓滿。眾生有依報，佛也有依報，一切達到理想的圓滿，才是真正成佛。瞭解此，就知淨土思想與大乘佛教，實有不可分離的關係。淨土的信仰，不可誹撥；離淨土就無大乘，淨土是契合乎大乘思想的。」[28]

可知，印順法師固然講究個人心靈的清靜，但更本大乘佛教精神，要求將世界化為淨土。如是則淨土的「淨」，所強調的就不僅是作為「清淨」意義的形容詞，而是作為「淨化」意義的動詞，無論此一活動的對象是人心或世界，印順法師無疑是從淨化的活動著眼，要努力淨化人心，淨化世界。

依照上文的分析，我們可以確知，淨土的淨，兼有目標與活動兩義，從目標講，就是要建立清淨國土為目標，從活動講，就是通過淨化的過程，使心靈與世界轉染成淨，化迷為覺。現代研究淨宗的專家一般認為，「淨土」有兩義，首先是「清淨的國土」，亦即將淨土作名詞解釋；但是，若將此「淨土」一詞理解為動詞，就有「淨化國土」的意思，而與「淨佛國土」（清淨佛國土）同義。[29]可見印順法師上述的解釋基本上並未違反學界的主流看法，但印順法師對淨土的討論依

---

28 印順法師：《淨土與禪》，頁 3-5。
29 參藤田宏達：極樂淨土の思想的意義〉，收入氏著：《原始淨土思想の研究》，東京：岩波書店，1979 年，四版，頁 506-516。

然引起臺灣教界的重大爭議，這又是甚麼原因呢？這必須了
解印順法師對淨土的批評。

## 三、印順法師對淨土行者的批評

首先必須講清楚的是印順法師並沒有完全否定淨土信仰
的價值：[30]

淨土的信仰，在佛法中，為一 極重要的法門。他在佛
法中的意義與價值，學佛人是應該知道的 … 我時常說：「戒
律與淨土，不應獨立成宗」。這如太虛大師說：「律為三乘共
基，淨為三乘共庇」。戒律是三乘共同的基礎，不論在家出家
的學者，都離不開戒律。淨土為大小乘人所共仰共趨的理想
界，如天臺、賢首、唯識、三論以及禪宗，都可以修淨土行，
宏揚淨土。這是佛教的共同傾向，決非一派人的事情。站在
全體佛教的立場說，與專宏一端的看法，當然會多少不同。

從這段引文，我們看到他主張淨土是大小乘的共同理
想，甚至認為天臺、華嚴等宗，都可以修習淨土。這種看法
不會引起太多爭議，真正引起爭議的批評意見，本文認為，
大約有下列六個要點：

### （一）功能位階：權攝愚下

印順法師曾說：「淨之與密，則無一可取，權攝愚下而
已。」[31]也就是說淨土並非實法，也非究竟法門，同時，這

---

30 印順法師：《淨土與禪》，頁 1-2。
31 印順：《無諍之辯》，臺北：正聞出版社，1988 年，頁 123。

權宜方便的法門，也只是接引愚鈍下根的人，這無疑否定淨土宗「三根普被、利鈍全收」的主張。這樣的批判對淨宗信眾來說，自然容易引起反感；因為權攝愚下已經容易引起不快，而「無一可取」四字更下得極重，事關宗門聲譽，自然引起淨土信眾的反彈。

印順法師的入室弟子昭慧尼師曾經試圖緩頰，她認為印順法師只是在批評偏峰，而並非全然反對淨土，她說：[32]

現代一些閱讀印公導師所著作的《妙雲集》之士，都非常排斥「淨土法門」，而完全抹煞它的應機性，筆者以為：這未必是印公的本意！因為，如果導師完全否認淨土法門的正當性，應該會與密教法門同等對待，但是不然，在其著作的字裏行間，對「淨土」與「密教」的態度是截然不同的──對往生淨土的法門，他在批判偏鋒、簡擇正義之餘，還是給予「為人生善悉檀」的定位，反而對於後者，他是一向將其視作業已嚴重變質了的「世間悉檀」，而抱持著不以為然並嚴屬批判的態度。

然則如何定位易行道的「往生淨土」的法門呢？印公依於龍樹論義，將它定位為「為志性怯弱者說」的方便法門；而推崇三祇修六度萬行的難行道為究竟法門。但我們也不要忘記：於宗教門中求道者的根器不同，心性軟弱者可能反而居大多數吧！否則他力宗教或他力思想濃厚的佛教法門，不會大行其道。所以，固然不必高推淨土法門為「三根普被、利鈍全收」之最上乘教，但也不宜抹煞淨土法門「先以欲勾

---

32 昭慧法師：〈印順法師對本生談與西方淨土思想的抉擇〉，見《印順法師九晉五壽慶論文集》，http://www.yinshun.org.tw/2000 thesis.html。

牽，後令入佛智」的價值。

　　筆者同意印順法師反對淨土的偏峰，但筆者更認為印順對淨土本身也確定提出嚴重的批評，譬如上述有關阿彌陀佛的意見，就並非針對偏峰，而是直指阿彌陀佛信仰自身了。這且暫時不表，留待下文再詳述，筆者現在要談的是即便印順法師仍然肯定淨土，但這種肯定也只是功能性的，而且在功能位階上不屬究竟；因為「先以欲勾牽，後令入佛智」雖是發揮維摩詰經的說法，但這等於貶損淨土法門並非究竟，因為照這樣的思路，則吾人得問令入佛智的法果，是否淨土所能帶給信眾的呢？爭議所在是淨土能不能完成後令入佛智的功能，若能，則淨土法門仍是究竟法門，若不能，則印順法師的談法，非但否認淨土最上乘教的位階，更將淨土貶為不能究竟，只存在以欲望來吸引信眾的工具價值，而信眾若要解脫則仍然需要別的法門，淨土本身則無能為力。

　　更重要的是這說法將淨土法門所接引的對象限定為心性軟弱者，這就跟淨土「三根普被、利鈍全收」的理想有所不同，這又衝擊到傳統淨宗的基本共識，所以印順法師的意見，固然可說是針對偏峰，但並非僅僅針對偏峰，部分意見正針對淨宗的根本！

　　印順法師雖有經典根據，但所謂志性怯弱者的說法，對在意高低，嚴判上下的人來說，很容易引起不快，無疑也是意料中事。持平的說，眾生根器不同，本就需要不同的法門，不然何以需要發願法門無量誓願學，所以任一法門，只要能夠發揮接引的功能，就已經可以肯定其實用價值。這就是昭慧尼師所說的應機性。然而，印順法師雖肯定淨土接引眾生

的功能，但其內容與傳統淨土宗的想法存在極大差異，無疑也是事實。

## （二）修行的方向：西天與人間

淨土信仰中，以普及與影響而言，大致上以彌勒與彌陀為最重要，彌勒佛重視現在的兜率天淨土與未來人間淨土，[33]彌陀佛則重西方極樂世界，至於以阿閦佛的東方妙喜淨土在中國並沒有受到重視，所以這裡就不多討論了。

雖然彌勒佛也曾受歡迎，特別是在中國歷史上的民眾革命中扮演相當重要的角色，但近世以下華人最重視的還是彌陀淨土，所以望月信亨教授在研究中國淨土教理史時也指出：「故說淨土教，雖然通指諸佛淨土之教旨，但今依如上之事由，專述有關彌陀信仰弘通的史實。」[34]可見彌陀信仰確實是中國淨土的主流，而阿彌陀佛自然也廣受群眾所推崇。不過，印順法師對阿彌陀佛卻有不同評價。

印順法師反對將阿彌陀佛視為根本佛，同時，也反對強調阿彌陀佛的四十八願，與娑婆世界特別有緣。他認為淨土這些說法只是方便說，因為，佛的誓願無量無邊，不止四十八願，不必像一般淨土信眾般強調；[35]這些說法其實都是針對普及的淨土觀點而發的，自然引起很大的爭議。

---

33 有關彌勒信仰以及它在中國的發展史，請參考方立天：〈彌勒信仰在中國〉，收入方立天：《中國佛教散論》，北京：宗教文化出版社，2003年，頁147-172。

34 望月信亨著：《支那淨土教理史》，這裡引用的是印海法師中文翻譯本，《中國淨土教理史》，頁2。

35 印順法師：《淨土與禪》，頁81。

　　更根本的是，印順法師認為阿彌陀佛其實不過是太陽崇拜的淨化：「所以阿彌陀佛，不但是西方，而特別重視西方的落日。說得明白些，這實在就是太陽崇拜的淨化，攝取太陽崇拜的思想於一切——無量佛中，引出無量光的佛名。」[36]他又指出：「阿彌陀佛有淨土，彌勒菩薩也有淨土，現在從這二種淨土的關係來說。前面曾談到，彌勒菩薩與月亮有關；阿彌陀佛與太陽有關。月亮和太陽的光明是不同的：阿彌陀佛如太陽的光明，是永恆的究竟的光明藏 。彌勒菩薩如月亮的光明，月亮是在黑暗中救濟眾生的。西方淨土，代表著佛果的究竟的清淨莊嚴，彌勒淨土代表著在五濁惡世來實現理想的淨土。也可以說：西方淨土是他方淨土，容易被誤會作逃避現實；而彌勒淨土是即此世界而為淨土。」[37]印順法師這種看法，固然有一定的文獻支持，但其解釋卻造成去神話化的效果，打擊阿彌陀佛的神聖性，對淨土信眾來說，就容易引起不滿情緒。同時，印順法師將彌陀視為清淨莊嚴，又將彌勒關聯到淨佛國土，並暗示現代淨土行者注重往生西方淨土，容易淪為但求自了的小乘法門。這種觀點自然引起不快，而事實上，流風所及，也造成不願意承認阿彌陀佛為本師的想法，演培法師是印順法師的高足，就曾說：「我讀的經論不多，但我在經論中所見到的，只有本師釋迦牟尼佛，沒有本師阿彌陀佛。當然，生到西方去時，說彌陀就是我們的本師，也未嘗不可。」[38]這就等於否定了淨土行者的基本認

---

36 印順法師：《淨十與禪》，頁 23。
37 印順法師：《淨土與禪》，頁 30 。
38 參照演培：〈慧遠大師之生平及其念佛思想〉，收入張曼濤主編：《淨

知了。

## （三）修行者本身：自他之爭與染淨之論

淨土宗十三祖印光法師（1886-1946）[39]指出淨土的特色為「一切法門，專仗自力；淨土法門，專仗佛力。一切法門，惑業淨盡，方了生死；淨土法門，帶業往生，即預聖流」，[40]可見淨土重視佛力，也就是將救贖的可能性放在佛的大願之上；既然眾生得救與否，最重要的關鍵是佛力，而不是自己的條件，是則修行者本身是否帶業就不是最重要的因素了，所以從這條思路想，就容易提出「帶業往生」的主張。這種想法古已有之，一直傳承至今，譬如當代圓瑛法師（1878-1953）也認為：「一切法門欲了生死，須斷惑業。惟念佛法門，不斷惑業，亦可了脫生死，是為帶業往生，此乃念佛法門之特色，以全仗佛力之故蒙佛接引，帶業往生。」[41]總之，淨土法門主張不斷惑業，也可以了脫生死。

其實引起爭議的焦點在修行主體得以往生淨土的條件，這不但關聯到救贖的力量到底是自力還是他力，也涉及修行主體本身的污染與清淨會不會影響到往生。普及的淨宗觀點

---

　　土宗史論》，臺北：大乘文化出版社，1979 年，頁 187。

39　中文研究可以參考釋見正：《印光大師的生平與思想》，臺北：法鼓文化出版社，2004 年，修訂版；陳劍煌著，《圓通證道：印光的淨土啟化》，臺北：東大圖書公司，2002 年。有關印光大師之簡明介紹，請參考，Chan Wing-tsit, *Religious Trends in Modern China*, N.Y.: Octagon Books, 1969, pp.65-68。

40　印光法師：〈淨土決疑論〉，見《印光法師文鈔》上冊，臺中：青蓮出版社，2005 年，頁 477。

41　圓瑛法師：〈念佛法門〉，收入黃夏年主編，《圓瑛集》：北京：中國社會科學出版社，1995 年，頁 51。

強調彌陀願力，也宣揚帶業往生的觀點。印順法師並沒有特別批評帶業往生的觀點，但是相關議論，其實隱含了重要的反省。

　　首先，印順法師承認「眾生仰承佛力而往生淨土，即不是不合理的。」[42]他主要是從佛的淨土提供良好的修行環境來說，故而產生增上的結果。[43]自然，眾生發願 往生的淨土就是這些應化淨土，而不是佛的受用土了。「總之，說到淨土，即是諸佛、菩薩與眾生展轉互相增上助成的。在佛土與眾生土間，不能忽略菩薩與佛共同創造淨土，相助攝化眾生的意義。」[44]這樣的說法，不強調將淨土視為修行所應得的福報，而是強調運用淨土的優質環境去接引眾生；在這一意義下，印順法師所說的是應化的淨土，而不是受用的淨土；至於法師講共同創造淨土，則充分顯 示印順法師的創造淨土，利導眾生的懷抱。

　　其次，印順法師認為不能過分強調帶業往生，一般人如平常聽聞佛法，明白善惡，卻依然為惡，若「自以為只要臨命終時，能十念乃至一念即可往生，這可大錯特錯了。」[45]推測印順法師之意，在於強調信願必須要配合具體的實踐行為，其中遵守戒律就是修行者必須具備的基本實踐，否則以為只要信仰，不分持戒犯戒，作善作惡，依阿彌陀佛的悲願，都可以往生極樂，這就難以了解了。印順法師反對過份強調

---

42 印順法師：《淨土與禪》，頁 33。

43 印順法師：《淨土與禪》，頁 34。

44 印順法師：《淨土與禪》，頁 37-38。

45 印順法師：《淨土與禪》，頁 55。

救急用的臨終念佛，其重點也就是勸人重視平素的具體修行，這一點深心是應該善加體會的。

總之，淨土宗之所以流行，其中最主要的關鍵是往生淨土的美麗願景，與念佛往生的簡易法門，前者光明可欲，後者簡易可行，這樣簡單又美麗的願景，自然容易打動大眾，可是從上面的分析，兩者都面對印順法師嚴重的挑戰。

## （四）修行的方法：念佛

淨土修行固然有很多法門，但是以念佛法門最為普及。念佛可以包含心念、想念、憶念、稱念等，而最常見的念佛方法還是稱念佛的名號。所以淨土信徒常強調一心稱念「南無阿彌陀佛」。明朝藕益大師《靈峰宗論・第四》持名念佛歷九品淨四土也說：

欲速脫輪迴之苦者，莫如持名念佛，求生極樂世界。欲決定生極樂世界者，莫如以信為前導，以願為後鞭。若能信決、願切，雖散心念佛，亦必往生。若信不真，願不猛，雖一心不亂亦不得生。

淨土念佛的傳統可說是歷久不衰，民初大陸佛教以禪宗與淨土為大，太虛大師、印光、虛雲與弘一並稱民初四大師，其中，印光法師及弘一大師都修持淨土念佛法門。而居士方面，楊文會等也大力提倡念佛，流風所及，結社念佛之風甚為流行。[46]

---

46 望月信亨：《中國淨土教理史》，頁 372。陳炳揚：《中國淨土宗通史》，南京：江蘇古籍出版社，2000 年，頁 548-551。于凌波編著，《民國佛教居士傳》，臺中：慈光圖書館，2004 年，頁 314-382。

　　臺灣方面，本來在日殖時期，就流行念佛法門。而一九四九年後，臺灣佛教大量接受大陸佛教的影響，其發展大勢偏重人間佛教，但專弘淨土法門的也極有影響力。有的兼採儒學，強調敦倫盡分；也有人立足於《彌陀經》為主，注重持名念佛，做到一心不亂，儘管他們所強調面向不同，但在實踐上，卻都頗為一致，亦即以念為行門，以求生淨土。但是印順法師對流行的念佛法門，卻提出不少意見，所以引起很大的反彈。

　　首先，印順法師認為中國淨宗多將稱名與念佛合一，而佛經中兩者各別，一般講，念佛是禪觀，為大小乘的共法，至於一般的持名念佛，本來就不是佛教修行方法，而是佛弟子日常生活的儀式，表示對皈依佛的誠敬心情的行為。

　　但佛經也有稱念菩薩的修行方便，印順法師解釋道：「稱念佛名，從上說來，是有兩個意思的：一、有危急苦痛而無法可想時，教他們稱念佛名。二、為無　力修學高深法門，特開此方便、開口就會，容易修學。」[47]也就是說，依照印順法師的意見，要說稱名念佛是修行法門，其實也只是應付急需與照顧下愚的方便法門，[48]所以雖然「經論　一致的說：念佛能懺除業障，積集福德，為除障修福的妙方便；但不以此為究竟。」[49]可見印順法師雖然肯定念佛是方便法門，但是既不究竟，自然也不能滿意，所以印順法師說：「然從完滿

---

47　印順法師：《淨土與禪》，頁 58-62。
48　印順法師說：「稱名，本來算不得佛法的修行法門；傳到安息等地，由於鄙地無識，不能瞭解大乘慈悲、般若的實相深法，只好曲被下根，廣弘稱名的法門了。」參考印順法師：《淨土與禪》，頁 63。
49　印順法師：《淨土與禪》，頁 70。

的深廣的佛法說，就應該不斷的向上進步！」[50]而他評論從
唐代善導提倡稱名念佛，蔚然成風，竟說：「稱名念佛，從此
成為中國唯一的念佛法門了，簡直與安息國差不多。」這明
顯是貶抑此法門，因為印順法師說安息是「安息等地，由於
鄙地無識，不能瞭解大乘慈悲、般若的實相深法，只好曲被
下根，廣弘稱名的法門了。」[51]這變相指責中國念佛法門，
委屈了佛法，以救度下根的眾生，所以印順法師指責稱念佛
名的惡果，「但大乘法的深義大行，也就因此而大大的被忽略
了！」[52]這句話非常重要，顯示出深義與大行兩大重點；其
實，印順法師所憂心的是若偏主念佛，不重智證，就把握不
住佛法深義；而如果只求易行速證，不關心眾生苦難，又將
放棄普渡的大行。佛法求解行並進，亦即了解深義，與實踐
大行兩者都不可放棄，所以印順的關懷是可以理解的；而且
印順法師的擔心，也並非無的放矢。譬如圓瑛說：「念佛並無
別法，祇要死心去念，即便成功。死心者，要將世間一切心
都死得乾乾淨淨，惟有一念念佛心，更無餘心，一心執持彌
陀佛號，心不離佛，佛不離心。」這種說法，若不能善加體
會，就容易讓人既放棄探究佛法深義，甚至放棄世界的關懷，
所以印順法師相當尖銳的批評道：「而從來的中國淨土行
者，一人傳虛，萬人傳實，以為龍樹說易行道；念佛一門，
無事不辦，這未免辜負龍樹菩薩的慈悲了！」[53]他甚至說：「如

---

50 印順法師：《淨土與禪》，頁 63。
51 印順法師：《淨土與禪》，頁 63。
52 印順法師：《淨土與禪》，頁 64。
53 印順法師：《淨土與禪》，頁 70。

平時或勸人平時修行念佛的，絕對不宜引此為滿足，自誤誤人。」[54]印順法師這些話，若理解為對一般只知念佛者的勸勉，是非常警策的，但若視之為對中國淨土行者的責難，則顯然不會讓修淨者首肯。

## （五）修行的目標

印順法師批評「中國的佛教，始終是走向偏鋒，不是忽略此，就是忽略彼 … 淨土行者的專事果德讚仰，少求福慧雙修不求自他兼利，只求離此世，往生 淨土。」[55]印順法師認為修行不能陷於邊見，在修行目標上，世人多求福報，但也應增加智慧，若真正明白佛法，是應兼顧自我與他人，不能只求離開世界，往生淨土。

其實，佛成就淨土的目標也應區分，首先佛成就淨土，本是自身清靜莊嚴的結果，也就是佛菩薩的功德所生；其次，從受用淨土看，目的則在教化眾生，而不是自求受用。從這角度看，佛不求生於淨土，淨土是佛的表現，也是佛的教化手段。「中國人不知道莊嚴淨土，不知淨土何來，但知求生淨土，是把淨土看成神教的天國了。」[56]

總之，印順法師以為修行的目標不在果德福報，而在智慧開悟，更重要的是不應只求個人安生淨土，而應該創造淨土，以普渡眾生，可見印順法師是本大乘佛教的菩薩精神，以批評淨土行者的自私。

---

54 印順法師：《淨十與禪》，頁 55。
55 印順法師：《淨土與禪》，頁 30。
56 印順法師：《淨土與禪》，頁 41。

## （六）易行道與難行道

印順法師說：「菩薩初學佛道，可以有偏重一門的。一以成就眾生為先，一以莊嚴佛土為先。……或從念佛、禮佛等下手；或從佈施、持戒、忍辱等下手。後是難行道，為大悲利益眾生的苦行；前是易行道，為善巧方便的安樂行。其實這是眾生根機的差別，在修學的過程中，是可以統一的。」[57] 可見印順法師肯定難行道與易行道都是正法，是隨順眾生不同根器的不同表現；不過，印順法師強調易行道不只是念佛一門而已，禮佛、念佛、讚佛、隨喜、迴向、勸請、稱名等都是易行道，不能掛一漏萬。

其次，印順法師也不同意修易行道，自然容易成佛的觀念，因為「通常以為由於彌陀的慈悲願力，所以能念佛往生，橫出三界，名易行道，這並非經論本意。修此等易行道，生淨土中，容易修行，沒有障礙，這確是經論所說的。但易行道卻是難於成佛，難行道反而容易成佛。」[58]印順法師認為易行道入手易，但成佛遲，難行道，入手難，但成佛快，也就是說，就成佛的速度言，易行道就是先易後難，而難行道則先難後易，難修而易成的關鍵在於正因，印順法師說：「在修持淨土的法門中，首先要著重淨土正因。要知道，難行道，實在是易成道。」[59]基於這種了解，他特別批評念佛法門說：「易行道（不但是念佛），確與淨土有關。如以為修

---

57 印順法師：《淨土與禪》，頁 66。
58 印順法師：《淨土與禪》，頁 70。
59 印順法師：《淨土與禪》，頁 74。

此即可成佛，那就執文害義，不能通達佛法意趣了！」[60]如此說來，就將淨土所重視的念佛法門，視為以文害義，不夠通達。

# 四、印順法師的立論基礎

印順法師的批評是以其一貫持守的佛學信念為基礎，本文認為有以下幾個重點：

## （一）教理基礎：回歸印度？

雖然印順法師於一九七三年以《中國禪宗史》一書，成為中國第一位博士學僧，但是他真正用力最多的還是印度佛學；所以學者主張印順法師回歸印度佛學，甚至誤會他主張小乘，加上印順法師對中國流行的佛教，特別是淨土與密教，多有意見，更容易使人誤會他有回歸印度，甚至取代中國佛教的印象。譬如藍吉富教授說：「這些思想家在否定傳統中國佛學的信仰價值之餘，也提出了他們心目中的理想佛學體系以為對治方案。儘管他們的對治方案並不相同，但卻有一個共同的態度，此即回歸印度的傾向。」[61]邱敏捷也認為：「在印順法師研究佛法過程中，回歸印度佛教一直是他治學的取向。」[62]又說：「印順法師佛學以印度為依歸。」[63]可見現在學界或教界主張印順法師佛學就是回歸印度的想法，其實也

---

60 印順法師：《淨土與禪》，頁 68。
61 藍吉富：《二十世紀的中日佛教》，臺北：新文豐出版社，1991 年，頁 17。
62 邱敏捷：《印順法師的佛教思想》，頁 46。
63 邱敏捷：《印順法師的佛教思想》，頁 88。

頗流行。[64]但是回歸印度的提法固然簡明，但是恐怕難免誤會，應該加以澄清。

　　首先，印順法師治理印度佛學之時，確實表露出回歸印度的傾向：「自爾以來，為學之方針日定，深信佛教於長期之發展中，必有以流變而失真者。探其宗本，明其流變，抉擇而洗鍊之，願自治印度佛教始。察思想之所自來，動機之所出，於身心國家實益之所在，不為華飾之辯論所蒙，願本此意以治印度之佛教。」[65]這樣的說法似乎透露出一種本源主義的肯定，但是必須注意的是，印順法師也否定佛教後期發展中的種種失真，所以本文以為將印順法師佛學視為回歸印度，應非事實的全部。

　　本文主張印順法師並非自囿於天竺，而胸襟更大，氣象更廣。因為印順法師沒有囿於民族情感，固然沒有左袒中國佛教，但也非完全否定中國佛學，全盤回歸印度。他自述「對佛法的基本信念」時曾說：

　　　　「印度佛教的興起，發展又衰落，正如人的一生，自童真、少壯而衰老。童真，充滿了活力，（純真）是可稱讚的……老年經驗多，知識豐富，表示成熟嗎！

---

64 類似的意見有江燦騰先生，他說：「印順法師一生的治學態度，可以說皆由其返歸印度佛教本義一念而發。……淨土新論也可以說，是對中國近世佛教的總反省；或者說，是印順法師對中國佛教本質與印度佛教差異的不滿。」頁 204。江教授本人應該很能掌握印順法師的觀點，不過，這種表述對不善讀其書者，很容易產生印順法師是提倡印度佛教的印象。

65 印順法師：《印度之佛教》，〈自序〉，臺北：正聞出版社，1978 年，頁 10。

> 也可能表示接近衰亡。所以我不說愈古愈真，更不同
> 情於愈後、愈圓滿、愈究竟的見解。」[66]

　　這樣說就並非以中國或印度為本，誤以為印順法師以中國佛學為正法固然失實，但僅因印順法師批評中國佛教，就指認印順法師是回歸印度為本則顯然不符事實。因為印順法師也反對印度佛教的天化現象，他要恢復或闡明的是適應時代的印度佛教的合理成分，而不是盲目恢復古代印度佛教：

> 「從印度佛教思想的演變過程中，探求契理契機的法
> 門；也就是揚棄印度佛教史上衰老而瀕臨滅亡的佛
> 教，而讚揚印度佛教的少壯時代，這是適應現代，更
> 能適應未來進步時代的佛法！現在，我的身體衰老
> 了，而我的心卻永遠不離（佛教）少壯時代佛法的
> 喜悅！願生生世世在這苦難的人間，為人間的正覺之
> 音而獻身！」[67]

　　這種想法構成印順法師的雙軌特性，亦即既要求站立在根本佛教的基礎上，也要求吸收佛教發展過程中的確當成素，前者就是所謂契合教理，後者就是契合時機；所以他不是原教旨主義，因為他認為連原始佛教也不能充分表達佛教的真

---

66　印順法師：《遊心法海六十年》，《華雨集》，第五冊，臺北：正聞出版
　　社，1993 年 4 月，頁 53。
67　印順法師：《契理契機之人間佛教》，臺北：正聞出版社，1990 年，二
　　版，頁 69。

諦，至於密宗天化的發展就更非他所認可的。

因此，我認為印順法師是以正法為標的，既非復古，也非創新，而是一方面堅持正法，但同時在實際處境中振興佛法，尋求適應時代的佛法。印順法師說：[68]

> 我不是復古的，也決不是創新的，是主張不違反佛法的本質，從適應現實中，振興純正的佛法。所以三十八年完成的『佛法概論』「自序」就這樣說：深深的覺得，初期佛法的時代適應性，是不能充分表達釋尊真諦的。大乘佛法的應運而興，……有他獨到的長處。……宏通佛法，不應為舊有的方便所拘蔽，應使佛法從新的適應中開展。……著重於舊有的抉發，希望能刺透兩邊（不偏於大小，而能通於大小），讓佛法在這人生正道中，逐漸能取得新的方便適應而發揚起來』！

這段話除了表明印順法師並未倒向中印佛教任何一方之外，也表明他並非盲目的復古主義者。印順法師相信緣起性空為佛學根本要義，但這並不能充分瞭解印順法師的襟懷，他解釋印度佛學的發展，特別提出所謂動力說，亦即信徒緬懷佛陀的心理力量，促使佛學的發展，我認為這似乎也是印順法師自己的信仰動力，他也是要恢復佛陀的本懷，印順法師說：「立本於根本佛教之淳樸，宏闡中期佛教之行解（梵化

---

68 印順法師：《契理契機的人間佛教》，頁 3。

之機應慎），攝取後期佛教之確當者，庶足以復興佛教而暢佛之本懷也歟！」[69]所以佛教原始教義固然重要，但後來的發展也應擇優參考。足見印順法師並未因為身為華人，而偏愛中國佛教。

　　印順法師這樣的立場無疑與大部分從大陸來臺的僧人並不相類，譬如東初老人於〈佛教文化之重新〉一文中說：[70]

> 今日佛教雖遭逢歷史上空前的災難，然今後中國社會文化思想的趨向及世界文化思想的重建，都有助於佛教文化之發揚。所以吾人對當前佛教的遭遇，不必悲觀。推其原因，即百年來西方文化直接損害了中國本位文化的生命，間接影響於佛教文化的開拓。西方文化最後一次摧殘中國文化，即來自蘇俄馬列主義征服中國大陸，……打倒孔子，否認宗教，摧毀舊道德，顯然為造成今日禍亂的根本。……創造未來中國社會文化，必以大乘佛教文化思想為先導。佛教文化，不但有助於孔孟文化思想的返本，並且有助於中國倫理道德文化之重建。所以要復興佛教文化，發揚大乘佛教真義，當與中國本位孔孟文化之精神配合，以求佛教文化與孔孟文化精神返本與重新，並重整社會道德；發揚東方文化的精神，以繼隋唐時代佛教文化的光輝。

---

69 印順法師：《印度的佛教·自序》，頁 12。
70 參照釋東初著：《東初老人全集（五）》，臺北：東初出版社，1986 年，頁 313-325。

相較之下，我們看到印順法師說：「我是中國佛教徒。中國佛法源於印度，適應（當時的）中國文化而自成體系。佛法，應求佛法的真實以為遵循，所以尊重中國佛教，而更（著）重印度佛教（並不是說印度來的樣樣好）。我不屬於宗派徒裔，也不為民族情感所拘蔽。」[71]這個宣示非常重要，我們不應運用宗門派別來框限印順法師，也不能用國族種性來理解印順法師佛學。印順法師重視中國佛學是因為中國佛教的在地化，在救度眾生方面，做出了適應性貢獻，亦即傳統所謂權法；但他更重印度本義，則展現對佛陀本懷的追尋，亦即所謂正法，以免過度適應，而變得歧出。

總之，我認為印順法師的詮釋立場可歸結為：知權而達變，守正以破邪。也就是說，凡古必真，固不可取，後出轉精，也非事實。可見印順法師並非基本教義派，也非發展演進論者，他不滿包容一切的圓融，但卻願以其所持守的正法為本，揀別並收攝佛教發展中因普渡眾生而產生的種種適應。

## （二）宣講法門：人間佛教

中國佛學顯然也自居正法，印順法師以正法為本，本不會引起爭議，但是關鍵 在於印順法師並不認同中國佛學的精神，這就形成對立。印順法師法師說：[72]

> 大乘法的開展，本富於適應性而多采多姿的。大乘而

---

71 印順法師：《遊心法海六十年》，頁 53。
72 印順法師：《無諍之辯》，頁 186-187。

為更高度的發展，主要的理由是：出世的解脫佛法，在印度已有強固的傳統，五百年來，為多數信眾所宗仰。現在大乘興起，理論雖掩蓋小乘，而印度出世的佛教，依僧團的組織力，而維持其延續。大乘新起，沒有僧團，在家眾也沒有組織，不免相形見拙。為了大乘法的開展，有遷就固有，尊重固有，融貫固有的傾向。同時，除了少數卓絕的智者，一般的宗教要求，是需要兌現的。菩薩的不求急證，要三大阿僧祇劫；無量無邊阿僧祇劫，在生死中打滾，利益眾生：這叫一般人如何忍受得了？超越自利自了的大乘法面對這些問題，於是在「入世出世」，「悲智無礙」，「自利利他」，「成佛度生」——大乘姿態下，展開了更適應的，或稱為更高的大乘佛教。這一佛法的最大特色，是「自利急證精神的復活」。不過從前是求證阿羅漢，現在是急求成佛。傳統的中國佛教，是屬於這一型的，是在中國高僧的闡揚下，達到更完善的地步。……在這一思想下，真正的信佛學佛者，一定是全心全力，為此大事而力求。這一思想體系，大師說是大乘教理，其實是：大乘中的最大乘，上乘中的最上乘！勝於權大乘、通大乘多多！

　　印順法師法師認為中國佛教的精神是「急求成佛」的「自利急證精神的復活」，其動機是自利的，而缺乏利他的精神，所以「落入小乘行徑」。

　　印順法師是從把握佛陀本懷立論的，懷是指懷抱，指的

是願望與理想，偏向感性的一面，而不是專指硬性的教理。所以我們固然看到印順法師以性空之旨，衡量不同佛教宗派，但是我認為印順法師所本的不僅是性空的理性判斷，而是慈悲普渡的大乘佛教理想。就是因為這個要掌握佛陀慈悲救度的本懷，讓印順法師願意吸收適應時代的不同發展，他堅守自利利他的精神。

### （三）修行方法：悲智雙運

此外，印順法師關心眾生，所以要創建人間淨土，又不滿教界，不能提升智證的傳統，這就形成悲智雙運的詮釋立場。

陳榮捷在《現代中國的宗教趨勢》一書中提及他的觀察：「中國比丘與比丘尼的主要職業是在喪葬場合誦經作法事，通常他們是藉此而獲得報酬。我們無法逃避一個令人不愉快的事實，那就是：僧伽乃是無知與自私等烏合之眾的團體。」[73]民國以來，中國佛教的衰落，引起教界人士的重視，所以才有佛教改革運動，但印順法師更 進一步認為：「虛大師說人生佛教，是針對重鬼重死的中國佛教。我以印度佛教的天 （神）化，情勢異常嚴重，也嚴重影響到中國佛教，所以我不說人生而說人間。希望中國佛教，能脫落神化，回到現實的人間。」[74]不重鬼與死，又反對天神化，其實正顯示印順法師的教旨以人間世為特色。印順又說：「另一部淨土

---

73 Chan Wing-tsit, *Religion Trends in Modern China*, p.80. 此處中文翻譯是依據陳榮捷著，廖世德譯，《現代中國的宗教趨勢》，臺北：文殊出版社，1987年，頁104。

74 印順法師：《遊心法海六十年》，頁19。

新論，是依虛大師所說：淨為三乘共庇，說明佛法中的不同
淨土。在往生淨土以外，還有人間淨土與創造淨土。這對只
要一句彌陀聖號的行者，似乎也引起了反感！」[75]這樣的說
法，就不但將修行拉回人間世之中，而且要重視解悟，[76]亦
即一味念佛，不求甚解並不能轉迷成覺。

　　簡單的說，我認為印順法師的人間佛教是大乘慈悲普渡
的理想，而重視智證則與現代學術的精神相符應，就此而言，
若用佛教語言，可謂發揮悲智雙運的特色；另一方面，印順
法師重視修行，又反映出解行並進的精神，前者對部分淨土
行者只重視西天淨土，以及只重念佛，不求甚解的流弊確有
其針對性，而後者則對臺灣光復後，部份佛教所呈現戒律不
嚴、知識不高的情況，也有特殊的意義。

# 五、淨土宗對印順法師意見的可能回應
## ——以李炳南居士為例

　　現代華人佛教界的淨土高僧大德甚多，譬如印光大師
等，而在臺灣比較有名的也有廣欽老和尚（1892-1986）[77]、

---

75　印順法師：《遊心法海六十年》，頁 19。
76　印順法師說：「所以聞思法義，對解脫是有用的，是有必要的。」參
　　印順法師：《空之探究》，頁 100。
77　有關廣欽老和尚的簡介，參照顏宗養著：〈廣欽老和尚雲水記〉，收入
　　廣欽：《廣欽老和尚開示錄》，香港：香港佛學書局，1989 年，頁
　　81-140。于凌波著：〈水果師廣欽老和尚〉，見氏著：《中國近現代佛
　　教人物誌》，北京：宗教文化出版社，1995 年，頁 168-176。參照闞正
　　宗：《臺灣高僧》，臺北：菩提長青出版社，1996 年，頁 21-46。

道源法師（1900-1988）[78]與煮雲法師（1919-1986）[79]等，李炳南居士是印光法師的弟子，思想直承印光大師而來。因國共內戰，時局動亂，李居士移居臺灣，大力宏揚淨土法門，對臺灣淨宗的發展，影響極為深遠；[80] 其弟子淨空法師，更是當前淨宗重要領袖，所以我們若要從當代臺灣淨土的角度，檢視印順法師對淨土的意見，自然宜以李炳南居士為例。

　　楊惠南教授曾檢討二次大戰後從中國傳入臺灣的佛教，特別是淨土宗，楊教授的論文曾經引起不少批評，他在回應批評時說：「到目前為止，中國佛教會和淨土信眾的這一方面，並沒有出版文獻可供參考；因此，本文如有偏頗，那是不得己的偏頗，而非觀點上的故意歪曲。」[81]楊教授任職全臺首學，論學素負盛名，其論斷自然值得注意。就筆者所知，淨宗信眾確實幾乎沒有任何直接回應印順法師的文獻，所以資料不太明顯應為實情；其實，印順法師與李炳南居士都是仁厚長者，縱使意見不同，自然也不會點名批評對方，這就讓很多針峰相對的意見，變得隱而不彰，但是，兩人對淨土的看法，確實不同，值得注意。

---

78 于凌波著：〈淨宗導師釋道源〉，見氏著：《中國近現代佛教人物誌》，頁 239-245。參照闞正宗：《臺灣高僧》，頁 93-120。道源法師的著作當年流傳頗廣，特別是弘法的小冊很受歡迎，譬如道源法師講，許寬成紀錄：《佛堂講話》，臺中：瑞城書局，1959 年 。。

79 參照闞正宗：《臺灣高僧》，頁 191-222。釋慧嚴：〈從善導大師到煮雲老和尚的彌陀淨土信仰〉，見氏著：《從人間性看淨土思想》，高雄：春暉出版社，2000 年，頁 73-85。

80 參考朱斐：〈炳公老師在臺建社弘化史實〉，《內明》第一七二期，1986 年，頁 29-33、第一七三期，頁 22 及頁 31-37。另外，參照于凌波等著：《李炳南居士與臺灣佛教》，臺中：李炳南居士紀念文教基金會，1995 年 。

81 楊惠南：《當代佛教思想展望》，頁 44。

## （一）阿彌陀佛的來源問題

　　世界學壇對阿彌陀佛的信仰來源，曾提出不同說明，尚無定論。[82]早年在日本學界已經引起多年的爭議；[83]印順法師當年顯然是吸收了日本現代研究成果，認為阿彌陀佛是太陽崇拜；其實學術研究，貴能吸收最新研究成績，所以印順法師之論，在當時實已善盡研究責任；然而阿彌陀佛到底是否與太陽崇拜有關，迄今並無善解，仍有辯論空間，不能輕率將印順法師的意見視為定論。

　　譬如藤田宏達教授曾翻譯無量壽經與阿彌陀經，是日本學壇中研究淨土宗的重要現代權威。在其《原始淨土思想研究》中，指出日本學者以歐洲學人多所著墨，藤田歸納學界有關阿彌陀佛起源的說法，[84]分為印度本土諸說，與外來諸說，但認為迄今尚無定論，而他主張淨土思想成立於西北印度。[85]繁瑣的起源考證並非本文的範圍，但是至少我們可以肯定的是印順法師的說法，其實已經將佛經視為一般世間的文獻，可以利用文獻學與神話學的角度加以考證，這基本上符合現代 學術的研究手法，然而是否偏離信仰的立場，又是否跟印順法師本人倡導的「以佛法研究佛法」理想頗有距

---

82　譬如有人主張源於波斯，參考 Samuel Beal, *Buddhism in China*, (N.Y.: E. & J. B. Yong & Co., 1884), p. 128.

83　有關早年渡邊照宏教授與舟橋一哉教授等爭論的中文介紹，可以參考澹思〔張曼濤〕：〈阿彌陀佛的起源〉，收入張曼濤主編，《淨土思想論集中》（一），臺北：大乘文化出版社，1978 年，頁 119-129。

84　有關阿彌陀佛與太陽神有關的說法，請參考藤田宏達：《原始淨土思想の研究》，頁 261-286。特別是頁 267-273。

85　藤田宏達：〈淨土思想之展開〉，見玉城康四郎編：《佛教思想》，臺北：幼獅出版社，1985 年 。

離，則還可以進一步探索。無論如何，印順法師有關太陽崇拜的結論，最多也只是一種推測，學界並未全然認可，則是事實。總之，我們應進一步努力研究，而不宜將可能的答案，視為定論。

### （二）淨土修行的方向問題

淨土行者多修往西方淨土，但是不能由此推斷，淨土行者只求往生淨土，而沒有大乘的普渡精神。李炳南居士說：「以上三經，乃淨宗根本典籍，並未教人不研經典，各掃自雪，本宗更有一重要意義，即求生蓮邦，原為速證菩提，回入娑婆，普度有情。實非自求享受，不過眾生根器互異，有不能研經度生之輩，也能持名得到自了。」[86]所以往生淨土固然可以說是要求快速解脫，但目的並非在自求享樂，而是要盡快證得菩提，以便回到現實人生，進行普渡的工作，所以西天是暫時的過度，並非最終目標，因此，如果誤會淨土宗的修行，是為求自了生西，甚至淪為小乘，則顯然不會得到李炳南居士的認可。所以李炳南在創立臺中佛教蓮社時就明白宣示其宗旨是：「闡揚大乘佛教，專修淨土法門。」所以李炳南雖然專修淨土，但同時宏揚大乘佛學，斷不會淪為小乘之教。

在教理之外，李炳南居士也有令人敬佩的實修功夫，從一九四九年起，李居士才到臺灣不久，就開始贈醫施藥；又將法華寺改為淨土道場，一九五○年創設臺中蓮社後，推動

---

86 陳慧劍編纂：《佛學問答類編》，下冊，臺中：李炳南老居士全集編委會，1991 年，頁 1516。

監獄弘法團、女子弘法團、往生助念團等；李居士並創設覺生、菩提樹等刊物，宏揚淨法，後來又開辦慈光圖書館與慈光育幼院，一九六七年更創立佛教菩提醫院等；李居士也從事社會救濟服務，譬如救濟颶風災民，協助痳瘋病友等。為了培育青年，他在中興大學等地講課，而終生講經說法更是不遺餘力。[87]可見李居士不但專於上求，更重視下化，斷沒有淪入小乘自了的危險。所以他繼承印光大師儒佛兼修的傳統，主張：「世間法以孔子之道求安穩，出世間法以佛陀之學求解脫。」[88]李炳南既然主張兼修出世間與世間法，就是要將往生西天與化度人間的理想合而為一；綜合來說，無論從教理把握與實踐實踐兩方面看，李居士都沒有但求速證，不管眾生的疑慮。

　　同時，李炳南居士也不主張從地理或方向，去瞭解所謂西天，自然也反對空宗論者有關淨土西天的批評，在《佛說阿彌陀經義蘊》中李炳南居士說：[89]

　　空際蒼茫，地體圓轉，不分上下，安有東西，必曰「西方」，寧非執著？蓋眾生之成為凡夫者，只因迷於二執，惑於假相，以故頭出頭沒，不能出離；果能照破假相，斷除二執，則入聖域矣。一切經典，垂訓後人，大體亦無不以遣相破執為歸，此《經》何獨不然！惟其開端一語，說有「西方」，指教學人，心存執著，嘗為談空者流，輕加訕笑，豈知此正其

87 朱斐：〈炳公老師在臺建社弘化史實〉，《內明》第一七二期，1986年，頁 29-33、第一七三期，1986年，頁 22 以及頁 31-37。

88 李炳南：〈儒佛大道〉，見《明倫》第一九三期，1989年 。

89 李炳南居士編述：《阿彌陀經摘要接蒙義蘊合刊》，臺中：瑞成書局，2006年，二版，頁 136-137。

善巧處。

實以凡夫妄念，沸騰起滅，猶如瀑流打毯，剎那不止；茲生指趨「西方」，是將亂心收攏起來，安在一處，乃誘掖入道密要。心果安住「西方」，不緣其餘，散亂歸一，是有所定，執著何害？夫亂心是病，佛法是藥，說有說空，貴在機理雙契；事本圓融，並無定式，若一味執空，殊不知亦是著相也。

從上文可知，空宗認為專講西方，其實就是陷於迷執，甚至惑於假相，不解空義；李炳南居士則認為西方正是淨土的善巧法門，標舉西方，就是要將凡夫散亂的心，收歸一處，反而有助於修行，所以安住西方，應該說是擇善而固執之，而不能說有執著的毛病。李炳南居士並進而反批空宗，他認為僅依空宗立論，反而是執著空宗一門，未知佛門無量，也未能善體應機施設的善巧。李炳南反對的是空宗的看法，我們不清楚李居士的意見有沒有以特定的個人為對象，但是印順法師正是以倡導緣起性空而知名的空宗論者，印順法師自己曾說：「在師友中，我是被看作研究三論或空宗的。」[90]雖然印順法師同情空宗，但其學問宏闊，早非空宗所可以範圍，但是人們多從空宗認識他也是不爭的事實。不過，印順法師對西方的理解，並非從地理方位立論，也是事實。總之，李炳南這一論斷，是否針對印順法師立論，就沒有進一步資料可以確認了；同時，李炳南以安住一處的定學功夫說明專講西方在實踐修行上的價值，其意固不在反駁空宗緣起性空之旨，然而李炳南成功的反駁部份空宗論者有關專學西方就是

---

90 印順法師：《中觀今論》，〈自序〉，臺北：正聞出版社，1992 年，頁 1。

執著的指責，確實言之成理。

## （三）救度的動力：二力相應

寬鬆的說，要說淨宗強調他力，其實亦無可厚非，譬如日本佛學權威中村元與鈴木大拙兩先生就曾特別提出淨土以他力為特色的看法。[91]所以印順法師的看法，並非特見。但是我們不妨從淨土經論，以及高僧大德的看法，來檢討印順法師的觀點。

善導系早已有他力的信仰，道綽《安樂集》已提到以本願的力量，只要臨終十念相續，稱念佛號，就可往生。（T47,13C）雖然一般以為淨土主張他力，但是事實上，淨土傳統未嘗不重視自力，實在十分明顯。[92]至於現代淨土行者其實也多繼承這種觀點，若我們回頭看印光與李炳南二人，其實也可以得到印證。本文自然不能詳細陳述兩人全部相關觀點，不過，這裡只要列出一二反證言論，即可知道印順法師的批評，至少不能適用於這兩位淨土大德身上，所以起碼印順法師的言論是不夠周延的。

我們先看印光大師，他在〈與吳壁華居士書〉中提到：「禪

---

91 鈴木寫道，淨土宗以身為他力宗派標著，因它主張他力是往生淨土最重要條件 See Daisetz Teitaro Suzuki, *Buddha of Infinite Light*, Boston & London: Shambhala Publications, 1997, p. 55. Hajime Nakamura, *Buddhism in Comparative Light*, Delhi: Motilal Banarsidass, 1986, 2nd Revised edition, pp. 132-152.

92 譬如曇鸞的〈略論安樂淨土義〉說：「一切萬法、皆有自力他力、自攝他攝，千開萬閉、無量無邊。」（T47, 2b） 道綽《安樂集》說：「在此起心立行，願生淨土，此是自力，臨命終時，阿彌陀如來光臺，迎接遂得往生，即為他力。」（T47, 12c）

唯自力，淨兼佛力，二法相較，淨最契機。」[93]印光法師〈淨
土問答並序〉說：「念佛法門全仗佛力又兼自力。了脫生死，
所以盡此一生，便登不退。」[94]在〈無錫佛教淨業社年刊序〉，
印光法師又說「求其至圓至頓，最簡最易，契理契機，即修
即性，三根普被，利鈍全收，為律教禪密諸宗之歸宿，作人
天凡聖證真之捷徑者，無如信願念佛求生西方一法也。良以
一切法門，皆仗自力；念佛法門，兼仗佛力。仗自力，非煩
惑斷盡，不能超出三界，仗佛力，若信願真切，即可高登九
蓮。當今之人，欲於現生了生死大 事者，捨此一法，則絕
無希望矣。」[95]從這兩段話，可見印光大師並非主張他力教，
而是提倡自力與佛力並重的念佛法門，陳劍煌教授以印光大
師為題撰寫博士論文，他認為印光法師所謂「他力」，就是上
述二力的結合。[96]是以傳承印光大師佛法的李炳南居士說：
「淨土宗是二力往生，他法乃自力見性。」[97]他在〈修淨須
知〉中清楚的表示：「淨土二力法門，一是佛力，一是自
力。……這樣二力相應，修行就容易成就。」[98]在雪公之意，

---

93　釋印光著述，張育英校注：《印光法師文鈔》上冊，北京：宗教文化
　　出版社，2000 年，頁 196。
94　釋印光著述，張育英校注：《印光法師文鈔》中冊，北京：宗教文化
　　出版社，2000 年，頁 1243-1245。
95　釋印光法師：〈無錫佛教淨業社年刊序〉，參照釋印光著述，張育英校
　　注：《印光法師文鈔》下冊，北京：宗教文化出版社，2000 年，頁
　　1341-1342。
96　陳劍煌著：《圓通證道：印光的淨土啟化》，頁 165-167。
97　陳慧劍編纂：《佛學問答類編》下冊，臺中：李炳南居士老居士全集
　　編委會，1991 年，頁 1564。
98　李炳南：〈甲子年元旦講話之──修淨須知〉，見李炳南，《修學汰要
　　續編》，臺中：青蓮出版社，2005 年，頁 169-170。

所謂自他其實就是指個人的力量與佛的力量，修淨之人，必須有信願行的資糧，發揮自力，然後乘佛的願力加被，自他合一，才能成就。所以平常發善根，修福德，就是心中造了阿彌陀佛，如此，「佛就和你感應道交，你心裡不造，就不能感應道交。懂此道理，才能造，不懂此理也不會造！街上有的是人，都有佛性，就是不會造！本性就有萬德萬能，懂得此理，用心去造，就感應道交了，交就是接上了。」從這兩位的言論中，可見他們都兼言自他，絕對不是僅有他力而已，重視佛力，也斷非否定自力。就此而言，印順法師的看法並未真正批評到當代淨土的看法。

## （四）念佛方法問題

念佛法門的現代爭議，並不始於印順法師，早在一九二○年代，《海潮音》就曾刊登論戰文章；[99]而印順法師的批評集中在結果與功效兩方面，就結果言，只知念佛，容易造成對大乘深義大行兩方面的輕忽，在功效方面，他也懷疑臨終念佛的效力。

其實，念佛往生的傳統可說是其來久遠，[100]而延續此傳統的李炳南居士也並未認為只應有念佛一法，他說：「淨土法門課程，以專念佛號為方便，尚有他法，非在家忙人能辦。」[101]他認為淨土有不同法門，只是念佛比較方便。就肯

---

99 參照慈忍室主人編輯，太虛審定：《淨土宗》，海潮音文庫第二編，上海：佛學書局，1931 年 。

100 參照野上俊靜：〈慧遠と後世の中國淨土教〉，收入氏著，《中国浄土教史論》，京都：法藏館，昭和 56 年，頁 5-29。

101 陳慧劍編纂：《佛學問答類編》下冊，臺中：李炳南老居士全集編委

定淨土不同法門言，印順法師與雪公是一致的。

　　而且李炳南居士教人念佛，也強調其他輔助性的修行方式，李炳南上承印光法師的法脈，主張兼重儒佛，特別重視明倫盡分，甚至認為只有念佛，而無助行，甚至仍然造業，都不得其力。李居士說：「今之學人，念佛不得其力，皆有虧於助行。苟有一手拂塵，一手撒塵者，人必見而笑之，然則，短時念佛，長時造業，可笑寧非甚於此者。」[102]所以強調念佛之外，不但不能造業，還需要在人間修各種善業，李炳南說：「念佛是正因，作善是助緣，這好比鳥有兩翅，才能高飛。」[103]我們看到李炳南居士與印順法師並無不同。當然李炳南好些時候，強調要一心念佛，其目標重點在讓心念集中，不至旁鶩，並非要人不理會人間苦難！善於體會李炳南居士的法門者，絕對不會昧於正功之外，尚須種種助功。自然也不會不求甚解，也絕對不會漠視人間苦難，不致力於慈濟工作。

　　其次，若將稱名僅視為儀式，也是未必人人同意。一般修淨者都先學稱名。唱念佛號，這固然不錯，但是稱名不是呼喊佛號而已，而需要口、耳、心層層推進，同時，念念相續，念念是佛，無絲毫雜染，達到心佛一如的境界，這就不是普通的儀式而已，更非愚夫愚婦的口耳之學而已。

---

　　會，1991年，頁 1558。

102 李炳南：《雪廬述學語錄》，臺中：青蓮出版社，1994年，頁 101。

103 李炳南：《當生成就之佛法》，臺中：青蓮出版社，2003年，頁 88。

## （五）淨土的生死與救度問題

印順法師與李炳南居士在救度範圍方面也有不同意見，上文提到印順法師將淨土定位為「權攝愚下」的方便法門，自然反對淨土可以救度上中下三種不同根器的人，我們現在看看李炳南居士的看法。

李炳南居士的弟子智雄跟居士請益道：「釋尊在世諸弟子中，亦有劣根下智者，經典上未有記載，釋尊命其專修淨土，而且未證明那些弟子已往生極樂世界。」李炳南居士回答道：「淨土法門，三根普被，若謂專為劣根下智者說則錯矣。」李炳南居士在許多不同的著作中，都提到很多菩薩都修淨土，他反問難不成這些菩薩都是劣根下智的嗎？若連菩薩都修淨，則不能說淨宗是為劣根下智之教，依此推斷，李炳南斷然不會同意印順法師權攝下愚的意見。至於佛沒有說專修淨土，只是因為眾生有不同的病，不能偏主淨土一法。[104]所以李炳南居士顯然不會同意印順法師「權攝愚下」的看法。

其實，兩人對世間的畜生能否念佛往生也有爭議，印順法師本人間佛教的理念自然相信人身難得，「稱念阿彌陀佛，依佛力而往生淨土，即是他力。但從上解說，我們可以知道，確有阿彌陀佛，但如不知不信不行，也仍然無用，不得往生西方。一分學佛者，為了讚揚阿彌陀佛，不免講得離經。一隻鸚鵡，學會念阿彌陀佛，一隻鵝跟著繞佛，都說牠們往生西方。大家想想，鸚鵡與鵝，真能明瞭阿彌陀佛與極樂世界

---

104 陳慧劍編纂：《佛學問答類編》，下冊，臺中：李炳南老居士全集編委會，1991 年，頁 1529-1530。

嗎？也有信有願嗎？」[105]但對於畜生能否念佛往生，李炳南居士就有幾乎針鋒相對的不同意見：「大凡畜生能作人言者，性較靈敏，人既教會念佛，定久伺人舉動，有所模仿，若見朝夕供佛，諒能引彼起對佛像依託之心，此心既是願也，能願能行，信在其中，資糧具足，即得往生。」[106]李炳南居士從信願行肯定畜生也可以念佛往生，其立論基礎顯然包含大般若涅盤經眾生皆有佛性的信念，既然畜生也有佛性，也就有成佛的可能性，也就有信願的可能，這就依照其自身業力而定；總之，李炳南居士強調的畜生也可以發願心，正與印順法師的想法直接衝突。

# 六、結　語

現在先綜合上文的論述，歸納出初步研究成果，然後從宏觀角度分析其所反映宗教思想發展史上的意義。

## （一）印順法師對淨宗的批評仍有爭議空間

學界早已注意印順法師淨土觀所引起的爭議，但是鮮少從臺灣淨土宗的立場反省印順法師的意見；本文以李炳南居士為例，分點檢討法師的意見，發現仍多討議空間。

今天李炳南居士的聯體事業，雖然部分也經歷成住壞空的法則，[107]但筆者在走訪的過程中，觸目所及，仍然看到臺

---

105 印順法師：《淨土與禪》，頁 89-90。
106 陳慧劍編纂：《佛學問答類編》，下冊，臺中：李炳南居士老居士全集編委會，1991 年，頁 1534。
107 譬如報載慈光圖書館與慈光育幼院發生土地爭議，對簿公堂，年前

中蓮友旺盛的生命力，譬如臺中蓮社講經不斷，淨空法師全球佈教，雪心基金會具備全國最大的助念團，見微知著，可見李炳南桃李滿門，餘蔭尚在，其第二、三代的發展仍可期待。至於臺灣其他淨宗友脈，也有長足的發展，其中原因，自有多端，但是淨宗教理能卓然自立，恐怕仍有絕大關係。

不過，印順法師也是有感而發的，眼見淨土末流趕經懺，辦喪事來賺錢糊口等等庸俗化流弊，印順法師早生不滿，這很可能促成他對淨土的嚴厲批評；其實，面對這種庸俗化情況，淨宗長老大德又何嘗不痛心，所以即便印順法師的批評未必人人同意，甚至或仍未全然穩當，但只要善體其苦心，印順法師的檢討與反省意見，仍應多加注意，若能有則改過，無則嘉勉，是亦不負印順法師的苦心。

## （二）印順法師的佛學基礎：悲智雙運

造成印順法師與中國佛教諸宗，特別是淨土的爭議，原因肯定甚多，個人風格、宗派利益等都可能有關，但從教理言，實與印順佛學基本特徵有關。跟流行的看法不同，本文主張印順法師並非回歸印度，也沒有全盤否定中國佛學，也就是說，印順法師既主張回歸正法，也接受中國佛教的權法，同時，本文提出印順法師的基礎關心反映出悲智雙運的特色，智關聯到正法的堅持，而悲則為普渡的基礎；因為慈悲，所以法師願意隨順眾生的根器，接受不同的權法；但權宜也

---

育幼院已經暫時結束，據聞目前該院正在臺中東區重建新院；而慈光圖書館則頗有門前零落車馬稀的感覺。有關慈光育幼院的消息，參考 TVBS 新聞網上資料，http://www.tvbs.com.tw/news/news_list.asp?no=suncomedy20040903133258

應有底線，所以特別從龐大的佛學研究中，揀別出緣起性空的中觀思想為佛學核心，這可說是他賴以檢定所有佛教理論的基本原則，據此而言，本文提出由悲心產生知權達變的權變原則（adaptive principle），從智心則導出破邪顯正的軌約原則（regulative principle），而悲智雙運正足彰顯印順法師論學的基本特色，這是本文第二點意見。

正因為印順法師持守緣起性空的軌約原則，所以批評中國佛教，特別是淨土的信仰；而又因為有權變原則，所以他又願意展開人間佛教的普渡面向。與本文最相關的是其論述，相對於一般重視的彌陀淨土，特別重視彌勒淨土，就特別顯示出其人間淨土的關心。

儘管印順法師提倡回歸印度，但這個弘法方向，其實是民族國家的色彩淡，而復興正法的關懷濃，或者用印順法師常用的語言來講，就是要回歸佛陀本懷，所以原旨的傾向是明顯的。

不過假如說印順法師解構了民族與文化的疆界，恐怕就言過其實；因為他寫印度佛教，中國禪宗，其實也仍然運用國家與文化的疆界，來切割出研究範圍；然而印順法師不自囿於國別疆界，也沒有從文化疆界去考察佛教的發展；因為他心中有超國界的關懷，就法而言，他肯定緣起性空是佛教的基本教義，這是跨國界的肯定，其次，他高度評價彌勒佛的理想，提倡人間佛教，創造人間淨土等觀點，也看到超國界的慈悲大愛。任何時地，都可有這兩項堅持，所以正法在時間上不一定是原始，在空間上也不一定在印度，印順法師所肯定的其實是印度早期的大乘佛教，他強調的是中觀緣起

性空之旨，重視大乘普渡的精神。合乎這兩大判準的佛法，其實都應是印順法師所印可的。

如果運用 Gilles Deleuze（1925-1995）的分析概念，我們可以說印順法師顯然沒有使用樹狀（arborescent）思維去理解佛教的發展，而將之視為散莖（rhizome）。所以他沒有認為印度與中國佛教兩者之間，存在所謂本末、高下的關係；反之，其實，印順法師有點非中心化的傾向，因為佛法是生長在這片眾生的土壤之上的，其普及發展自然要適應人世間不同的土壤，而作出種種改變，但是適應不能失真。所以佛教仍然必須堅守基本立場，這就是緣起性空，不然就容易芝蘭與野艾不辨。

所以佛法的千塊高原，其實就是佛法人間性的必然表現，而要充分發揮人間性，就自然不能畫地自限，將自己封鎖在基本教義中，佛教的理想是要普渡眾生，也就是以人間佛教的普遍關懷，來照應普渡世人的需要，自然要兼顧眾生的不同需要，讓佛法的不同面貌，成為不同的救世工具。總之，我們一方面看到印順法師肯定在地化的適應性權法，也同時，擔憂在佛法這些發展與適應中的失真。「不忍眾生苦，不忍聖教衰」兩語正適足的表達了印順法師佛教的基本取向，不忍聖教衰，讓他堅持緣起性空的教義，不忍眾生苦，則開展出人間佛教的理想。

## （三）人間淨土的興起

印順法師回歸佛陀本懷的想法固然不容否定，但是甚麼才是佛陀本懷則是難有共識的，是以爭議不斷。相對而言，

人間佛教的理想卻得到空前的接受，基本上成為臺灣佛教，乃至中國佛教的共識。當然，佛教各派對人間佛教的解釋與發揮自有特色，但基本上都重視人間，關懷世界。這一種排除鬼化與天化的佛學，讓關懷的起點放在世道人間，放在此刻的現實世界，於是構成一種人文化的宗教進路。[108]

　　更重要的是，相對於追求宗教教義的純正性，多數華人更重視宗教倫理的功能性，也就是說大眾始終重視宗教勸人為善的功能。只要肯定導人向善的大前提，任何宗派，甚至任何宗教，都可在相安並存模態下被包容接納。我認為人間佛教的理想，正符合華人文化心理的人文宗教取向，同時也符合華人重視宗教的社會功能的心態，這正是人間佛教能在華人世界茁壯發展的原因。

　　印順法師本來就未試圖全盤否定淨土的重要性，而從其論述看來，也未必能夠指陳淨土的真缺失，然而，法師所宏揚的人間淨土的思考方向卻在歷經吸收轉化後，成為當代臺灣佛教的主流。證嚴法師的慈濟宗、聖嚴法師的法鼓宗與佛光山星雲大師所領導的臺灣重大教團，實為廣義的人間佛教理想的實踐者。當然，它們各有特色，所以本文主張這些宗

---

108 丁仁傑教授主張印順佛學或可稱為「以人為中心的佛教」，具備「人本主義」的取向，這大致不差，但是筆者認為這以重人來區分重鬼、重神的佛教，自然就是印順的原意，但使用「人為中心」與「人本主義」的提法，也會引起誤會，若將人與佛相提並論，難道印順會放棄以佛為中心，以佛為本嗎？所以所謂人文取向也好，以人為中心也好，其實只能說是進路，其目標與基礎還是在成佛，既如此，則印順學反而應說是以佛為中心的。參照丁仁傑：〈認同、進步與超越性：當代臺灣人間佛教的社會學考察〉，見《臺灣社會研究季刊》第六十二期，2006 年 6 月，頁 37-99，特別是頁 56。

派雖有基本相近的方向，但並非統一的佛教運動，而是豐富的多元發展；同時，本文特別考察他們的淨土觀念，認為其與印順法師的人間佛教相關但不相同，故而非但不能視為淨土宗的發展，也不能單純看作印順法師人間佛教理念的直接落實，[109]反之，他們各有千秋，互競雄長，但又能相互補強，共同彰顯臺灣人間淨土的多樣性與豐富性。臺灣佛教人間淨土的發展固然不能取代淨土本宗，但人間淨土卻發展成臺灣佛教最重要的趨向，這是本文的第三點意見。

## （四）知識化佛學與信願的佛學

但是涉入人間，自有不同進路，有人認為印順法師與李炳南居士分別代表知識主義與敬虔主義的分別，[110]也有人提

---

109 邱敏捷教授在《印順法師的佛教思想》也注意到兩者的不同，這是很有意思的，但邱教授也批評其他臺灣各大教團的不是，本文認為這些評論實有商榷餘地，特別是她以四悉檀分判別各道場，指責星雲、聖嚴與證嚴「尚未提出佛教究竟解脫的思想力量以及如何成佛的修行道次第」（頁 145），就令人費解，因為邱教授的批評並不清晰。筆者翻閱幾位大師的著作，講明佛教核心教義，教人解脫開悟的論述，不知凡幾。不知道邱教授認為講禪心算不算講明究竟解脫的思想力量，又未知她坐禪與重慈濟工作是否與修行道次第相關？當然如果有人必定堅持緣起性空才有的思想力量，則禪宗所強調的佛性，就很可能不能視為解脫的思想力量，甚至或有執有之嫌。依照這一思路，無論是聖嚴法師的默照禪，或證嚴法師重視的大愛心，都可說不足，甚至應該指責他們都溺於如來藏，偏離緣起性空之旨。

110 Charles B. Jones, "Transitions in the Practice and Defense of Chinese Pure Land Buddhism", pp. 125-142. 鍾斯將李炳南與知識化的印順的置放一起對照，是很有意思的；但是假如有人誤會李炳南只知念佛，而不重視知識，則極有問題，因為這完全忽視李炳南居士在阿彌陀經、論語等方面的研究成果。

出印順法師佛學代表佛學的認識論轉向，[111]筆者認為兩種意見都未夠穩當周延，若從更大的論述視野加以了解，或者容易把握全局。以下是從現代化的配景，探詢印順法師與李炳南的差異與近似，並進而將兩人放置在殖民論述中反省。

　一般說，宗教現代化的兩大特徵，可說就是理性化與世俗化；理性化的表現方式之一，就是知識化。佛學在面對西方學術強大刺激下，的確展開了現代知識化的發展，所以日本在十九世紀末已經開始運用比較現代的學術方式去研究並呈現佛教，而中國在此思潮下，也有相似的發展。無論是太虛大師，還是歐陽竟無（1871-1943）、熊十力（1885-1968）都從以知識化的方式重新研究、呈現佛教，印順法師的佛學，其實就是這一波知識化的發展。而且印順法師的論述方式還充分吸收現代佛學研究的學術資源，特別是日本佛學的研究方法與成果。印順法師對佛學的研究，其實深受日本現代佛學的影響，他雖然終生未到日本留學或研究，但是其研究佛學的方法論反省，就是因為讀到日本學者的著作的關係；其後，他對日本學界的研究成果，吸收很多。而日本現代佛學是明治維新後的產物，具有現代學理化與知識化的傾向，這很大部分是受了世界現代學術規範的影響，而非佛學固有的傳統。印順法師在吸收日本佛學成果之時，自然也將世界學術化的主流傾向，滲透在其研究當中，所以印順法師的佛學

---

111 印順法師並無康德式的第一批判，其實，他有沒有認識論都很有問題，所以筆者認為朱文光教授的看法，根本比喻不倫，若說是知識化，則比較合宜。參照朱文光：《佛教歷史詮釋的現代蹤跡——以印順判教思想為對比考察之線索》，臺中：國立中興大學中國文學系碩士論文，1997 年。

著作呈現明顯知識化的表述方式，講究論理，重視證據，不但與傳統重視信願與契悟的進路明顯不同，更與傳統佛學論述的風貌根本相異。傳統著作多以解經方式呈現，而他的研究，結構嚴密，論證充分，特別是掌握與鋪敘材料的功夫，實充分顯示現代學術的論述形式。

　　但是這也並非說印順法師的知識化表述，完全沒有佛教本有的成分，筆者認為印順法師將傳統的智證，亦即重理智解釋的進路，接上西方現代學術論證的方式；是以相對於重視信願與行入的傳統，印順法師的佛學可以視為高度發揮解入的重要性，也正反映了現代華人佛教的學術化新思潮。我們若比較李炳南居士的主要著作，其實馬上看到兩者的風格非常不同；在淨土行者中，李炳南居士已經是非常重視學術研究的了，但是其著作多是講述紀錄，即便是研究專著，其最重要的著作是還是經註為主。所以李炳南居士雖然重視學術，力圖理性講明，但還是堅守講經、注經的傳統，其重要研究，無論是對阿彌陀經或論語的研究，都以註疏為主。註疏經典自然十分重要，但是畢竟不是現代學術研究的主流，也與印順法師的論著，完全不類。其實，這種論述形式的差異，也部分反映了兩人修證方式的不同，因為李炳南重視經典，反對隨意懷疑經典的權威，他批評現代學人坐井觀天，因為凡夫螢火之智是不能跟佛智相比的；[112]但是相對而言，印順法師雖重視經典，但也常常顯示以合理性為判準的傾向。所以對比起來，李炳南常常自覺地要求緊依經典義理，

---

112 李炳南：〈難行能行〉，收入徐醒民編撰：《明倫社刊論文彙集》，臺中：青蓮出版社，2005年，第三集，頁29-30。

顯示信仰取向的優位性；而印順法師重視經典，但更時時呈現對合理性的講求。李炳南重講解而從不強解，因為自知凡夫不能盡解聖智，所以其論述平實而見光輝；印順法師並不輕視行入，但是卻以重視理解而成就大量優質論著。

　　總而言之，李炳南居士堅持信願傳統的宗風，而印順法師則發揮現代學術的特色。所以如果比論兩人之差別，前者可說重信願的佛學，後者則凸顯知識化的佛學，兩者峰岳並峙，各有殊勝。但是歸根結底，這未始與李炳南居士的宗門無關，淨宗畢竟比較重視實際的修行，所以身為淨宗門人的李炳南，雖然也重視知識，但是畢竟不會偏重知識。相對而言，印順法師以現代學術研究的手法，進行知識論述，不但符應教育水平日益發展的臺灣社會，也能夠應用現代學術的研究與論述規範，所以印順法師不但攀上華人佛學研究的高峰，更大步邁進國際學術研究之學壇。與印順法師同時代的其他法師居士，雖然也有不少在現代學術潮流中努力研究，但是在當代在臺灣的華人佛教界中，實以印順法師最有成就，也可以說印順法師在二十世紀將臺灣佛學推進到曠古未有的現代知識化高峰，所以印順法師不但是教界巨人，更是學界巨人，他能成為中國第一位在大學中講課的高僧，並為華人佛教界取得第一個大學博士學位，實非偶然，就此而言，印順法師可說是臺灣佛教在佛學研究知識化進程中的重要里程碑。

# 第九章　當代台灣人間佛教全球化論述的一個側面

## 一、導　言

　　今日世界出現許多全球性的重大危機，譬如世界疾病防治、全球金融危機、地球暖化問題、跨國犯罪問題等等，皆迫在眉睫，但不是任何國家能單獨解決的。從學術層面說，全球化論述，不但是現代人文社會學界的中心議題之一，甚至有取代後現代論述的趨向。所以我們可以說，無論在學界層面，　還是社會層面，全球化實在已是不容輕忽的趨勢。佛教以慈悲濟世為懷，眼見當下全球化的國際形勢，自然也應對其加深認識，並積極響應。佛教與全球化的聯繫，不僅呈現在具體實踐方面，更存在著理論層面上的關聯。本文目的在於本佛教的精神資源，以響應當前全球化論述的一些基本觀點。而由於佛教傳統中以當代人間佛教，特別是大師們如聖嚴法師、星雲大師等諸山長老的理論資源與實際經驗，最為寶貴，它們不但對全球化議題多所著墨，也有實際之努力經營，所以本文論述範圍以當代台灣人間佛教為主，以期

提供初步整理與反省。

## （一）佛教全球化：事實關聯

全球化的其中一個意義是普遍化，主要觸及政、社、經、文等層面發現普及全球各地的現象。若從這一角度看，佛教全球化的意義，就是讓佛法普遍地弘傳到世界不同地方。筆者認為雖然全球化是近世，甚至現代始有之獨特現象。不過，若僅從追求普遍化這一點看，則佛教弘法歷史，或亦可見全球化之表現。實際上孔雀王朝之白阿育王，派遣弘法使團到各地弘法，鐫刻摩崖法敕，興寺建塔等，就是以當時所知之全世界為弘法範圍。就此而言，佛教可說是早有全球化之經驗。近年，多次國際賑災、跨國醫療之中，佛教都有極大貢獻。漢傳人間佛教，更是贏得了許多的肯定與崇敬。我們可以預期，當代佛教在全球化中，勢將承擔更大的國際責任。對全球性議題，也必擁有更大的發言平台。實際上，當代佛教早已加入全球化運動，佛光山有一聯句：「佛光普照三千界，法水長流五大洲」，就非常形象化地點出佛光山的全球化經營與氣魄。他如法鼓山、慈濟功德會等，皆有全球佈局與世界經營的努力；至於日本臨濟禪、藏傳佛教，都致力全球布教。今日佛教，特別是人間佛教，顯然已經積極參予全球化進程的經驗。台灣地區人間佛教的全球化可說是漢傳佛教宏傳二千年來，最重要的大事。

## （二）佛教全球化：理論關聯

除了事實之相關外，就佛教的教理層面而言，亦有其與全球化理論有所關聯之處。歷年以來，近人不斷提出有關全

球化的種種論述，其中涉及經濟信息以至社會文化等學科，範疇各有不同。然而這些猶如雨後春筍般冒起、表面看起來眾說紛雲的表述，但大都認同全球各地的某類形活動，正有愈趨頻繁之勢。而這些漸漸出現的普遍元素，讓世界不同地區發展出息息相關的緊密互聯關係；而隨著全球的互聯過程持續地深化與發展，地域間的緊密性亦隨之進一步提升，形成一個循環反饋的發展系統。本文認為上述這種在全球化下生成發展的「互聯性」（Inter-connectivity）現象，正是全球化的最重要特徵之一。依照緣起論的基本觀點，則世界各地本就密切互相聯結，此亦可在理論方面與全球化之互聯性特徵，彼此呼應。是以，在這篇論文中，我們嘗試以當代台灣人間佛教為例，討論在全球化論述中，佛教可以為我們提供一些怎樣的精神資源。在我們的討論中，我們將聚焦於佛教教理中「互聯性」之上；而在結論上，本文嘗試點出，當代人間佛教的論述在全球化的議題裡，可以作出的幾項重要參考資源。

## 二、全球化論述的發展與反省

　　1960 年加拿大傳播學學者麥努漢（Marshal McLuhan）編撰《傳播中的探索》（Explorations on Communication）一書，開啟了全球化的論述。[1]在這本書，麥氏首先提出「地球

---

1 Edmund Carpenter, and Marshall McLuhan, ed.：*Explorations in Communication: An Anthology*. Boston: Beacon Press, 1960，該書本為麥氏所編的論文集，關於麥氏之論點，詳細可參 Mar-shall McLuhan, and

村」（Global Village）的概念；他把傳播技術特別是電子媒體與電視等的進步，關聯到地球村的形成。[2]自從這種全球意識的論述出現之後，很多學者從不同的角度說明跨國的現象、社會乃至文化的形成，這就形成了內容龐雜的全球化論述，但意見紛陳，莫衷一是。

1985 年，學者羅蘭‧羅伯森（Roland Robertson）等在〈現代化、全球化及世界體系理論中的文化問題〉(Modernization, Globalization and the Problem of Culture in WorldSystems Theory)[3]一文中，特別就全球化（Globalization）這一詞嘗試提出定義[4]，但仍然無法取得共識，全球化論述反而漸漸失焦，模糊成各說各話的大雜燴。這些論述中，多數

---

Bruce Powers, ed. : *The Global Village: Transformations in World Life and Media in the 21' Century*. N. Y. : Oxford University Press, 1989.

2 McLuhan writes " Postliterate man's electronic media contract the world to a village or tribe where everything happens to everyone at the same time: everyone knows about, and therefore participates in, everything that is happening the minute is happens. Television gives this quality of simultaneity to events in the global village." See Edmund Carpenter, and Marshall McLuhan, ed. : *Explorations in Communication: An Anthology*. Boston: Beacon Press, 1960, p.6.

3 羅蘭‧羅伯森（Roland Robertson）、法蘭‧利希訥(Frank J. Lechner）著，梁光嚴譯：〈現代化、全球化及世界體系理論中的文化問題〉，收入氏著，梁光嚴譯：《全球化：社會 理論和全球文化》，上海：上海人民出版社，2000，頁 126-140。原文見 Roland Robertson, and Frank J. Lechner: "Modernization, Globalization and the Problem of Culture in World-Systems Theory." In *Globalization: social theory and Global Culture*, London: Sage Publications, 1992, pp.103-118.

4 羅蘭‧羅伯森在〈現代化、全球化及世界體系理論中的文化問題〉一文中將"Globalization"一詞定義為："the compression of the world and the intensification of the consciousness of the world as a whole"。

是從政治經濟發展的脈絡發言。譬如華勒斯坦（Wallerstein）的《世界體系分析》[5]以及 Robert Gilpin 的《全球資本主義挑戰》[6]等等。

　　但無論如何分歧，這些學者多數強調全球化的普同趨勢。其中最有代表性或者就是弗朗西斯・福山（Francis Fukuyama）的《歷史的終結與最後的人》（*The End of History and the Last Man*），他宣揚自由民主之全球價值。至於趨勢大師大前研一更在 1995 年出版的《民族國家的終結》宣稱，在全球的投資、工業、信息技術、消費的個人四方面的跨國活動之中，民族國家的力量越來越衰弱[7]。他更預言全球化的跨國力量將使得民族國家終結。儘管論述可以非常不同，但她們多數樂觀的指出全球文化、經濟、社會到政治體係出現某些普及於全球的成分。可惜對這些「普同論」的樂觀論點，並未為全球化提供大家共認的定義。

　　不過，不少學者對於上述的說法仍持保留態度。筆者認為這些批評意見，主要從兩方面提出。第一，學者質疑全球化之普及程度，是否如一般全球論述所標舉，其特徵已經在全世界各地中出現。第二，在內容上，批評者指不少全球化論述之其實是偏狹不備，它們多數只反映西方思維，未能充分照顧東方觀點，亦未能兼顧宗教向度。在有限的宗教論述

---

5 Immanuel Maurice Wallerstein. *World-systems Analysis: An Introduction.* Durham: Duke University Press, 2004.

6 Robert Gilpin. *The Challenge of Global Capitalism: The World Economy in The 21st Century.* Princeton, N.J. :Princeton University Press, 2000.

7 Kenichi Ohmae, *The End of National State: The Rise of Regional Economies*, NY: The Free Press, 1995, p. 11.

中，佛教方面更顯嚴重不足，而發展不及百年的台灣人間佛教，就更被忽視了。然而當代台灣人間佛教在佛教全球化方面，不但有精湛的精神資源，更有寶貴的實作經驗。有鑑於此，本文特別側重人間佛教，而對全球化問題提出初步反省，嘗試補充當前論述受限於西方中心思維之不足，與忽視宗教思想之偏頗。

## （一）程度問題：全球化真的普及全球嗎？

在正面提出人間佛教論述前，我們先就上述程度與內容兩方面的不足，提出說明。在程度方面，現在對全球化論述的批判中，最激進的看法可算是，從根本懷疑全球化是假議題，這可稱為「懷疑論」，這類批評乃是針對上文提及之過度樂觀的看法。其中有代表性的著作包括由學者保羅・赫斯特（Paul Hirst）及格拉罕・湯普森（Grahame Thompson）所發表的《爭議中的全球化》[8]及由魏絲（Linda Weiss）所著《失能國家的迷思》[9]等書。無論我們是否贊成這些質疑，毫無疑問的是，現代學者對以往過度誇大的全球化範圍的理論，都有相當多的保留。其實許多國家或地區就連公路與電力等基本設施都談不上，更別說使用計算機，優游於互聯網了。所以只強調全球一致性的發展趨勢，而輕忽各地差異的偏頗論述，絕非理想的全球化論述了。除了對全球化的普及程度提

---

8 Paul Hirst,and Grahame Thompson, *Globalization in Question: The International Economy and the Possibility of Governance.* London:Polity Press,1996.

9 Linda Weiss:*The Myth of The Powerless State:Governing The Economy In a Global Era.* Ithaca, N. Y.: Cornell University Press,1998

出質疑外，現存全球化論述的內容是否充分的問題，學界也有所反省。

## （二）內容問題

### 1. 全球化並非西方化

　　從反省近年備受各國論者及學術界重視的"全球治理"（Global Governance）概念，便可見當下全球化論述不足的一些跡象。戴維・赫爾德（David Held）與安東尼・麥克格魯（Anthony McGrew）在他們的著作《全球化與反全球化》（Globalization/Anti-Globalization）引述全球治理委員會（Commission on Global Governance）的報告《我們地球上的鄰居》（*Our Global Neighbourhood*）將全球治理視為「一系列多邊協調過程，國家、國際機構、國際 制度、非政府組織、市民運動和市場藉此一起對全球事件進行調控」[10]，而這些行動的最終目的是「為了發展一種新的全球市民倫理」[11]，而這種倫理的根基是：

　　　　人類應該維護的核心價值：尊重生命、自由、正義、平等、互相尊重、關愛和正直。[12]

　　上述這種全球視野或世界主義的說法雖看似理想，但不少論者認為這種看法不過以西方價值推展為普世標準而已，

---

10 戴維・赫爾德(David Held)、安東尼・麥克格魯(Anthony McGrew)著，陳志剛譯：《全球 化與反全球化》（*Globalization/Anti-Globalization*），北京：社會科學文獻出版社，2004 年，頁 91。

11 戴維・赫爾德、安東尼・麥克格魯著，陳志剛譯：《全球化與反全球化》，頁 92。

12 戴維・赫爾德、安東尼・麥克格魯著，陳志剛譯：《全球化與反全球化》，頁 92。

所以引來不少反對的聲音。論者認為全球化並不等如「全球西化」，理應對西方以外的經驗，多加思考，善加運用。其次，當考慮種種核心價值時，我們更不能忽視宗教的向度。

## 2. 全球化不應缺少宗教向度

福山在《跨越斷層》一書認為在全球化的影響下，在過去數十年間，世界已出現「愈來愈嚴重的社會與道德失序狀態」，[13]福山概括地稱這種現象為「大斷裂」。[14]面對「大斷裂」，福山認為未來可能發生重新構築社會規範（即其所謂之「大重建」）的可能，而「大重建」的進行，必須涵蓋政治、宗教、自我組織及自然形成四種規範。[15]在四大類社會秩序規範當中，福山高度肯定宗教信仰在重建社會秩序、價值觀與文化等方面舉足輕重的作用：

歷史上的文化復興活動中宗教總是扮演重要的角色，我們不免要問，扭轉大斷裂的趨勢是否也要仰賴宗教的力量？我認為捨宗教之力，大重建根本無由發生。[16]

福山直接指出，未來宗教信仰將在世界各國擔當「反映

---

13 弗朗西斯・福山著，張美惠譯：《跨越斷層》（*The Great Disruption: Human Nature and the Re-construcuon of Social Order*），台北：時報文化，2000 年，頁 274。

14 根據福山的分析「大斷裂」在全球化環境下出現的原因在於：大斷裂並不是長期道德衰微的 最終結局，是啟蒙運動、現實人本主義或其他歷史經驗的必然結果。個人主義的盛行確實可溯及上述 傳統，但大斷裂的主要成因是比較晚近的─包括從工業經濟過渡到後工業時代，以及因此所產生的 勞力市場的變遷。弗朗西斯・福山著，張美惠譯：《跨越斷層》，頁 274。

15 弗朗西斯・福山著，張美惠譯：《跨越斷層》，頁 289。

16 弗朗西斯・福山著，張美惠譯：《跨越斷層》，頁 287。

既有的社會規範與秩序的渴望」[17]的角色，是抗衡「大斷裂」的最重要力量之一。[18]

　　總之，論者指出在全球化之發展經濟，重整社會中，宗教向度與精神生命的拓具有無可取替的重要性，是則宗教論述不應在全球化論述中缺席。

## 3. 學術圈對佛教全球化討論的不足

　　可惜的是，全球化論述中政治、社會、經濟與文化等面向得到非常多關注，但卻少涉及宗教，即使在提及宗教的論述中，也多數是以基督教、伊斯蘭教為主。對佛教的討論則顯得薄弱。譬如去年出版的《*Religion & Globalization: World Religions in Historical Perspective*》一書，[19]雖然有觸及佛教，但它主要是一個歷史性的介紹，尤其以「social engaged buddhism」為主，而以東南亞佛教的討論為多。當然這亦是為了遷就 Todd Louis 的專業範疇，他的專業為東南亞研究，對中國的佛教基本上可謂非常陌生，更遑論當代台灣地區的人間佛教了。

---

17 弗朗西斯・福山著，張美惠譯：《跨越斷層》，頁 288。
18 福山說與其說小區因嚴謹的宗教而產生，應該說人們因嚮往小區的凝聚感而親近宗教。人們回歸宗教傳統不一定是因為全盤接受教條，反而是因為小區的消失與俗世化後社會連繫變得脆弱，人們開始渴望儀式與文化傳統。現代人熱心幫助窮人與鄰里，不是因為宗教的訓誨，而是因為他們想要 服務小區，而宗教機構是最方便的管道。人們願意遵循古老的析禱儀式不一定相信那是上帝傳承下來的，而是希望下一代能接受正確的價值觀，同時也喜歡儀式帶來的慰藉與分享的感覺。參弗朗西斯・福山著，張美惠譯：《跨越斷層》，頁 288。
19 Todd Lewis ,John L Esposito, Darrell J. asching：Religion & Globaliza tion：World Religions in H&stori-cat Perspectwe, New York: Oxford University Press,2008.

　　華人佛教學術圈對於佛教與全球化的討論，也似未充分注意。即使人間佛教與全球化有重要事實關聯，亦同樣缺乏相關研究。2009 年有兩本關於台灣地區人間佛教的專書出版，它們分別是台灣史專家江燦騰的《台灣佛教史》[20]與大陸學者鄧子美等的《當代人間佛教思潮》[21]，這兩本最新著作都沒有特別討論全球化議題，有鑑於現有台灣地區人間佛教研究在全球化探索方面之不足，我們理應呈現台灣地區人間佛教在全球化論述中的可能貢獻。

## （三）全球化論述的重要補充：佛教

　　正如前文所述，現時有關精神生命、社會價值乃至全球倫理等議題，在全球化的討論當中已穩佔其席；而宗教在探討上述議題時，亦必然擔當了不可或缺的角色。可惜的是，正如批評主張世界主義者所擔憂的那樣，很多論述的確以西方思維與價值系統為主導。譬如針對學者福山在《歷史的終結》一書中提出「所有謀求經濟現代化的國家都會步上趨同之路」的觀點，[22]霍韜晦就指出福山的那一條路「其實是西方文化之路、美國文化之路，與資本主義之路，也就是一條立足於本能慾望與個體價值之路」。[23]霍先生認為，全球化議題有必要被重新檢視、注入東方元素，並「回歸東方文化中

---

20 江燦騰：《台清佛教史》，台北：五南出版社，2009。
21 鄧子美、陳衛華、毛勤勇合著：《當代人間佛教思潮》，甘肅人民出版社，2009 年 3 月。
22 弗蘭西斯・福山（Francis Fukuyama）著，歷史的終結翻譯組譯：《歷史的終結》(End of History)（呼和浩特：遠方出版社，1998)，頁 18。
23 霍韜晦著：〈歷史並未終結〉，《法燈》，第 237 期，2002 年 3 月 1 日，頁 12。

對生命的尊重和修養這一道路上來」：[24]

世界上的現象無不是剛柔相推而生變化，物極必反是萬物生生不息的原理，那麼西方文化這種只知向外尋求解決的知識之路、技術之路、制度規範之路最後必然走到盡頭，唯一的出路是回歸人，在生命中尋找依據。文化的源頭在人，在人心，在人性，但不是貪、鎮、無明。若從後者出發，人一定陷於慾望世界的羅網，誤認慾望的滿足為他的權利，拼命增加擁有，其實無處是岸。東方文化深知生命的安頓不在外，而在體認自己的存在、在家庭中、群體中，歷史文化中，和在禾地中的位置；層層上升，超越利害得失，化解自我，這和西方文化比較起來，是完全不同的路，也是挽救他們不要再盲目前行的路。[25]

若依照霍韜晦先生的說法，則作為重要東方文化精神的佛教思想，對於未來全球發展的參與，便有著極為重要的意義與價值。筆者認為人間佛教，特別是它在台灣近年的茁壯成長，隱然成為漢傳佛教最重要的發展，而其全球弘法，世界經營的事實，最足以彰顯漢傳佛教面對全球化的重要貢獻。佛教與全球化的關係，並非是被動的走入全球化形勢，不得不採取的消極回應，而是本來在教義中，佛教就有其深刻的精神資源，足以提供佛教全球化論述的重要參考。下文將提出筆者知見所及之相關佛教精神資源。

---

24 霍韜晦著：〈歷史並未終結〉，《法燈》，頁 12。
25 霍韜晦著：〈歷史並未終結〉，《法燈》，頁 12。

# 三、緣起與互聯性

　　本文並未意圖提供各方接受的定義，但是為了討論的聚焦起見，本文將集中在互聯性這一根本要點之上。而這一點與佛教根本教義―緣起，最為相干，下文將先述互聯性，然後申言佛教緣起法與互聯性之選擇親和性。

## （一）互聯性：全球化的基本特徵

　　筆者認為理應正視一個事實，就是在經濟信息以及社會文化等各方面的發展看來，越先進的地區，跨國的種種活動，就越來越頻繁，關係也愈來愈緊密。特別在全球網絡、全球經濟的體系性發展方面，全球化的趨勢越來越顯著。正如羅蘭・羅伯森（Roland Robertson）在其 1992 年的著作〈全球化：社會理論和全球文化〉中所說，全球化指世界的壓縮趨勢的加劇與環球一體意識的強化，[26]也就是全世界正愈來愈密切地關聯起來。當代英國社會學大師紀登斯教授（Anthony Giddens）在 1999 年《失控的世界：全球化與知識經濟時代的省思》（*Runaway World: How Globalization is Reshaping Our Lives*）[27]這本書中提到社會關係在環球的基礎上深化，讓人

---

26 Roland Robertson was said to be the first to define the word Globalization. According to Robertson, globalization as a concept refers both to the compression of the world and the intensification of consciousness of the world as a whole. See Roland Robertson：Globalization Social Theory and Global Culture, London：Sage. 1992, p.8.

27 安東尼・紀登斯著，陳其邁譯：《失控的世界；全球化與知識經濟時代的省思》（台北：時報文化出版企業股份有限公司，2001）。原著參 Anthony Giddens: *Runaway World: How Globalization is Re-shaping*

從不同的地方聯繫起來。[28]這就更具體的指出全球化促成天涯若比鄰，彼此互相連結，關係密切。至於戴維・赫爾德（David Held）在 1999 年發表的《全球大變革》（*Global Trans-formation*）一書，也從好幾方面說明了橫跨區域的行為、互動與權力運作等過程。[29]這些著作，雖然學科不同，猶如東門西戶，但都能登堂入室一般。因為無論在羅伯森、紀登斯還是赫爾德等人的討論裡，我們都隱然看到在世界各地之中，已漸漸出現了一些相當普遍的元素，它們正使得不同地區發展出呼吸相關，環環相扣的互聯關係。雖然這些元素並不一定普遍到世界每一角落，但這一全球的互聯過程正持續地深化與發展，讓愈來愈多地區更緊密的相互關聯起來，淡化因地理區隔而產生的阻礙，而甚或導致行將形成更趨 一體的傾向。[30]筆者認為這種互聯性（Inter-connectivity），正是全球化的重要特徵之一。

　　上述的互聯性，可以追溯到西方近現代文明的發展。[31]

*Our Lives*. London: Profile, 2002.

28 紀登斯在《現代性的結果》，也提倡制度的影響。詳參安東尼・紀登斯（Anthony Giddens）著，田禾譯：《現代性的後果》（*Consequences of modernity*）南京：譯林出版社，2000。

29 戴維・赫爾德等編著，楊雪冬等譯：《全球大變革》，北京：社會科學文獻出版社，2001。原著參 David Held, David Goldblatt and Jonathan Perraton eds., *Global Transformations: Politics, Economics and Culture*. Oxford: Polity, 1999.

30 因此 Malcolm Waters 在 1995 年於 G1obalizaion 一書中就提出全球化是社會過程，當中地理因素對於社會文化發展過程的限制日漸降低。

31 近世以還，西方勢力日益膨脹，而西方勢力也漸見主宰全球之勢，開展全球化之歷程。其中 新航道之探險與新世界之發現，以及隨之而來之殖民地運動與帝國主義擴張，將世界各地捲入一呼吸 相關、環環相扣之緊密聯繫之中。

但現當代交通、信息之發展、全球市場之出現，及互聯網之形成，卻更加速地球村的形成，往昔殊邦異域變得朝發夕至，而老死不相往來的人們因網絡之便，也真能產生天涯若比鄰之感，甚至指掌之間，也可為莫逆之交。電子郵件、網誌[32]與Facebook[33]的普及，讓千里姻緣一「線」牽，不再是比喻，而是活生生的事實。當然全球化，也有負面的影響，譬如全球市場之出現，使經濟災難、金融海嘯席捲世界；交通便捷，也增加病毒蔓延之機。全球文化的出現，如著名藝人米高·積遜（Michael Jackson）的歌舞藝術、麥當勞（McDonald's）、星巴克（Starbucks）的飲食文化，甚至是中華料理都是文化全球化的明顯表徵。這些現像都指向一個愈來愈緊密相關世界，而全球化的重要面向之一，就是這種互聯性。

綜上所述，筆者認為不需要懷疑某些跨國元素的正逐漸形成與強化，而這些元素正使得很地理區隔的影響，漸趨弱化，而越來越多的地區，更加緊密的連接一起，而形成互相關聯的網絡，這就是所謂全球化。從這個角度看，所謂全球化並非已經完成的狀態，而是一個已然開端，但尚未成熟的互相聯結的過程。全球化就是指這一互相聯結的過程，而互聯性就是全球化最基本特徵之一。[34]

---

32 即英語中的"blog"。另有「博客」、「部落格」等非正式名稱。

33 Facebook 為著名社交網絡服務網站，並無官方中文名稱。

34 但是筆者也認為不宜接受誇大的全球化的論述，誤以為世界各地全都分享一些共同的社經文元 素，更不能同意世界已然同質化或西方化；相反的，筆者認為在全球化的普同性趨向，培育了也刺激起 各地民族性與地方性的重視，人們在追求普同化之同時，也致力找尋屬己性的歷史，重新定位自我。即使全球化論迷大本營美國，也早在 70 年代就已出現黑人的尋根熱。而二戰後許多國家，也在追求現代 化之

## （二）緣起法與互聯性

佛教教理與互聯性方面最為相關，鎌田茂雄教授早在1991年就曾提出非常敏銳的說法：

> 現代人們所面臨之最大問題，即超越國界屬於世界性之問題，甚者，屬於地球性之問題。……國際化，換言之，即全球化之觀點，為90年代以至21世紀之一關鍵詞句。……處於如此世界與人類之狀況下，欲尋求　新時代之指導原理，即探究新思想體係時，乍現於眼前者，為自利利他之大乘佛教教法，具體言之，即華嚴經之教說。[35]

鎌田先生是日本佛學界的泰山北斗，他點出華嚴經教對全球化論述的重要指導原理，確實是孤明先發，可惜在這一篇只有三頁的《華嚴經物語》序言中，也僅有短短兩段話，未及深論，理應加以發揮。

筆者認為佛教教義與全球化論述最相關的地方是因緣法，特別是華嚴之法界緣起觀。其實佛教的因緣法與互聯性之間有其理論上的同構性。佛教以因緣法理解萬法，從個別

---

同時，找尋自我民族特性或區域特性。至於地區經貿協作，就更明顯。番如一方面有全球化的世界　經貿組織，但也有地區性的協作，譬如東協，歐盟等。至於民族國家也沒有在全球化下，更仍然是跨國　協作的最主要力 I。所以論者指全球化是全球化與在地化的雙軌並進，甚至稱為 glocalization。

35 鎌田茂雄，〈原著序〉，見氏著，釋慈恰譯：《華嚴經講話》，高雄：佛光出版社，1993年，頁1-2。

事物而言，佛教以因緣和合去理解事物之生滅；推而廣之，則事物相互構成一龐大的因緣網絡，共同構成萬事萬物之生成變化之原理。在這種世界觀之下，萬有環環相扣，形成一複雜相關的世界。換言之，世界中並不存在一孤絕於世的獨體。反之，事物都是緊密關聯，而共同形成因緣和合的關係性結構，或者可說是相互關聯的整體。

這一點華嚴法界緣起觀解釋的最透徹，甚麼是法界緣起觀？牟宗三先生　《佛性與般若》認為：

> 法界緣起，則就緣起而言，亦可曰此種展示皆是緣起性空之輾轉引申，亦皆是分析的。[36]

牟先生假定法界緣起不過是般若經之自性空之發揮，並不一定有誤。當然我們會同意緣起性空為大乘佛教之通義，但如何論證性空，則並不一致。般若經確實從分析一法，而見其空性。但法界緣起則顯然並不如此，能否直接視為般若經的輾轉引申，就不無疑問。般若經，就單一存在之組成成素，析論其中並無恆常存在之本質，故而能講緣起性空之旨。華嚴宗也講緣起性空，　但並非從單一存在人手，而是從法界談起。法界所指必不僅為單一存在。華嚴從法界之各存有之相互依存講整個法界的密切相關，而個別存在既然不能單獨存在，而需要依緣其他存在，所以並無單獨之本性，因而是空。這種從法界中各分子相互依存之事實，申論緣起性空

---

36 牟宗三：《佛性與般若》，台北：台灣學生書局，1979 年，頁 519。

的講法,就是法界緣起的基本論旨。勞思光教授認為:「華嚴宗觀法界時,其著眼點與通常論一切法所取立場大異。譬如般若經緣生空義,是就──法講,緣生是每一法之屬性,唯識觀百法等,亦是就──法說。現華嚴宗則著眼於眾法合一為一界域時所顯現之屬性;此屬性並非──法所各有,而是界域所有。」[37]勞思光掌握法界緣起的特性,確能大處著墨,能得其要。但是華嚴經六相合言,總別同異成壞兼述,是亦並無偏重總相之病。然而華嚴法界,確實重視法界中,各別存在之相互關係,筆者稱之為關係性進路(relational approach)。

　　如果從這角度看全球化的話,各地區自然是相互連結,密切相關。當然我們說呼吸相關,環環相扣只是點出不同地區的相互關聯性,並非肯定地球村的形成,也沒有說世界不同的文化趨向一致,而只是主張,依照緣起論的基本觀點,則世界各地呈現密切之互聯性,而這確與全球化之互聯性特徵,彼此呼應。其實,當代人間佛教對這一點掌握的非常清楚。法鼓山聖嚴法師的建設人間淨土,推動世界淨化,都是緊扣全球來講的;證嚴上人講「全球經營」,就更明顯了。在全球化論述中,著墨最多則是佛光山的星雲大師。在同體大悲的論述框架下,大師發揮慈悲、平等等許多重要佛教觀念,以響應佛教全球化的新局。下文將以當代人間佛教申述佛教全球化論述重要觀點。

---

37 勞思光:《中國哲學史,二》,台北市:三民書局,1982年,頁315。

# 四、當代人間佛教之思想與實踐

## （一）慈悲與全球經營

世界之互聯性是一事實認定問題，但如何面對全球化所彰顯之互聯性， 則是價值判斷問題。當今世界，價值多元，取態自異。面對全球化趨勢，有人視而不見，充耳不聞；有人力拒潮流，頑抗到底。也有人自居中心，妄圖一尊。面對全球化，佛教應如何自處？

佛教大乘精神並不採取自了漢的態度，而發揮慈悲為基礎的菩薩道精神；而人懷慈悲心，則必不會自外於他者；相反，慈悲則必生普度眾生之大願；推而廣之，乃有「眾生渡盡，方證菩提」的理想。全球化範圍之所及，只盡於娑婆世界，而大乘普渡，周遍六道，又不自限於娑婆世界而已。因此，全球化所及自然也是慈悲精神之所及。或者我們可以說，依佛教大乘教義，緣起法是全球化之事實基礎，而慈悲心為全球化的價值定向。佛告須菩提：「諸菩薩摩訶薩應如是降伏其心，所有一切眾生之類……我皆令人無餘涅桑而滅度之，遍及大千世界，窮及過現未來，一切一切，無量無邊，皆佛法之所當覆，皆菩薩之所當度者。」既然是這樣，則佛教應有全球經營之胸襟與行動。近數十年來，日本之鈴木大拙，越南之一行禪師都全球弘法，法音遍佈世界。漢傳佛教方面，台灣佛光山、慈濟功德會之經營最有全球化之色彩。這些都是出於慈悲普度的襟懷。

最值得注意的是佛教這種慈悲大愛，又不只表垻為關懷

眾生而已，否則就不足以充分呈現佛教特色。在這方面，星
雲大師發揮得特別好。他認為慈悲包含平等觀的理念，故而
能破除對人我的執著。他特別運用「同體共生」的概念來闡
釋。「同體共生」是特別重視互相包容，以謀共同發展的原
理，他曾說：

> 同體共生是宇宙的真理，然而目前世界卻又有許多人
> 倒行逆施，自私自利，以致天災頻仍，人禍不息。……
> 讓我們從現在開始，攜手推廣 "同體與共生" 的理
> 念，將慈悲、平等、融和、包容實踐在日常生活中。[38]

　　星雲法師認為，唯有如此，方能「建立一個安和樂利的
人間淨土」。何以需要同體共生呢？因為從緣起法來看，世
界是互相關聯在一起的，所以沒有人能夠獨善其身。筆者認
為同體是對世界相互關聯的事實認定，而共生則對互聯性的
價值取向。
　　星雲大師在〈人間佛教的藍圖〉一文說：

> 由於一般人的愛，都是有緣、有相的慈悲，尤其有
> 親疏、愛憎、人我的分別，因此就有比較、計較，
> 繼而有人我紛爭。人間佛教的國際觀，就是要打破
> 人我的界線，要本著 "同體共生" 的認識，互相包
> 容、尊重，彼此平等、融和，大家共榮、共有。例

---

38 星雲大師著，妙光法師等譯：《當代人心思潮》(*Modem Thoughts, Wise Mentality*)，台北：香海文化，2006 年，頁 30。

如，在佛教裡，講到時間都是過去、現在、未來三
世；講到空間都是此方、他方、十方無量世界；講
到人間，都是胎生、卵生、濕生、化生，也是無量
無數。所以，佛教的國際觀其實已經完全泯除了時
空的界線。

《阿彌陀經》裡提到，眾生「各以衣裓盛眾妙華，供養
他方十萬億佛」；彼此結緣，彼此讚美，就是充滿了國際觀。
《彌勒菩薩上生經》、《彌勒菩薩下生經》中，彌勒菩薩不但
與地球上的人類有來往，甚至天上天下，乃至到三界廿八天、
十八層地獄裡去度眾生。佛教的常不輕菩薩不輕視任何一個
眾生，佛教裡觀世音菩薩遊諸國土，救苦救難；佛教對弱勢
團體，對落後的小小國，尤其給予關懷。[39]

其實上述的所謂人間佛教的「國際觀」，就是建基於慈悲
觀的佛教全球經營方針；星雲大師說：「佛陀視一切眾生都如
愛子羅睺羅」，因此 "佛教更重視一切生權的維護"，而其
最終目標，則為 "打破人我的界線，要本著 "同體共生" 的
認識，互相包容、尊重，彼此平等、融和，大家共榮、共有。"
[40]從以上這些論述，可以清楚知道人間佛教的全球經營精

---

39 星雲大師：〈人間佛教的藍圖（下）〉，取自互聯網：《佛光山全球信息
　　網》，瀏覽於 2009 年 11 月 9 日，網址：http：//www. fgs. org.
　　tw/master/masterA./books./delectus/discoume/06. htm。

40 星雲大師：〈人間佛教的藍圖（下）〉，取自互聯網：《佛光山全球信
　　息網》，11 月 9 日，網址：http ://www. fgs. org. tw/master/masterA/
　　hooka/delectus/discoursel06.htm。

神，並非追求將全球納人一控制性關係鏈，或經濟上的依附關係，而是立足於慈悲思想之上，追求相互關懷，和諧共生的理想。所以佛教的全球化論述跟其和諧情神是密切相關的。

### （二）廣大和諧的全球化理想

慈悲普度是追求佛教全球化之內在動因，但如何與各地互動則須有一定之指導原則。全球化是否代表趨向一致性？對部分學者而言，全球化就是一致性（homogeneity）。但筆者認為全球化的發展中，我們應避免因追求一致性所帶來文化霸權，壓制甚至犧牲各地之特色。其實全球化運動最引人垢病的其中一點，就是將全球化視為全球西化，將全球化視為以西化為內容的一元化運動。霸權式手段，缺少尊重，固然引致對立；而一元化的取向，消滅異己，不只消滅文化動能，更往往導致暴力反抗。亨亭頓（Samuel Hunting-ton）所指的文明衝突，雖或過甚其辭，亦斷非空穴來風。全球化倘若不能尊重多元價值，而囿於自我中心的思維，就不容易包容異見，甚至訴諸軍事武力，這就不可不慎了，所以我們的重點應放在尊重多元，包容異見。

在這一方面，佛教教義，特別是華嚴精神最可藉鑑，甚至可以補救部分論述之偏。所以華嚴學大師鎌田教授認為：「華嚴經強調諸法之相互關連性。個體與個體之間不互相侵害，於彼此融和之際，每一個體亦能獨在存在。即一切諸法彼此於完全融和時，同時能彼此有秩序地完全保有自性，此

乃華嚴經之教法。」[41]這就點出華嚴可以開發出全球融和，又尊重差異的良性全球互動原則，鐮田教授所論，自然是發揮華嚴和諧哲學的旨趣。就此而言，跟方東美教授的洞見，實勘相互發明。方東美教授是當代重要中國哲學大師，尤其精於華嚴哲學，他曾說：「華嚴宗哲學，我們可以稱為廣大和諧的哲學。」[42]廣大能包舉一切，和諧故能息爭共存。因為華嚴精神發揮相即相人，圓融無礙的理想世界。所以華嚴講求圓融互攝的精神，而非排他宰制。這種和諧思想也表現在星雲大師的思想中。

　　星雲大師曾經表示「佛光山經常舉行國際學術會議，組團到世界各國訪問，甚至到梵帝岡和教宗會面，訪問伊斯蘭教的清真寺等」，目的就是「希望在國際間散佈和諧的種子。」[43]星雲大師進而指出，基於四生九有、法界平等的「天下一家，人我一如」的理念，佛教除了對人權的維護，更進一步，重視「生權」的平等：[44]

　　此為「眾生皆有佛性」、「汝是未來佛」，恭敬尊重每一個生命的權利。由於佛教提倡生權的平等，自然跨越國界的藩籬，而能天下一家；泯除同異的分歧，而能人我一如。……

---

41 鐮田茂雄，〈原著序〉，見氏著，釋慈怡譯：《華嚴經講話》，高雄：佛光出版社，1993年，頁2。

42 東方美：《華嚴宗哲史》上冊。台北：黎明出版社，1981。

43 星雲大師：〈人間佛教的藍圖（下）〉，取自互聯網：《佛光山全球信息網》，瀏覽於2009年11月9日，網址：http://www.fgs.org.tw/master/masterAlbooks/deleetuildiscoursc/06.htm。

44 星雲大師：〈人間佛教的藍圖（下）〉，取自互聯網：《佛光山全球信息網》，瀏覽於2009年11月9日，網址：http://www.fgs.org.tw/master/masterAlbooks/deleetuildiscoursc/06.htm。

《華嚴經隨疏演義鈔》云：「心佛眾生，三無差別。」眾生彼此尊重、包容、平等、無我、慈悲，這才是民族間、國際間需要的理念。因此，我們居住在地球上，應以同體共生的地球人自我期許，提倡「生佛平等」、「聖凡平等」、「理事平等」、「人我平等」的思想，進而泯除人我界線，打破地域國界，人人具備「橫遍十方，豎窮三際」的國際宏觀，進而以「天下一家」為出發點，讓每個人胸懷法界，成為共生的地球人，懂得保護自然，愛惜資源；以「人我一如」的同體觀，自覺覺他，昇華自我的生命，為自己留下信仰，為眾生留下善緣，為社會留下慈悲，為世界留下光明。如此，才能共同促進世界的和平。[45]

其實，各國互動，應求尊重包容，己所不欲，勿施於人。而且更不要妄圖宰制他人，霸道強勢。[46]華嚴精神正可讓霸道性的全球化，善化為和諧共生的良性互動。當然華嚴之一真法界，是從佛眼看世界，也就是以價值高度，去點化世間種種分別與紛爭，本來並非在現實經驗層面立言；但若我們將華嚴的智慧移置到全球化論述中，也可以開發其重要的相關性。六七十年代美國仗著勢力，自封為世界警察，經常將自己的價值強加別人身上，若有不從，甚至兵戎相見。引發

---

45 星雲大師：〈人間佛教的藍圖（下）〉，取自互聯網：《佛光山全球信息網》，瀏覽於 2009 年 11 月 9 日，網址：http://www.fgs.org.tw/master/masterAlbooks/deleetuildiscoursc/06.htm。

46 精權得先求他者之同意，比宰制來得尊重他者，Stuart Hall 主張霸權還是得有接受支配者積極同意。See Hall, "The Rediscovery of Ideology", M. Gurevitch, ed., *Culture, Society and the Media* (London: Methuen, 1982), p.95.

巨大國際衝突，這都是強求相同，而不能兼容的具體事例。今日中國興起，政經蒸蒸日上，面對全球化形勢，就更需善用佛教華嚴廣大和諧精神，以尊重他者方式，追求和諧發展，發揮和平穩定的力量。一如聖嚴法師於千禧年〈世界宗教暨精神領袖和平高峰會議〉上的開幕致詞所言：

> 不論它甚麼名稱，天國或淨土，我們不僅都是地球村的好鄰居，也都是同一個宇宙之母的同胞兒女；我們彼此之間，不僅是好朋友，根本就是同一個大家庭中的兄弟和姊妹。因此，我們除了共同用各種方法來保護這個地球的生存環境，除了撤除一切人與人之間的隔閡障礙而彼此相愛，沒有別的選擇。[47]

又如佛光山星雲大師所云：

> 各個國家之間如果能重視教育，提倡廉能，促進交流，相互尊重，並且順應全球化的發展趨勢，建立地球村的觀念，彼此體認"同體共生"的重要，大家廣施仁政，常行慈悲，如此必能帶來世界的和平。[48]

人間佛教所強調的和諧、和平的華嚴精神，"同體共生"

---

47 聖嚴法師：《建立全球倫理：聖嚴法師宗教和平講錄》，台北：法鼓山文化中心，2009 年，頁 36-37。

48 星雲大師：〈人間萬事‧影響力〉：《人間福報》，2009 年 1 月 4 日。互聯網電子報，瀏覽於 2009 年 11 月 10 日，網址：http://www. merit — times. corn. tw/NewsPage. aspx? Unid = 109077。

思想追求的協調性，正是緩解全球衝突反應的最佳中和劑。

## （三）一多兼容與全球地方化（glocalization）[49]

這裡需要首先澄清的一點是華嚴之廣大和諧並非以一併多，消滅差異，所謂「萬象紛然，參而不雜」。參而不雜，就是指事物相關而不相同，所以 古十玄門與新十玄門，有「一多相容不同門」與「諸法相即自在門」。任何一法都應包容其他不同的異己他者，但個別異己他者，又自有其特殊性，所以彼此兼容相通，但也絕非相同。在全球化之文化論述上，筆者認為若依華嚴精神，全球化應該追求相容而不是強求相同，強調一體但不強求一致。苟能善用此一理念，必能優化現有之全球化論述。

往昔的全球化論述，往往強調全體的一致性，而忽略了各地的差異性。這種論點確實過於偏頗，於是有人反過來強調區域或國家的特殊性，甚至有人立足於這種差異性，而建立反全球化的論點。當然全球化並非只有趨向同一的趨勢，反而另有各引一端，崇其所善的發展可能。這種既重視全球

---

49 Roland Robertson 在他的書中提出「在全球中的地方、在地方中的全球」，藉以解釋「全球地方化」的概念。Glocalization 一詞另有「全球本土化」及「全球在地化」等常見中文翻譯。The term first appeared in the late 1980s in articles by Japanese economists in the *Harvard Business Review*. According to the sociologist Roland Robertson, who is credited with popularizing the term, glocalization describes the tempering effects of local conditions on global pressures. At a 1997 conference on "Globalization and Indigenous Culture," Robertson said that glocalization "means the simultaneity the co-presence of both universalizing and particularizing tendencies." From the "Globalization" web site: Glocalization. Process by which transsocietal ideas or institutions take specific forms in particular (i.e., local) places

普同之趨勢，但又不盲目跟風，反而轉求結合地方特色，發展出具備個性的取向，就是所謂「全球地方化」的重要特色之一。這樣的論述取像形成既講統一性，又講多樣性之一多兼容的取向，在此一取向下，全球各地可以相互學習，彼此補充，以共成相互豐富化的特色。

　　用緣起法說世界，基本取向是肯定世界各成分是相關而不相同的，世界並非由一個中心所創造，文明也並非由一中心衍生出去。依照佛教教理，我們不宜用單一中心與根源枝末的框架去理解全球文化。其實，全球各地多多少少都可以為對方貢獻因緣。也就是說世界文明從來都是和鳴協奏，而不是獨演一音，也就是應用去中心化的取向，走入多元並建的全球化世界。這種去中心化的後現代思維，象徵多元文化主義（multi-culturalism）的全球化理想。上述的說法，放棄了華勒斯坦中心與邊緣的論述結構，而採納了多元並進的進路。當前佛教多本圓融並攝的精神，肯定不同宗派，華嚴五時八教，兼容並蓄，其精神在於肯定不同宗派，各有貢獻。實際上，佛教對不同的文化也多采取彼此互相對話，互相豐富的進路。譬如佛光山對佛教內部講八宗共弘，無分彼此；對外，則提倡宗教交談，和諧合作。星雲大師在〈我們未來努力的方向〉一文就曾表示：

> 　　有心人說現在是一個"地球村"的時代，大家不要做那一國人，要做"地球人"。如果大家都有地球人的思想，都有地球村的觀念，哪裡還會有地方與種族的

情結呢？[50]

在〈沒有台灣人〉一文中，星雲大師亦提到他「定位自己是地球人」：[51]

> 我在台灣已經生活半個世紀以上，很多在台灣出生的人都是在我之後到台灣，但他們都說我不是台灣人，認為台灣不是我的出生地。但是我到出生地揚州，他們也不認為我是揚州人，所以後來我就把自己定位為「地球人」，只要地球不嫌棄我，我就能在地球上居住。

在世界已邁向全球一體的世紀中，我們更應將視野投向其他的國家、其他的人群。如果能夠慢慢的再擴大，將法界都容納在心中，體證到「心性之外，大地無寸土」，我們的世界就是虛空，虛空就在我們的心裡。所謂的眾生，無非就是我們心裡的眾生；所謂的宇宙，無非就是我們心中的宇宙。佛教云：「心包太虛，量周沙界。」如果我們能從「家庭的世界」、「國家的世界」、「宇宙的世界」，提升到「心包太虛的世

---

50 星雲大師：〈我們未來努力的方向〉，《普門學報》第八期，高雄：佛光山文教基金會，2002 年 3 月，取自互聯網：《佛光山全球信息網》，瀏覽於 2009 年 ii 月 9 日，網址：http:// www.fgs.org. w/master/master Albooka/deletus/discornse/09. htm。

51 星雲大師：〈沒有台灣人〉，《普門學報》第十九期，高雄：佛光山文教基金會，2004 年 I 月，取自互聯網：《佛光山全球信息網》，瀏覽於 2009 年 11 月 9 日，網址：http ://wvJw. fgs. org. tw/ master! master Albooks/delectusJ discourse/iS. htm。

界」，將一切的一切都視為是我的。台灣是我們的，大陸是我們的，世界是我們的，是則我們不但擁有了一個最美好、最富有的世界，而且也無愧于先人的努力，成為 21 世紀的先進人類，繼續庇蔭後世的子子孫孫。[52]

　　無論星雲大師還是聖嚴法師，都主張不論藏傳、南傳、還是人間佛教，皆應不分彼此，互相合作，並採取虛己利他的方式，共同成就佛法。故此，台灣法鼓山設置藏傳佛教研究點，佛光山也自行肩負整理各宗典籍的使命。這種打破宗派範籬的氣度，或亦彰顯華嚴法界，光光相照，圓融無礙的精神。同時也顯示佛教「無我」精神，亦即打破對「我」的執著，讓人不苟安於一個 中心，而也能看到別人的優點。譬如星雲大師在〈自覺與行佛〉一文中，就提出了「用本土化發展佛教」的概念：

　　　　隨著時代進步，在信息發達、交通便利的帶動下，整個世界的大環境正朝向全球化、國際化的方向發展，「地球村」的時代已儼然成形。然而在此同時，「本土化」的議題卻從來不曾在人類的歷史舞台上消失過。……其實，在佛教裡，天堂也分三十三天，也有三界之別，所謂欲界六天、色界十八天、無色界四天；甚至佛的國土也有東方與西方之不同。在現實人生里，世界上有許多國家、種族的不同，這是不爭的事

---

52 星雲大師：〈沒有台灣人〉，取自互聯網：《佛光山全球信息網》，瀏覽於 2009 年 11 月 9 日，網址：http://www.fgs.org.tw/master/masterA/books/delectuildiscoursc/18.htm。

實，而在各種不同當中，彼此最怕的就是被侵略、被征服，不但國土不容侵略，文化更不希望被征服。所以對於不同的國家、文化，大家要互相尊重，要容許不同的存在，就如東方琉璃淨土有琉璃淨土的特色，西方極樂世界有極樂世界的殊勝，甚至山林佛教有山林佛教的風格，人間佛教有人間佛教的性向。能夠「異中求同，同中存異」，世界才會多彩多姿。[53]

回想當初佛教從印度傳到東土，印度比丘到中國來大多從事翻譯經典的工作，建寺廟的責任則讓給中國比丘去做，所以才有現在的中國佛教。假如當時印度的迦葉摩騰、竺法蘭等人，不融入當地的文化，不培養當地的弟子，哪裡會有現在中國佛教的特色呢？甚至當初達摩祖師東來，將大法傳給慧可，為甚麼？只為了本土化。所以，佛光山在多年前，我把住持之位傳給心平法師繼承，心平法師是台灣人，這也是本土化的落實。……對於過去華人走到世界任何地方，不管做事或是傳教，都要強調「發揚中華文化」，這句話是不對的！因為歐洲有歐洲的文化，美洲有美洲的文化，澳洲有澳洲的文化，我們應該尊重當地的文化，用中華文化與當地的文化融和交流，不要用我們的文化去侵略別人的文化。所以每個國家、種族，都要本土化，乃至今後的佛教，大家來自

---

53 星雲大師：〈自覺與行佛〉，《普門學報》第廿三期，高雄：佛光山文教基金會，2004 年 9 月，取自互聯網：《佛光山全球信息網》，瀏覽於 2009 年 11 月 9 日，網址：hup ://www.fgs.org. tw/ master/masterA/ hooks/delectuildiscourse/20.htm。

於世界各地，也一定要發揚本土化。 ……儘管不同，但是在同一個佛教下發展，唯有「本土化」才能更深耕，才能更擴大，才能更發展。[54]

　　因此，我們可以說，佛光山所提倡的「本土化」，正是以全球文化融和為核心精神的「全球地方化」視野。在〈推動本土化，不是"去"而是"給"〉一文中，星雲大師的觀點更是明確：

> 多年來我在世界各地弘法，希望佛教發展"國際化"，同時我也在推動"本土化"，但我所推動的不是"去"，而是"給"。我在五大洲建寺，就是希望透過佛教，給當地人帶來更充實的精神生活。……我遊走世界，我也一直在倡導"本土化"，但是我的本土化是奉獻的、是友好的、是增加的，不是排斥的，不是否決的。過去華人在美國雖然已取得移民身分，但是心中並未認定美國是自己的國家，因此我鼓勵佛光會員在參加美國國慶遊行時，高喊"我是美國人"，我認為，既然生活在美國，就應該融入當地，而不能在別人的國中成立"國中之國"。[55]

---

54 星雲大師：〈自覺與行佛〉，《普門學報》第廿三期，高雄：佛光山文教基金會，2004 年 9 月，取自互聯網：《佛光山全球信息網》，瀏覽於 2009 年 11 月 9 日，網址：hup ://www.fgs.org. tw/ master/masterA/hooks/delectuildiscourse/20.htm。

55 星雲大師：〈推動本土化，不是"去"而是"給協〉，《普門學報》第廿八期，高雄：佛光山文教基金會，2005 年 7 月，取自互聯網：《佛光山全球信息網》，瀏覽於 2009 年 11 月 9 日，網址：http://www.fgs.org. tw/master/masterA/books/delectus/discourse/21.htm。

由此可見，星雲大師既講求全球化，也重視本土化，大師全球佈教、發揮全球化趨勢之普同性，但也深深明白結合地方特色與發展個性取向的態度；而這種態度，正與全球地方化的精神互相吻合。佛教的多元並建，反映出全球化去中心化的理路，因而或能克服西方中心主義的盲點。

## 五、佛教全球化觀點的特殊價值

### （一）去中心與同體共生

如前文所述星雲法師在全球化方面的論述，不僅是從緣起法看到世界互相關連之事實，更加重要是他推論出「同體共生」的概念。人間佛教不但明白世界互聯共通的事實，更在這互聯性之上加上追求同體共生的價值取向。同體共生不是追求「定於一尊」或單一獨大，反而重視多元並建，一多相容。足見星雲大師採取追求一多相容的理想。

依照一多兼容的理想，自然也不會同意將全球化視為全球西化，星雲大師重視世界各地不同文化的並存，並且追求彼此相互包容、協助，以謀求促 進全體的幸福，所以斷然不會同意以單一文化來壓制不同文化；其實，星雲大師常教人「你對我錯、你大我小、你有我無、你樂我苦。」這種思想不只是個人層次的容忍與謙讓，而體現佛教偉大的慈悲心、平等觀，其中深刻地扣緊心佛眾生，無有差別的一體精神，故而能真正追求平等互尊。若將平等觀扣緊於互聯性的

脈絡之上，就沒有一個真正的中心，在後現代的論述來說，可說是去中心化的取向，並揚棄了「中心／邊陲」的世界體系論述。本來佛教教導世人無我，真能發揮無我，則必然不主張執著自我，也容易形成去中心化的思路，展開真正的平等思想。我們從後現代論看，人間佛教這種基於緣起論而提出的同體共生式的提法，隱然指向後現代所謂去中心化的思想，而容易成就平等的全球化思想。

## （二）摒棄衝突，追求和諧

佛教的圓融性，是追求一多相容，亦即追求彼此之尊重與包容的意思。星雲大師指出追求佛法佛教的圓滿與自在。[56]在追求多元並建，重視他者、去中心化的背後，其實揭示了佛教的平等精神，從平等而達至的圓融性。這是動態的整合歷程，通過差異而能夠互通有無、彼此豐富。就此而言，才能真正講求圓融無礙。

### 1. 人與萬物的和諧

追求人與人之間的和諧與完滿，因此星雲大師就提倡三好運動「做好事、說好話、存好心」。除了在個人的層次需要在這三個層次努力之外，其實它是指向著一種傳統的佛教智慧，就是追求身、口、意的三業的清淨。當然傳統的佛教將身、口、意三業清淨應用到全球化論述裡。在此，星雲大師的突出面在於追求人個人層次淨化身、口、意之外，更加要

---

56 星雲大師：〈圓滿與自在〉（國際佛光會第六次世界大會主題演說），取自互聯網，《國際佛光會世界總會》，瀏覽於 2009 年 11 月 15 日，網址：http://www.blia.org.tw/speak/speak06.htm。

求人與人之間的和諧，所以人間佛教多提倡族群和諧、國際和諧。這些說法是建立在運用身、口、意實修來淨化貪、瞋、痴。人與人之間或社會與社會之間或國家與國家之間之所以有爭鬥，以佛教的觀念來看其實都是貪、瞋、痴的結果。所以人間佛教就運用個人修行上的三業清淨，擴大應用到族群與國家之間、國際之間的和諧，因此亦都追求大家互相包容。

## 2. 重視生態，鼓勵保育

除了人與人之間追求和諧之外，亦追求人與世界之間的和諧，最為明顯的做法就是追求中道正觀。在中道正觀裡，佛教雖不主張縱慾，但並不主張禁慾，所以佛法在渡眾救世方面，往往不離給人方便，予人快樂的基本權巧法門。在全球化背景下，它如何成為一種追求世界和諧的手段呢？如果將這種觀念運用到發展觀之上的話，我們應適度運用自然，不能夠竭澤而漁，反而我們要走一中間路線。在運用自然之時，當然要惜福與惜緣。畢竟自我與世界都是因緣和合而生，所以當領略無常與無我。從無我與無常觀念來說，我們繼承了祖先的自然世界，但亦是藉用未來子孫的世界，世界本非我所有，自然也不能執著。但我們當要善用自然，同時也要回饋自然，維持自然的持續發展。

上述這一種由佛教教理提點出來的觀點，與近年漸次受到重視的全球環保論述，在旨趣上可謂不謀而合。在全球化的議題下，環境倫理、生態保育等議題已經得到世界性的廣泛注意和普遍重視。弗里德曼（Thomas L Friedman）在其最新著作《世界又熱、又平、又擠：全球暖化、能源耗竭、人口爆炸危機下的新經濟革命》中提出環保將是我們未來必須

正視並付諸實行的重要工作。他認為透過保護環境的行動，
我們將能夠同時擊敗污染與貧窮：

　　要讓國家恢復活力、重建自信及道德權威、整個社會往
前邁進，最好的方法就是將焦點放在綠化節能議題上……如
果我們無法將綠化節能視為改善生活的策略，就無法產生成
功所需的動力和規模。[57]

　　如果早期麻木的開發主義會導致不擇手段的竭澤而漁，
佛教在珍惜福報與保護自然的主張以及對環境倫理、生態保
育等議題之重視，隱涵著不同於單純發展的經濟思維，它建
基於佛教同體共生之態度，而旗幟鮮明的表達出重視生態平
衡，環境保育的觀念。這種全球環境倫理的論述最大特式之
一，　在於它並非建立在人類中心主義的考慮，而是一種基
本佛教立場，立足於眾生平等，而謀求共生。

## 3. 人與社會到人與人的和諧：悲智雙運

　　除了自然世界之外，我們亦能看出人間佛教對人與社會
和諧的追求，強調人和社會之間的適度調節，強調人在社會
之中的充量整合。我們不難發現星雲大師非常強調人自己身
心的和諧，亦強調重視身心和諧、家庭和諧、社會和諧與世
界和諧。[58]這些和諧都是從哪一個立場來說呢？就是追求人

---

57 湯馬斯・弗里德更(Thomas L Friedman)著，丘羽先等譯：《世界又熱、
　又平、又擠：全球暖化、能源耗竭、人口爆炸危機下的新經濟革命》
　（*Hot, Flat, and Crowded: Why the World Needs A Green Revolution and
　How We Can Renew Our Global Future*），台北：天下遠見出版股份有
　限公司，2008 年，頁 398。

58 星雲大師著，妙光法師等譯：《當代人心思潮》（*Modern Thoughts, Wise
　Mentality*），台北：香海文化，2006 年，頁 68-83。

和社會之間一個適性的發展。從這一角度去看，又如何關連到全球化的論述呢？對佛教徒而言，社會一詞其實具有雙重性。社會是行者修行的地方，但也要超越離開的所在。因為塵世的社會到最後還是必須要揚棄的，但世界又是成佛的基礎，因為沒有一個人不是在這個社會里通過歷練與修行而得到開悟的。所以社會是行者取得成就的必要條件。

　　人間佛教強調佛教關懷世界、建設社會的重要性，但不要忘記佛教徒並不是要追求完全地擁有這個社會，他只不過是暫時地要求建設社會。星雲大師說自己的解脫，在自己解脫的過程中亦可以見到在佛教的論述中有著很為不同的特色。表面上，它如同人間佛教所有的做法，很大量吸收所謂社會論述、經濟論述，甚至環保論述等等。但與它們不同的是，對人間佛教來說，所有的人間建設到最後必然的指向宗教解脫。所以佛教全球化的論述到最後來說，必然就是不能夠離開它的宗教性。

　　如果按照福山所說，在後現代社會來說，佛教經歷了世俗化。在世俗化後，重新要肯定宗教在社會上的地位時，人們便會開始問現代社會所能夠扮演的社會功能是甚麼。當然福山的論述是有著一定的有效性，但福山並未充分重視信仰本身在宗教活動的核心性。

　　從人間佛教的渡眾理想來說，福山指陳的發展不但並非福音，更可能是一種危機。譬如慈濟功德會充分地開發了華人的慈善意識，他們做了很多慈善救濟的好事，為世人提供實質救助與心理慰藉。然而問題在於重視行入，對於不善學者來說，容易誤解為不必解人。如果不能明白證嚴上人做中

學，學中覺之深旨，就容易形成不求甚解的態度，甚至拒絕經教，誤將慈善救濟視為解脫法門。相反的，無論是法鼓山，還是佛光山都重視解行並進，悲智雙運。法鼓山重視三大教育，而佛光山對教育的關注更是有目共睹，辦學範圍包含從幼兒園、小學、中學到大學，這是由於他們不滿足於慈善救濟，而更期盼為眾生提供宗教的終極救渡。儘管佛光山與法鼓山也重視慈善救濟或社會救助的工作，在販災、醫療等貢獻極多；但她們並非掛著佛教名義的龐大義工組織。因為人間佛教重視通過這些活動，能夠使到眾生能夠開悟，亦都使到自己能夠修行。這都指向人間佛教固然重視人間，但始終不能放棄解　脫生死的佛教基本教義。

從這一角度去看，現時諸如福山所說的全球化論述都缺少了宗教信仰的面向。如果缺乏了這重要面向，就不能區分宗教性的救濟組織，與一般救濟組織的差異，否則這是徒具宗教虛名的宗教組織而已。佛教參予社會公益必不能缺乏其宗教性，否則便失去本身投入參予的目的。一些全球化理論者，例如福山，雖意識到宗教在全球化過程的重要性，但他們未能指出佛教團體參予社會工作的基本動力就在宗教信仰，如果缺少這一核心價值，她們就無法與一般慈善團體區別開來了。所以人間佛教的社會參與，與全球經營，一方面是慈悲的願力，另一方面，則指向解脫的智慧，所以可說是悲智雙運的取向。

## （三）多元靈活，豐富發展

聖嚴法師與星雲大師雖然居禪法正統，但在佛法運用上

則不限於禪宗一脈。其實，禪心強調的是靈活性，不為經教所束縛，故此無論是法鼓山的聖嚴法師還是佛光山的星雲大師，雖然同以禪宗為法脈，但是兩人均非僅以禪宗一門劃地自限。聖嚴法師不稱為禪師，而以法師自居，就表明以法為師絕不株守一門劃地自限；而星雲大師氣魄宏大，最擅長博採眾長。在這兩位法師的著作與講述都博諸宗，兼容並蓄，[59]廣泛的採用不同佛教精神資源來構建人間佛教。簡言之，這顆靈動的禪心，讓人間佛教可以靈活善巧地博採眾長，也正是由於這種靈活性，讓人間佛教身處全球化之形勢，就可以用廣大的心胸，面對多元的世界。

　　佛教對建設保持追求「一多相容而不相同」的理念。所謂「一」，就並非穩定的最終止境，而是動態的善化歷程。在這歷程中，差異化可作為豐富的基礎，提供融攝的素材，而一體化則為綜合的動能，它不讓差異至於各不相干，而追求之一體共屬性。總之，動態的一體化歷程，取代固定的一致性境界，而走向一多並存，圓融無礙的境界。而差異的雜多世界，正是這一歷程中不可缺少的資源。其實，眾生無盡，差異長存，但慈心不捨，就使得我願無窮。而在就普渡的願力下，就讓行者必鬚麵對千差萬別的世界，並啟導出法門無量。因此，行者必須面對差異，但卻不能安與差異，而只求各行其是，不相往來。所以追求普同的一體化，正是建基於差異性之上的。

　　其實，一體性與差異性，普遍面和特殊面，兩者可以處

---

59 星雲大師曾經註疏的經典很多，包括《心經》、《金剛經》、《六祖壇經》及《八大人覺經》等。

於辯證參透的過程。在一方面，全球普同性，並非已然形成狀態，反而在生成變化之中的發展。普通性乃建立在差異性上面的。差異性可以豐富普同性，轉而促成更新的或更高的普通性出現。同時，普同性的擴大，又可回過頭來刺激差異的發展。因為一致性就建立對差異性的排除之上，而世界的一致性，往往會刺激起特殊性的身份自覺。所以，有人會一面追求世界意識，可是同時也追尋自身獨特的歷史傳承；一方面強調我們是世界公民，另一方面，則講求個體或種族身份的特殊性。由此而衍生一種新的討論方向，就是全球地方化。這一方面是可普遍化的追求，另一方面是表現在歷史性探索。可普遍化的追求就是尋求統一，歷史的追求就是突顯差異。這兩者是互補辯證的發展，不是一個單純的一致性趨勢而已。

全球化的包含差異，又追求一致的動態發展，就好比佛教之華嚴之一多相容的精神。其實，差異性與同一性應放在一個辯證的歷程上看，才比較容易掌握實況。就是說我們今天能夠分享的價值，可能就是往日的分歧點。例如在一百年前的中國與西方在一男一女的異性婚姻制度上，意見就彼此不同。但經過全球化的歷程，現代華人社會也接受這個觀念。落實宗教的交談，就可以推演到全球化中如何面對他者的情勢。如果佛教全球化只是停留在面對他者，而沒有進入與他者的交流與互動的話，就不能在全球化的形勢之下吸取不同文化的豐富資源。所以，佛教面對全球化中的他者，要以對話取代對抗。這最基本可以增加了解，避免誤解和對形勢的誤判。正如美國的普遍人權論，就是忽略特殊面。故此，互

相豐富，同步並進，這就是全球化健康的一面。

# 六、結　語

　　綜合上文所述，佛教教理在有關全球化事實的認定上，以及如何面對有關事實的價值判斷上，均提供了其本有而獨特的精神資源。「世界是互相依存」屬於事實的認定，但如何去面對互相依存的世界，便要發揮愛心、破除自我中心主義等等，則是一些價值的判斷。然而，佛教除了有緣起法外，尚有慈悲心，因此佛教大師諸如星雲等，不單體認世界相互依存的事實，更特別強調「同體共生」的概念，而同體共生的概念正是慈悲的表現。

　　基於同體共生的取向，星雲大師在面對他者或異己之取態，就強調一多相融，多元並建。這一態度是受益於佛教無我與平等的思想，因此在原則上講求對他者的尊重與包容，而在手法上，強調慈悲和渡眾的精神。具體的講，多追求人的身心和諧，人與人之間的和諧，人與自然社會和諧，甚至形成對歷史與未來的和諧追求，所以不單尊重傳統文化，也要善待未來，於是未來不是供我們無限透支的賬戶，而是需要平衡開發與保育的前程。

# 參考文獻

## 一、中文資料

Lent, Adams 編著：《當代新政治思想》，台北：揚智出版社，2000。

丁仁傑：《社會分化與宗教制度變遷》，台北：聯經出版社，2004。

_____：《社會脈絡中的助人行為：臺灣佛教慈濟功德會個案研究》，台北：聯經出版社，1999。

_____：〈認同、進步與超越性：當代臺灣人間佛教的社會學考察〉，載《臺灣社會研究季刊》，第六十二期，2006年6月，頁37-99。

卜松山：〈社群主義與儒家思想〉，載《二十一世紀雙月刊》，香港：香港中文大學——中國文化研究所，1998，頁99-106。

于凌波：〈水果師廣欽老和尚〉，見氏著，《中國近現代佛教人物誌》，北京：宗教文化出版社，1995，頁168-176。

_____：《曲折迂迴菩提路——于凌波七十自述》，台北：慧炬出版社，1997。

＿＿＿＿＿：等著：《李炳南居士與臺灣佛教》，台中：李炳南居士紀念文教基金會，1995。

＿＿＿＿＿：編著：《民國佛教居士傳》，台中：慈光圖書館，2004。

大前研一著，李宛蓉譯：《民族國家的終結：區域經濟的興起》（*The End of the Nation State: The Rise of Regional Economics*），台北：立緒文化，1996。

《大愛灑人間——證嚴法師的慈濟世界》，花蓮：佛教慈濟慈善事業基金會，2005。

中村元等監修、編集，余萬居翻譯：《中國佛教發展史》，台北：天華出版事業有限公司，1984。

方立天：〈人生理想境界的追求〉，載釋惠敏主編，《人間淨土與現代社會》，台北：法鼓文化公司，1998。

＿＿＿＿＿：〈彌勒信仰在中國〉，氏著，《中國佛教散論》，北京：宗教文化出版社，2003，頁147-172。

方克立：《現代新儒學與中國現代化》，天津：天津人民出版社，1997年。

方東美：《華嚴宗哲史（上冊）》台北：黎明出版社，1981。

王端正總策劃：《慈濟年鑑1966-1992》，台北：慈濟文化出版社，1993。

史蒂芬·謬哈爾（Stephen Mulhall）、亞當·斯威夫特（Adam Swift）著，孫曉春譯：《自由主義者與社群主義者》（*Liberals and Communitarians*），第二版，長春：吉林人民出版社，2007。

弗朗西斯·福山（Francis Fukuyama）著，張美惠譯：《跨越

斷層》（The Great Disruption: Human Nature and the Reconstruction of Social Order），台北：時報文化出版社，2000。

_____著，歷史的終結翻譯組譯：《歷史的終結》(The End of History and the Last Man)，呼和浩特：遠方出版社，1998。

安東尼・紀登斯（Anthony Giddens）著，田禾譯：《現代性的後果》（Consequences of modernity），南京：譯林出版社，2000。

_____著，陳其邁譯：《失控的世界：全球化與知識經濟時代的省思》（*Runaway World: How Globalisation is Reshaping Our Lives*），台北：時報文化出版企業股份有限公司，2001。

安樂哲著，張燕華譯，〈中國式的超越，抑或龜龜相馱以至無窮〉，收入蕭振邦主編，《儒學的現代反思》，台北：文津出版社，1997，第41-66頁。

托馬斯・弗里得曼（Thomas L Friedman）著，丘羽先等編譯：《世界又熱、又平、又擠：全球暖化、能源耗竭、人口爆炸危機下的新經濟革命》（Hot, Flat, and Crowded: Why the World Needs a Green Revolution and How We Can Renew Our Global Future），台北：天下遠見出版股份有限公司，2008。

_____著，何帆、肖瑩瑩、郝正菲譯：《世界是平的》(The World is Flat: A brief History of the Twenty-first Century)，長沙：湖南科學技術出版社，2006。

＿＿＿＿著，蔡繼光等譯：《了解全球化：凌志汽車與橄欖樹》
　　　（The Lexus and the Olive Tree），台北：聯經出版社，2000。

朱文光：《佛教歷史詮釋的現代蹤跡——以印順判 教思想為
　　　對比考察之線索》，台中：國立中興大學中國文學系
　　　碩士論文，1997。

朱　霏：〈炳公老師在臺建社弘化史實〉，《內明》第一七二
　　　期，1986，頁29-33、第一七三期，1986，頁 22及
　　　頁31-37。

江宜樺：《自由民主的理路》，台北：聯經出版公司，2001，
　　　頁286-8。

江燦騰、龔鵬程主編：《臺灣佛教的歷史與文化》，台北：靈
　　　鷲山般若文教基金會國際佛學研究中心，1994。

江燦騰：《人間淨土的追尋——中國近世佛教思想研究》，台
　　　北：稻鄉出版社，1989。

＿＿＿：《中國近代佛教思想的諍辯與發展》，台北：南天書
　　　局，1998。

＿＿＿：《日據時期臺灣佛教文化發展史》，台北：南天書局
　　　，2001。

＿＿＿：《台灣佛教史》，台北：五南出版社，2009。

＿＿＿：《當代臺灣佛教：佛光山、慈濟、法鼓山、中臺山》
　　　，台北：南天書局，1997。

＿＿＿：《臺灣佛教文化的新動向》，台北：東大圖書公司
　　　，1993。

＿＿＿：《臺灣佛教與現代社會》，台北：東大圖書公
　　　司，1992。

_____：《臺灣近代佛教的變革與反思：去殖民化與臺灣佛教主體性確立的新探索》，台北：東大圖書股份有限公司，2003。

_____：《臺灣當代佛教》，台北：南天書局，1997。

牟宗三：《中國哲學的特質》，再版，台北：臺灣學生書局。

_____：《佛性與般若》，台北：台灣學生書局，1979。

_____：《政道與治道》，台北：臺灣學生出版社，1980。

_____：《政道與治道》，增訂三版，台北：臺灣學生書局，1990。

_____：《時代與感受》，台北：鵝湖出版社，1984。

_____：〈儒家學術之發展及其使命〉，收入牟宗三，《道德的理想主義》，台北：臺灣學生書局，1992 年 9 月修訂版七刷。

_____主講，蔡仁厚輯錄：《人文講習錄》，臺北：臺灣學生書局，1996。

宋志明：《現代新儒學研究》北京：中國人民大學出版社，1991。

何信全：《儒學與現代民主:當代新儒家政治哲學研究》，台北：中央研究院中國文哲研究所，2000。

吳立群：《新儒學與現代社會》，上海 ：上海大學出版社，2018。

李心苑、李永斌：《金胎合曼——密宗及其祖庭》，西安：西安電子科技大學出版社，2016。

李明友：《太虛及其人間佛教》，杭州：浙江人民出版社，2000。

李明輝：《儒家與康德》，臺北：聯經出版公司，1990。

＿＿＿＿＿：〈儒家思想中的內在性與超越性〉，收入楊祖漢主編：《儒學與當今世界》，台北：文津出版社，1994。

＿＿＿＿＿：〈儒家政治哲學與責任倫理學〉，載《儒學與世界文明：國際學術會議論文選集——上冊》，新加坡：八方文化企業公司，2003，頁356-365。

＿＿＿＿＿：《儒家視野下的政治思想》，台北：台灣大學出版中心，2005。

李　泉：〈回應聖者的自由權利：巴特與牟宗三論責任倫理〉，《道風基督教文化評論》，第四十九期，2018年，冬特別號A期，頁115-142。

李炳南：《述學語錄》，台中：青蓮出版社，1995。

＿＿＿＿＿：《修學法要續編》，台中：青蓮出版社，2005。

＿＿＿＿＿：《當生成就之佛法》，台中：青蓮出版社，2003。

＿＿＿＿＿：〈儒佛大道〉，《明倫》第一九三期，1989。

＿＿＿＿＿編述：《阿彌陀經摘要接蒙義蘊合刊》，二版，台中：瑞成書局，2006。

李　強：《自由主義》，北京：中國社會科學出版社，1998。

李道湘：《現代新儒學與宋明理學》，瀋陽：遼寧大學出版社，1998。該書原為作者南開大學博士論文，1994。

李瑞全：《當代新儒學之哲學開拓》，台北：文津，1993。

李瑞全：《天台圓教之哲學意義》，《玄奘佛學研究》第18期，2012年9月，第129-148頁。

李筱峯：《臺灣革命僧林秋梧》，台北：自主晚報出版社，1991。

李滌生：《荀子集釋》，台北：臺灣學生書局，1979。

李澤厚：《中國現代思想史論》，北京：中央民族大學出版社，2002。

狄百瑞（Wm Theodore de Bary）著，李弘祺譯：《中國的自由傳統》，貴州：貴州人民出版社，2009。

_____：〈「亞洲價值」與儒家之人格主義〉，載《國際儒學研究》，第 6 輯，北京：中國社會科學出版社，2000，頁 6-19。

_____：〈Confucianism and Communitarianism〉，載《儒學與世界文明：國際學術會議論文選集——下冊》，新加坡：八方文化企業公司，2003，頁919-932。

貝淡寧（Daniel Bell）著，孔新峰、張言亮譯：《東方遭遇西方》，上海：上海三聯書店，2011。

_____：《社群主義及其批評者》，香港：牛津大學出版社，2000。

武東生：《現代新儒家人生哲學研究》瀋陽：遼寧大學出版社，1994。

林月惠：《詮釋與工夫：宋明理學的超越蘄嚮與內在辯證》，台北：中央研究院中國文哲研究所，2008。

林安梧：《牟宗三前後：當代儒家哲學思想史論》，臺北：臺灣學生書局，2011。

邵穎濤：《密宗思想與文化》，北京：宗教文化出版社，2020。

阿倫‧布洛克著（Alan Bullock），董樂山譯：《西方人文主義傳統》，台北：究竟出版社，2000。

保羅‧赫斯特（Paul Hirst）、格拉罕‧湯普森（Grahame

Thompson）著，朱道凱譯：《全球化迷思》（Globalization in Question: The International Economy and the Possibility of Governance），台北：群學出版有限公司，2002。

胡偉希：《傳統與人文：對港臺新儒家的考察》，北京：中華書局，1992。

俞可平：《社群主義》，北京：中國社會科學出版社，2005。

思想史編委會：《思想史10（近代政治思想與行動專號）》，台北：聯經，2021。

＿＿＿＿＿著，妙光法師等譯：《當代人心思潮》（Modern Thoughts, Wise Mentality），台北：香海文化，2006。

孫　琪：《中國藝術精神：話題的提出及其轉換：台港及海外新儒學的美學觀照》，廣州：世界圖書出版公司，2012。此書原為孫琪的博士論文：《台港新儒學闡釋下的中國藝術精神》，暨南大學博士論文，2006年。

唐君毅：《人文精神之重建》，香港：新亞書院研究所，1974

＿＿＿＿＿：《人生隨筆》，台北：台灣學生書局，1988。

＿＿＿＿＿：《中國人文精神之發展》，台北：臺灣學生書局，1978。

＿＿＿＿＿：《中國文化之精神價值》，台北：正中書局，1979。

＿＿＿＿＿：《中國哲學原論：原道篇（貳）》，台灣：臺灣學生書局，1976。

＿＿＿＿＿：《中華人文與當今世界（上下冊）》，台北：臺灣學生出版社，1980。

＿＿＿＿＿：《中華人文與當今世界補編（上下冊）》，台灣：臺灣

學生書局，1988。

_____：《心物與人生》，台北：台灣學生書局，1975。

_____：《文化意識與道德理性（上下冊）》，台北：學生印書局，1975。

_____：《日記（下冊）》，台北：台灣學生書局，1988。

_____：《生命存在與心靈境界（下冊）》，台北：台灣學生書局，1986。

_____：《青年與學問》，台北：台灣學生書局，1967。

_____：《道德自我之建立》，台灣：臺灣學生書局），1978。

_____：《說中華民族之花果飄零》，台北：三民書局股份有限公司，1978。

_____：〈談中國佛學中之判教問題〉，見唐君毅：《哲學論集》（台北：台灣學生書局，1990年），頁574-594。

唐端正：〈唐君毅論宗教之價值及三祭的意義〉，載《唐君毅思想國際會議論文集：宗教與道德》，香港：法住出版社，1996，頁1-12。

袁保新：《從海德格、老子、孟子到當代新儒學》臺北市：臺灣學生書局有限公司，2008。

柴文華：《現代新儒家文化觀研究》，北京市：三聯書店，2004；原文作者黑龍江大學博士論文，2003。

卿文光：《論黑格爾的中國文化觀》，北京：社會科學文獻出版社，2005。

馮耀明：《中國哲學的方法論問題》，台北：允晨文化出版社，1989。

＿＿＿＿：《超越內在的迷思：從分析哲學觀點看當代新儒學》，香港：香港中文大學出版社，2003。

徐復觀著，蕭欣義編：《儒家政治思想與民主自由人權》，台北：八十年代出版社，1979。

徐醒民編撰：《明倫社刊論文彙集（第三集）》，台中：青蓮出版社，2005。

殷　鼎：《理解的命運》，台北：東大圖書公司，1990。

高達美（Hans-Georg Gadamer）著，洪漢鼎、夏鎮平譯：《真理與方法》，台北：時報文化公司，1995。

張忠棟、李永熾與林正弘主編：《甚麼是自由主義》，台北：唐山出版社，1999。

張　珣、江燦騰合編：《當代臺灣本土宗教研究導論》，台北：南天書局，2001。

＿＿＿＿合編：《臺灣本土宗教研究的新視野和新思維》，台北：南天書局，2003。

張曼濤編：《中國佛教史論集：臺灣佛教篇》《東初老人全集》，台北：大乘文化出版社，1979。

＿＿＿＿編：《民國佛教篇：臺灣佛教篇》，台北：大乘文化，1977-1979。

張祥浩：《唐君毅思想研究》，天津：天津人民出版社，1994。

望月信亨，釋印海中譯：《淨土教概論》，三版，臺北：華宇出版社，1995。

＿＿＿＿：〈支那淨土教理史〉，釋印海中譯，《中國淨土教理史》，三版，臺北：正聞出版社，1995。

梁啟超：《梁啟超哲學思想論文集》，北京：北京大學出版

社，1984。

符芝瑛：《雲水日月：星雲大師傳》，台北：天下文化，2006。

＿＿＿＿＿：《傳燈：星雲大師傳》，台北：天下文化，1995。

郭廷以：《近代中國史綱》，香港：香港中文大學出版，1979。

郭　朋：《太虛思想研究》，北京：中國社會科學出版社，1997。

陳　兵、鄧子美：《二十世紀中國佛教》，台北：現代禪出版社，2003。

陳　兵：〈正法重輝的署光 —— 星雲大師的人間佛教思想〉，載《普門學報》，第一期。

陳　來：《現代中國哲學的追尋：新理學與新心學》，北京：人民出版社，2001。

陳孝忠：〈論新儒家的民主理論〉，中國：河北學刊，2012，頁189-192。

陳揚炯：《中國淨土宗通史》，南京：江蘇古籍，2000。

陳雍澤：《李炳南先生儒佛融會思想研究》，台中：國立中興大學中國文學系碩士論文，2004。

陳榮灼：《現代與後現代之問》，台北：時報文化公司，1992。

陳榮灼：〈唐牟二先生對華嚴天臺之詮釋的比較〉，《中央大學人文學報》，第六十六期，2018年12月，頁1-17。

陳榮捷著，廖世德譯：《現代中國的宗教趨勢》，台北：文殊出版社，1987。

陳榮照編：《儒學與世界文明：國際學術會議論文選集》，新加坡：八方文化企業公司，2003。

陳劍煌：《圓通證道：印光的淨土啟化》，台北：東大圖書公司，2002。

陳慧劍：《證嚴法師的慈濟世界——花蓮慈濟功德會的緣起與成長其次》，台北：佛教慈濟文化志業中心，1997。

＿＿＿＿＿編纂：《佛學問答類編》，台中：李炳南老居士全集編委會，1991。

陳　鵬：《現代新儒學研究》福州市：福建人民出版社，2006。

傅永聚、韓鐘文主編：《儒家政治思想研究》，北京：中華書局，2003。

勞思光：《中國哲學史（二）》，香港：香港中文大學崇基學院，1971。

＿＿＿＿＿：《新編中國哲學史（第一冊）》，台北：三民書局，1984。

＿＿＿＿＿著，梁美儀編：《中國文化要義新編》，香港：香港中文大學出版社，1998。

彭國翔：《重建斯文：儒學與當今世界（修訂版）》，杭州：浙江大學出版社，2018。

＿＿＿＿＿：《智者的現世關懷：牟宗三的政治與社會思想》，台北：聯經出版事業股份有限公司，2016。

＿＿＿＿＿：《儒家傳統的詮釋與思辨：從先秦儒學、宋明理學到現代新儒學》，武昌：武漢大學出版社，2012。

＿＿＿＿＿：《儒家傳統：宗教與人文主義之間》，北京：北京大學出版社，2007。

菲力浦・塞爾茲尼克（Philip Selznick）著，馬進、李清偉譯

：《社群主義的說服力》（The Communitarian Persuasion），上海：上海人民出版社，2009。

雲菁著，黃芳田等譯：《千手佛心：證嚴法師》，台南：大千文化出版事業公司，1995。

黃兆強：《學術與經世：唐君毅的歷史哲學及其終極關懷》，台北：臺灣學生書局有限公司，2010。

黃光國：《儒家關係主義》，台北：心理出版社股份有限公司，2009。

黃克劍、周勤：《寂寞中的復興──論當代新儒家》江西：江西人民出版社，1993。

黃冠閔：〈主體之位：唐君毅與列維納斯的倫理學思考〉，《南京大學學報》，2010年6期，頁89-101。

＿＿＿＿：〈唐君毅的境界感通論：一個場所論的線索〉台灣：國立清華大學出版社，2011年6月，新41卷，第2期，頁335-373。

＿＿＿＿：《感通與迴盪:唐君毅哲學論探》，新北　：聯經出版事業股份有限公司，2018。

黃啟江：《因果、淨土與往生：透視中國佛教史上的幾個面相》，台北：學生書局，2004。

嫌田茂雄著，釋慈怡譯：《華嚴經講話》，高雄：佛光出版社，1993。

慈忍室主人編，太虛審定：《淨土宗》，海潮音文庫第二編，上海：佛學書局，1931。

楊祖漢：《當代儒學思辨錄》，台北：鵝湖，1998。

＿＿＿＿：《儒家的心學傳統》，台北：文津，1992。

聖嚴法師：《建立全球倫理：聖嚴法師宗教和平講錄》，台北：法鼓山文化中心，2009。

楊伯峻譯注：《論語譯注》，中華書局，1994。

楊惠南，〈智顗的"三諦"思想及其所依經論〉，《佛學研究中心學報》，2001年7月（第六期），第67-109頁。

寧新昌：《本體與境界：論新儒學的精神》西安：陝西人民出版社，1999；原為南開大學博士論文，1997年。

趙賢明：《臺灣最美的人——證嚴法師與慈濟人》，台北：印刻出版公司，2006。

賴品超，〈超越者的"內在性"與內在者的"超越性"〉，劉述先、林月惠主編，《當代儒學與西方文化：宗教篇》，台北：中央研究院中國文哲研究所，2005，第43-90頁。

賴賢宗：《當代佛學與傳統佛學》，台北：新文豐出版公司，2006。

賴賢宗：《體用與心性：當代新儒家哲學新論》，台北：學生書局，2001。

劉述先、林月惠：《當代儒學與西方文化‧宗教篇》，台北：中央研究院中國文哲研究所，2005。

＿＿＿＿編著：《現代儒家與東亞文明問題與展望》，台北：中央研究院中國文哲研究所，2002。

劉述先：《全球倫理與宗教對話》，台北：立緒文化，2001。

＿＿＿＿：《當代儒家論集：挑戰與回應》，台北：中央研究院中國文哲研究所，1995。

劉國強：〈唐君毅先生的政治哲學〉，載《唐學論衡——唐君

毅先生的生命與學問(下冊)》，北京：中國文史出版
社，2005，頁261-280。

潘　煊：《看見佛陀在人間——印順法師傳》，台北：天下文
化，2002。

＿＿＿＿：《證嚴法師：琉璃同心圓》，台北：天下遠見，2004。

鄧子美、陳衛華、毛勤勇：《當代人間佛教思潮》，甘肅：甘
肅人民出版社，2009。

鄭宗義：《徘徊在絕對與多元之間——論牟宗三先生的"判
教"》，《人文論叢》，2006年卷，第239-257頁。

鄭家棟：《現代新儒學概論》，廣西：廣西人民出版社，1990。

＿＿＿＿：《當代新儒學史論》，廣西：廣西教育出版社，1997。

鄭莉娟：《〈祖庭事苑〉校譯》，四川：四川大學出版社。

鄭順佳：《唐君毅與巴特：一個倫理學的比較》，香港：三聯
書店，2002.

澹　思：〈阿彌陀佛的起源〉，載張曼濤主編，《淨土思想論集
中（一）》，台北：大乘文化出版社，1978，頁119-129

盧升法：《佛學與現代新儒家》，瀋陽：遼寧大學出版社，
1994。

謝大寧：《譬喻與詮釋——從法華經的譬喻看牟宗三先生的天
台詮釋》，《台北大學中文學報》第1期，2006年7月，
第97-119頁。

錢　穆：《政學私言》，台北：蘭臺出版社，2011。

霍韜晦：〈歷史並未終結〉，載佛教法住學會編：《法燈》，
第237期，香港：佛教法住學會，2002年3月1日，
頁11-12。

＿＿＿＿＿編：《唐君毅思想國際會議論文集（I-IV）》，香港：法住出版社，1990-92。

戴維‧赫爾德（David Held）、安東尼‧麥克格魯（Anthony MeGrew）著，陳志剛譯：《全球化與反全球化》（Globalization / Anti-Globalization），北京：社會科學文獻出版社，2004。

戴維‧赫爾德（David Held）等編著，楊雪冬等譯：《全球大變革》（Global Transformations: Politics, Economics and Culture），北京：社會科學文獻出版社，2001。

戴維‧赫爾德（David Held）著，朱艷輝譯：〈世界主義：觀念、現實與不足〉，載維‧赫爾德、安東尼‧麥克格魯編：《治理全球化：權力、權威與全球治理》（Governing Globalization-Power, Authority and Global Governance），北京：社會科學文獻出版社，2004。

藍吉富：〈臺灣佛教思想史上的後印順法師學時代〉，收入氏著，《聽雨僧廬佛學雜集》，台北：現代禪出版社，2003，頁265-285。

＿＿＿＿＿：《二十世紀的中日佛教》，台北：新文豐出版社，1991。

顏炳罡：《整合與重鑄──當代大儒牟宗三先生思想研究》，台北：臺灣學生書局，1995。

＿＿＿＿＿：《當代新儒學引論》，北京：北京圖書館出版社，1998。

魏絲（Linda Weiss）著，黃兆輝譯：《國家的神話：全能還是無能》（The Myth of the Powerless state: Governing the Economy in a Global Era），香港：上書局，2007。

羅同兵：《太虛對中國佛教現代化道路的抉擇》，成都：巴蜀書社，2003。

羅蘭・羅伯森（Roland Robertson）、法蘭・利希吶（Frank J. Lechner）著，梁光嚴譯：〈現代化、全球化及世界體系理論中的文化問題〉，收入氏著，梁光嚴譯：《全球化：社會理論和全球文化》，上海：上海人民出版社，2000，頁126-140。

關啟文：〈桑德爾的公民共和主義與羅爾斯的政治自由主義〉，載《社會理論學報》，香港：香港理工大學應用社會科學學系——八方文化企業公司，2001，頁373-411。

_____：〈評自由主義與社群主義之論爭〉，載《社會理論學報》，香港：香港理工大學應用社會科學學系——八方文化企業公司，2002，頁320-321。

釋印光：《印光法師文鈔》，台中：青蓮出版社，2005。

_____著，張育英校注：《印光法師文鈔》，北京：宗教文化出版社，2000。

釋印順：《中觀今論》，台北：正聞出版社，1992。

_____：《太虛大師大師年譜》，台北：正聞出版社，1992。

_____：《平凡的一生》，重訂版，台北：正聞出版社，2005。

_____：《印度之佛教》，台北：正聞出版社，1978。

_____：《空之探究》，台北：正聞出版社，1985。

_____：《契理契機之人間佛教》，二版，台北：正聞出版社，1990。

_____：《遊心法海六十年》，台北：正聞出版社，1985。

＿＿＿＿：《攝大乘論講記》，台北：正聞出版社，1987。

釋見正：《印光大師的生平與思想》，修訂版，台北：法鼓文
　　　化公司，2004。

釋東初：《東初老人全集（五）》，台北：東初出版社，1986。

釋星雲：《淨土思想與現代生活（一）》，台北：佛光出版社，
　　　1997。

釋昭慧：《人間佛教的播種者》，台北：東大圖書公司，1997。

＿＿＿＿：〈印順法師對本生談與西方淨土思想的抉擇〉，收入
　　　釋昭慧、江燦騰編著，《世紀新聲：當代台灣佛教的
　　　入世與出世之爭》，台北：法界出版社，2002年，頁
　　　247-282。

＿＿＿＿：〈印順法師學已在成形〉，《弘誓》第八十期，2006
　　　年4月。

釋傳道：《印順法師與人間佛教》，台南：中華佛教百科文獻
　　　基金會，2001。

釋圓瑛，黃夏年主編：《圓瑛集》，北京：中國社會科學出版
　　　社，1995。

釋慈滿、黃西元編：《蕅益大師與靈峰派研究》，北京：宗教
　　　文化出版社，2019。

釋聖嚴：〈明末的居士佛教〉，《華岡佛學學報》第五期，頁
　　　7-36。

＿＿＿＿：《歸程》，台北：東初出版社，1991。

釋道源講，許寬成紀錄：《佛堂講話》，台中：瑞城書局，
　　　1959。

釋滿義：《星雲模式的人間佛教》，台北：天下遠見，2005。

釋演培：〈慧遠大師之生平及其念佛思想〉，載張曼濤主編，《淨土宗史論》，台北：大乘文化出版社，1979，頁187。

釋廣欽：《廣欽老和尚開示錄》，香港：香港佛學書局，1989。

釋慧嚴：《從人間性看淨土思想》，高雄：春暉出版社，2000。

_____：《慧嚴佛學論文集》，高雄：春暉出版社，1996。

闞正宗：《重讀臺灣佛教正編》，台北：大千出版社，2004。

_____：《臺灣佛教一百年》，台北：東大圖書公司，1999。

_____：《臺灣高僧》，台北：菩提長青出版社，1996。

龔　群：《自由主義與社群主義的比較研究》，北京：人民出版社，2014。

# 二、學位論文

朱文光：《佛教歷史詮釋的現代蹤跡——以印順判教思想為對比考察之線索》，台中：國立中興大學中國文學系碩士論文，1997。

吳麗娜：《李雪盧炳南先生研究》，台中：國立中興大學中國文學系碩士論文，1996年。

陳代湘：《現代新儒學與朱子學》，南開大學博士學位論文，2002年。

樊亞嬌：《儒家課程思想的後現代轉向》，西南大學博士論文，2011年。

# 三、網路資料

Bellah, Robert N. "Community Properly Understood: A Defense of Democratic Communitarianism." in *The Responsive Community*, 6, no. 1, (Winter, 1995/96). Assessed 12 Dec 2012. http://aladinrc.wrlc.org/bitstream/handle/1961/584/ bellah-community-1995.pdf;jsessionid=AA4F67311C8E1 D21A7215BEBAD 298BF2?sequence=1.

de Souza Soares, Philipp Alvares. "Civil Society in Modern Democracies: Definition, Impact on Democracy and Critical Assessment." http://www.hausarbeiten.de/faecher/ vorschau/122483.html

Etzioni, Amitai "Communitarianism." *Encyclopedia Britannica*. Accessed 9 Sept 2014. http://global.britannica.com/EBche cked/topic/1366457/communitarianism#ref1103840.

蔡仁厚：〈當代新儒家對政治的理解與參與〉，引自：牟學網 ———牟宗三弟子論文精選http://www.moophilo.net/ viewthread.php?tid=211。

星雲大師：〈人間佛教的藍圖（下）〉，《普門學報》第六期， 高雄：佛光山文教基金會，2001年11月。取自：佛光 山全球信息網，網址：http://www.fgs.org.tw/master/ masterA/books/delectus/discourse/06.htm，瀏覽於2009 年11月9。

_____：〈人間萬事：影響力〉，《人間福報》，2009年1月4日。

取自：互聯網電子報，網址：https://www.merit-times.
com/newspage.aspx?unid=109077，瀏覽於2009年11月
10日。

_____：〈自覺與行佛〉，《普門學報》第廿三期，高雄：佛光
山文教基金會，2004 年9月。取自：佛光山全球信息
網，網址：http://fgs.org.tw/master/masterA/books/
delectus/discourse/20.htm，瀏覽於2009年11月9日。

_____：〈我們未來努力的方向〉，《普門學報》第八期，高雄
：佛光山文教基金會，2002年3月。取自：佛光山全球
信息網，網址：tp://www.fgs.org.tw/master/masterA/
books/delectus/discourse/09.htm，瀏覽於2009年11月9
日。

_____：〈沒有台灣人〉，《普門學報》第十九期，高雄：佛光
山文教基金會，2004 年1月。取自：佛光山全球信息
網，網址：http://www.fgs.org.tw/master/masterA/books/
delectus/discourse/18.htm，瀏覽於2009年11月9日。

_____：〈推動本土化，不是"去"而是"給"〉，《普門學報》第
廿八期，高雄：佛光山文教基金會，2005年7月。取自
：佛光山全球信息網，網址：http://www.fgs.org.tw/
master/masterA/books/delectus/discourse/21.htm，瀏覽
於2009年11 月9日。

陳宏毅：〈新儒家與民主憲政──重探1958年唐君毅等儒學大
師的《為中國文化敬告世界人士宣言》〉，引自:中國儒
學網：http://www.confuchina.com/08%20xiandaih
ua/ xinrujia%20min zhu.htm。

# 四、英文資料

Avineri, Shlomo and Avner de. Shalit eds. *Communitarianism and Individualism*. Oxford: OUP, 1992.

Beal, Samuel. *Buddhism in China*. N.Y.: E. & J. B. Yong & Co., 1884.

Beiner, Ronald S. "Introduction: The Quest for a Post Liberal Public Philosophy" in Anita L. Allen and Milton C Regan. eds. *Debating Democracy's Discontent. Essays on American Politics, Law, and Public Philosophy*. Oxford: OUP, 1998, pp. 1-17.

Bell, Daniel. *Communitarianism and Its Critics*. Oxford: Clarendon Press, 1993.

Buber, Martin. *I and Thou*. N.J.: Charles Scribner, 1958.

*Buddhism in Taiwan*. Taichung: Bodhedrum Publications, 1964.

Chan, Wing-tsit, "The Evolution of the Confucian Concept Jen," in *Philosophy East and West*, Jan., 1955, Vol.4, No. 4, pp. 295-319.

Chan, Wing Tsit. *Religion Trends in Modern China*. N.Y.: Octagon Books, 1969.

Chandler, Stuart. *Establishing a Pure Land on Earth*, Honolulu: University of Hawaii Press, 2004.

Chappell, David W. ed. *Buddhist Peacework: Creating Cultures of Peace*, Boston: Wisdom Publications, 1999.

Ching, Yu-ing. *Master of Love and Mercy: Cheng Yen*. CA: Blue Dolphin Publishing Company, 1985.

Christiano, Thomas and John Christman eds. *Contemporary Debates in Political Philosophy*. Malden, MA: Wiley-Blackwell, 2009.

Etzioni, Amitai, "Communitarianism Revised." In *Journal of Political Ideologies*. Oct., 2014, Vol. 19, Issue 3, pp. 241-260.

_____ "Communitarianism Revised." In *Journal of Political Ideologies*. Oct., 2014, Vol. 19, Issue 3, pp. 241-260.

_____ "*Communitarianism.*" Karen Christensen and David Levinson eds. *Encyclopedia of Community: From the Village to the Virtual World*. Sage Publications, 2003.

_____ ed. *The Essential Communitarian Reader*. Rowman & Littlefield Publishers, 1998.

_____ The *New Golden Rule*. Basic Books, 1998.

Friedman, Thomas L. *The Lexus and The Olive Tree*. New York: Anchor Books, 2000.

Fukuyama, Francis. *The End of History and The Last Man*. New York: Maxwell Macmillan International,1992.

Gandhi, Leela. *Postcolonial Theory: A Critical Introduction*. Edinburgh: Edinburgh University Press, 1998.

Giddens, Anthony. Runaway World: How Globalisation is Reshaping Our Lives. London: Profile, 2002.

Gilpin, Robert. *The Challenge of Global Capitalism: The World*

*Economy in the 21st Century*. Princeton, N.J.: Princeton University Press, 2000.

Golomb, Jacob. *In Search of Authenticity: From Kierkegaard to Camus*. London & N.Y.: Routledge, 1995.

Gomez, Luis. *Land of Bliss: The Paradise of the Buddha of Measureless Light— Sanskrit and Chinese Versions of the Sukhavativyuba Sutras*, Honolulu: University of Hawaii Press and Kyoto: Higashi Honganji Shinshu Otani-ha, 1996.

Graham, Gordon. "Liberalism and Democracy." in *Journal of Applied Philosophy*; 9: 156, 1999.

Granovetter, Mark. "Economic Action and Social Structure: The Problem of Embeddedness." in *American Journal of Sociology*, 91, 1985, pp. 481-93.

Hall, Stuart. "The Rediscovery of Ideology." in M. Gurevitch ed. *Culture, Society and the Media*. London: Methuen,1982.

Hegel, G. W. F., J. Sibree trans. *The Philosophy of History*. Kitchener, Ontario: Batoche Books, 2001.

Heine, Steven and Charles S. Prebish eds. *Buddhism in the Modern World: Adaptations of an Ancient Tradition*. Oxford University Press, 2003.

Held, David et al. *Global Transformations: Politics, Economics and Culture*. Oxford: Polity, 1999.

Hick, John. *Faith and Knowledge*. Fontanna Books, 1974.

Hick, John, *God has Many Names*. London: MacMillan, 1980.

Hick, John, *Faith and Knowledge*, Hamshire and London: The MacMillan Press, 1988.

Hick, John, and Paul Knitter, *The Myth of Christian Uniqueness: Toward a Plualistic Theology of Religions*, N.Y.: Orbis Books, 1988.

Hirst, Paul and Grahame Thompson. *Globalization in Question: The International Economy and the Possibility of Governance*. London: Polity Press, 1996.

Hsu, Immanuel C. Y. *The Rise of Modern China*. New York: Oxford University Press, 2000.

Jones, Charles Brewer. "Transitions in the Practice and Defense of Chinese Pure Land Buddhism." in Steven Heine and Charles S. Prebish eds. *Buddhism in the Modern World: Adaptations of an Ancient Tradition*. N.Y.: OUP, 2003, pp. 125-142.

_____. *Buddhism in Taiwan: Religion and the State, 1660-1990*. Honolulu: University of Hawaii Press, 1999.

Küng, Hans and Julia Ching. *Christianity and Chinese Religions*. N.Y.: Doubleday, 1989.

Küng, Hans and Karl-Josef Kuschel eds. *A Global Ethic*. New York: Continuum, 1993.

Kymlicka, Will. "Liberal Individualism and Liberal Neutrality." in *Ethics*; vol. 99, no. 4, July, 1989, pp. 883-905.

——. "Liberal Individualism and Liberal Neutrality." in Shlomo Avineri and Avner de-Shalit eds. *Communitarianism* and Individualism. N. Y.: Oxford University Press, 1992.

Lai, Whalen. "Introduction." in Yin Shun trans. *The Way to Buddhahood*, Massachusetts: Wisdom Publications, 1998, p. xv.

Laliberté, André. *The Politics of Buddhist Organizations in Taiwan, 1989-2003: Safeguarding the Faith, Building a Pure Land, Helping the Poor*. London & New York: Routledge Curzon, 2004.

Lechner, Frank J., and John Boli ed. *The Globalization Reader*. Maiden: Blackwell Pub., 2004.

Lent, Adam. *New Political Thought*. Lawrence and Wishart Ltd, 1998.

Lewis, Todd, John L Esposito and Darrell J. Fasching. *Religion & Globalization: World Religions in Historical Perspective*. New York: Oxford University Press, 2008.

Lipietz, Alain. *Towards a New Economic Order: Postfordism, Ecology, and Democracy*. Malcolm Slater trans. Cambridge: Polity Press, 1992.

Liu, Shu-hsien. *Essentials of Contemporary Neo-Confucian Philosophy*. Westport, Conn.: Praeger Publishers, 2003.

Lopez, Donald ed. *Modern Buddhism: Readings for the Unenlightened*. London: Penguin Books, 2002.

Makeham, John. "Lost soul: 'Confucianism.'" in *Contemporary Chinese Academic Discourse*. Cambridge, Mass.: Harvard

University Press, 2008.

_____. *New Confucianism: A Critical Examination*. New York: Palgrave Macmillan, 2003.

_____, ed. *Learning to Emulate the Wise: The Genesis of Chinese Philosophy as an Academic Discipline in Twentieth-century China*. Hong Kong: The Chinese University Press, 2012.

Makkreel, Rudolf A. and Frithjof Rodi (eds.), *Wilhelm Dilthey, Selected Works*, Princeton, NJ: Princeton University Press, 1985–2010.

McLuhan, Marshall and Bruce Powers eds. *The Global Village: Transformations in World life and Media in the 21st Century*. New York: Oxford University Press, 1989.

McLuhan, Marshal and Edmund Carpenter eds. *Explorations in Communication: An Anthology*. Boston: Beacon Press, 1960.

Mulhall, Stephen and Adam Swift. *Liberals and Communitarians*. Oxford: Blackwell, 1996.

Ng, William Yau-nang. "Tang Chun-I on Transcendence: Foundations of a New-Confucian Religious Humanism." in *Monumenta Serica*; vol. 46 (Fall, 1998).

_____. "Tang Junyi on Spirituality: Its Foundation and Contemporary Relevance." in *Confucian Spirituality*. Tu Wei-ming and Mary Evelyn Tucker eds. New York: Crossroad Pub. Company, 2003, pp. 377-398.

Ohmae, Kenichi. *The End of The Nation State: The Rise of Regional Economies*. NY: The Free Press, 1995.

Payne, Richard K. and Kenneth K. Tanaka eds. *Approaching the Land of Bliss: Religious Praxis in the Cult of Amitābha*. Honolulu: University of Hawaii Press, 2004.

Pittenger, William Norman. *Becoming and Belonging: The Meaning of Human Existence and Community*. Connecticut: Morehouse Publishing, 1989.

Pitman, David. *Twentieth Century Christian Responses to Religious Pluralism: Difference is Everything*. London and NY.: Routledge, 2014.

Pittman, Don A. *Toward a Modern Chinese Buddhism: Taixu's Reforms*. Honolulu: University of Hawaii Press, 2001.

Pittenger, Norman William. *Becoming and Belonging: The Meaning of Human Existence and Community,* Wilton CT: Morehouse Pub., 1989.

Pöggeler, Otto. *Martin Heidegger's Path of Thinking*. Atlantic Highlands, N.J.: Humanities Press International, 1987.

Robertson, Roland and Frank J. Lechner. "Modernization, Globalization and the Problem of Culture in World-Systems Theory." in *Globalization: Social Theory and Global Culture*. London: Sage Publications, 1992, pp. 103-118.

Sandel, Michael. *Democracy's Discontent – America in Search of a Public Philosophy*. Massachusetts: The Belknap press of Harvard University Press, 1998.

Saso, Machael and David W. Chappell eds. *Buddhist and Taoist Studies 1*. The University of Hawaii Press, 1977.

Sennett, Richard. "Drowning in Syrup." in *Times Literary Supplement*. February 7, 1997, 3.

Shih, Heng-ching, "Buddhist spirituality in modern Taiwan." in Takeuchi Yoshinori ed. *Buddhist Spirituality: Later China, Korea, Japan and the Modern World*. N.Y.: The Crossroad Publishing Company, 1999, pp. 417-434, esp. pp. 417-420.

_____. *The Syncretism of Ch'an and Pure Land Buddhism*. New York: Peter Lang, 1992.

Suzuki, Daisetz Teitaro. *Buddha of Infinite Light*. Boston & London: Shambhala Publications, 1997.

Tanaka, Kenneth Kenichi. *The Kuan Wu-liang-shou Ching I-shu by Ching-ying Hui-Yuan (523-592) and its contribution to Early Chinese Pure Land Buddhism*. Ann Arbor: University Microfilms International (Ph.D. Thesis). Berkeley: University of California, 1986.

Taylor, Charles. "Atomism," in *Philosophy and Human Sciences*; vol. 2. Cambridge: Cambridge University Press, 1985, pp. 187-210.

_____. *Sources of the Self: The Making of the Modern Identity*. Cambridge: Harvard University Press, 1989.

Thièn Tâm, Thích. Trans. & ed. *Buddhism of Wisdom and Faith: Pure Land Principles and Practice*. N.Y.: Sutra Translation

Committee of the United States and Canada, 1994.

Tien, Po-Yao. *A Modern Buddhist Monk-Reformer in China: The Life and Thought of Yin-Shun*. PhD. Dissertation: California Institute of Integral Studies, 1995.

Tu, Wei-ming and Mary Tucker eds. *Confucian Spirituality*; vol. 1. N.Y.: Crossroad Publishing Company, 2003.

_____ *Centrality and Commonality: An Essay on Confucian Religiousness*. N.Y.: SUNY, 1989.

_____ *Confucian Thought: Selfhood as Creative Transformation*. N.Y.: SUNY, 1985.

Wallerstein, Immanuel Maurice. World-systems Analysis: An Introduction. Durham: Duke University Press, 2004.

Weiss, Linda. *The Myth of The Powerless State: Governing the Economy in a Global Era*. Ithaca, N.Y.: Cornell University Press,1998.

Welch, Holmes. *The Buddhist Revival of China*. Massachusetts: Harvard University Press, 1968.

# 五、日文資料

土田健次郎：《儒教入門》東京：東京大学出版会，2011。

丸井圭次郎等編：《臺灣宗教調查報告書》，臺北：捷幼出版社，1993。

王家驊：《日中儒學の比較》東京：六興，1988。

石田充之：《淨土教教理史》，京都：平樂寺書店，1986。

吉岡義豊：〈臺灣の宗教の現狀〉，見氏著，《現代中国の諸宗教——民眾宗教の系譜》，東京：株式會社佼成出版社，1974。

佐藤貢悅：《古代中国思想の展開—先秦儒家思想と易的論理》，东京：株式会社学文社，1996。

島田虔次：《新儒家哲学について：熊十力の哲学》京都市：同朋舍，1987。

＿＿＿＿：《中國における近代思惟の挫折》東京：平凡社，2003。

島森哲男：〈孟子の人間觀における內なるものと外なるもの〉，見金谷治編，《中國における人間性の探究》，（東京：創文社，）1983，頁23-46。

荒木見悟：《明代思想研究：明代における儒敎と佛敎の交流》東京：創文社，1972。

野上俊靜：〈慧遠と後世の中国淨土教〉，收入氏著，《中国淨土教史論》，京都：法藏館，昭和五十六年。

曾景來：《臺灣宗教と迷信漏習》，再版，臺北：臺灣宗教研究會，昭和十四年。台北：武陵出版有限公司，1994。

溝口雄三：《中國前近代思想の屈折と展開東京：東京大学出版会，1980。

道端良秀：〈中國淨土教の時代區分と地理的考察〉，《中國淨土教史の研究》，收入道端良秀，《中国仏教全集》第

　　　六卷，東京：株式會社書苑，昭和六十年，頁17-44。

藤田宏達：〈極樂淨土の思想的意義〉，收入氏著，《原始淨
　　　土思想の研究》，四版，東京：岩波書店，1979，
　　　頁506-516。

麓保孝：《宋元明清近世儒學變遷史論》東京：国書刊行會，
　　　1976。